Se former au coaching

- Principes, positionnement, processus
- De l'acte de parole à l'acte de penser, méthodologie de la pensée réflexive
- Relation coach/coaché, les attitudes positives

Alix Foulard

www.vuibert.fr

Collection Lire Agir

Se former au coaching,
par Alix Foulard

ISBN 13 : 978-2-7117-9198-9

Aussi soigneusement établi soit-il, ce guide peut ne pas inclure des modifications de dernière minute et comporter quelques erreurs ou omissions. Faites-nous part de vos remarques et n'hésitez pas à nous proposer vos découvertes personnelles : les courriers de nos lecteurs sont lus avec grande attention.

Conformément à une jurisprudence constante, les erreurs ou omissions involontaires qui auraient pu subsister dans ce guide, malgré nos soins et nos contrôles, ne sauraient engager la responsabilité de l'Éditeur.

Maquette de couverture : Jean-François Patarin

Relecture : Sophie Bravard

Responsable éditoriale : Caroline Roucayrol

Table des matières

À Florent Tran Ngoc

Remerciements

Avec beaucoup d'émotions et de joie, je remercie tous mes amis, collègues, confrères qui m'ont incitée et soutenue au fil des semaines dans mon travail de réflexion, de recherche et d'écriture.

Avec toute ma gratitude, je remercie tous les clients-coachés qui m'ont accordé leur confiance et appris à me former à ce métier, et à devenir la coach que je suis aujourd'hui.

Introduction

Depuis maintenant une quinzaine d'années, le coaching s'est imposé dans les nouvelles offres de prestations auprès des entreprises, jusqu'à devenir un produit relativement courant.

De nombreux livres ou articles de journaux donnent un panorama des pratiques actuelles sur le marché avec diverses conceptions, parfois un peu fantaisistes. Il en résulte que la pratique du coaching semble synonyme de « flou » et, parfois, de « visions arbitraires » ou encore simplistes laissant croire à des recettes prêtes à l'emploi.

Pour les professionnels du coaching, dans la perspective de se rassembler et en l'absence de réglementation précise, les mots « déontologie », « confidentialité » et « supervision » sont facilement utilisés, quasiment comme gages, comme conditions d'un bon déroulement du contrat entre l'entreprise et le coach. Ces trois points semblent faire l'unanimité parmi les acteurs du coaching : ils accréditent l'importance d'une réelle définition de leur métier. C'est la nécessité de garantir une règle de conduite commune qui entraîne la confiance de leurs clients actuels ou futurs et assure une crédibilité à la profession. Cependant, l'unité est factice.

Les DRH et les dirigeants d'entreprise, principaux « acheteurs » de prestations de coaching, cherchent des solutions rassurantes, visibles, mesurables et maîtrisées pour faire face aux attitudes à adopter face aux changements et à l'incertitude qui caractérisent leur environnement présent. Cependant, ils ne sont pas dupes au point de croire à des solutions miraculeuses. Le coaching s'achète sous un habillage de prestation de conseil ou de formation en développement personnel ou encore managérial. Clarifier l'offre de coaching, choisir le bon coach, connaître les méthodes, évaluer la crédibilité… seront leurs principales préoccupations. Autant de sujets auxquels il n'est ni simple ni aisé de répondre spontanément.

Actuellement, en coaching, l'utilisation d'une méthodologie comportementaliste et cognitiviste est la réponse la plus répandue.

Cet ouvrage puise ses fondements, ses réflexions sur quinze années d'expérience clinique dans l'univers du coaching, du bilan de carrière, de la formation en entreprise. Ces quinze années nous ont rendu sensible à l'évolution de la mondialisation ainsi qu'à celle des pratiques, des exigences et des demandes nouvelles. Le coaching n'est pas un effet de mode car la complexité et la subtilité de certains changements ont entraîné une préoccupation nécessaire et incontournable autour de l'homme au travail dans l'entreprise.

Notre propos est de présenter une approche radicalement différente du coaching d'inspiration comportementaliste, vous introduisant à la fois dans la rupture épistémologique avec une autre façon de penser la professionnalité, c'est-à-dire l'identité et le professionnalisme du coach, de l'éthique... Vous pourrez en outre appréhender les positions théoriques qui font que la personne coachée devient une personne-sujet non pas inféodée à son organisation, mais une personne créative et en cohérence avec sa vie personnelle et professionnelle dans le collectif de son organisation.

Notre méthodologie s'appuie d'une part sur la démarche compréhensive, ainsi que sur la didactique professionnelle et la réflexivité[1].

Le coaching réflexif dans lequel nous sommes engagé ne requiert pas d'outil spécifique. Seul l'acte de parole confronte le coaché à l'acte de penser, fondement même de ce coaching. L'entretien en face à face constitue la méthode qui permet d'élaborer la résolution des problèmes.

Cela implique que les coaches soient capables de penser les questions actuelles auxquelles l'homme salarié est confronté dans ses activités au sein de son entreprise, dans ce carrefour socio-économique et politique.

Nous démontrerons comment la personne, avec sa demande de coaching, crée une ouverture dans sa vie professionnelle grâce à sa façon de s'auto-observer et de s'automodifier elle-même et, ainsi, de devenir une personne-sujet.

Nous utiliserons l'observation des échanges entre le coach et le coaché pour expliciter le coaching auquel nous avons recours. Ce coaching cerne l'appréhension, la possibilité du sujet à être capable de se transformer. Il est: «*Cette saisie par le sujet lui-même de sa singularité grâce à la médiation d'un tiers. [...] Le recours au terme de sujet signifie la capacité de réflexivité et de retour critique sur soi propre à tout être humain dans son aspiration à exister, à être autonome, mais aussi dans sa capacité à comprendre le sens de son aventure*»[2].

Le coaching réflexif se définit comme un accompagnement, personnel et singulier, qui permet au coaché de s'interroger sur son propre comportement au travail et d'y apporter des réponses. L'objectif premier est de devenir autonome. Le coaching répond particulièrement aux problématiques managériales de l'entreprise du XXIe siècle. Il se trouve à l'intersection d'un coaching centré sur la personne et d'un coaching centré sur la performance. L'un et l'autre revêtent une importance similaire.

---

1. Appartenance, en partie, au courant de la pratique réflexive initiée par Schön.
2. Boutinet Jean-Pierre, «Science du sujet, science de la singularité: À propos de quelques équivoques à lever», conférence IPSA-IRFA UCO, avril 2004.

Chapitre 1

QU'EST-CE QUE LE COACHING?

«Ne dites pas à ma mère que je suis coach,
elle croirait que je suis animateur de télé, agent immobilier,
"amaigrisseur" ou pianiste dans un...
Ne m'appelez plus jamais coach!
J'aurais peur de voir mon image dans la lucarne du PAF
à une heure de grande écoute, sorte de gourou digitalisé
qui souffle des réponses à des gogos
sous les applaudissements de la foule en délire.»

François Arfel[1]

I. DÉFINITIONS DES DIFFÉRENTES FORMES DE COACHING

A. Origine de la démarche et du mot

Le coaching est aujourd'hui une pratique reconnue à la fois par les entreprises, compte tenu de leurs besoins croissants en accompagnement individuel ou d'équipe, et par les organismes de formation qui proposent des modules de formation avec du coaching. Cependant, l'harmonie et la qualité des pratiques sont loin d'être de mise.

Le cheminement de cette pratique, d'un point de vue historique, date d'une quinzaine d'années. Elle est arrivée avec les nouveaux outils nord-américains venus vivifier l'entreprise française. Aujourd'hui, en France, la pratique du coaching est interrogée par des praticiens qui ont le souci de clarifier leur activité professionnelle et de revendiquer un savoir-faire réel face à des pratiques quelquefois surprenantes.

1. Membre fondateur de la SF coach (Société française de coaching).

Le coaching est avant tout un outil de management pour résoudre une difficulté professionnelle au sein de l'entreprise. Il existe une pléthore de coaches se proposant d'accompagner ces difficultés.

À ce jour, les pratiques sont très hétéroclites. L'appartenance des praticiens à des références conceptuelles nettes n'est pas repérable. Invoquer l'analyse transactionnelle, faire référence à son métier d'ingénieur ou être psychologue ne légitime en rien le fait d'être coach ou même d'en détenir les compétences.

La dénomination de «consultant», souvent utilisée, recouvre ou cache une pluralité de métiers initiaux et de formations initiales. S'opère alors un glissement sémantique des dénominations, souvent stratégique, pour faire coïncider les propositions du marché aux demandes des entreprises et élaborer ainsi une offre dite idoine, plus ou moins fiable. Cette préoccupation instrumentale est allée plus vite que la préoccupation scientifique. Ainsi, sous le joug du monde en mutations, dans la préoccupation urgente des entreprises à devoir négocier de nouveaux repères, les acteurs-consultants sont passés à l'action avec des propositions pour combler les besoins.

Les acteurs ont réellement profité du monde de l'entreprise, répondant en ce sens à une demande de cadres dirigeants soumis à une pression croissante – coût de l'excellence, management stressant, projets par objectifs, anticipation, intégration de conceptions nouvelles – pour offrir un service similaire à du coaching, en réponse à une mutation des organisations et aux nouveaux conflits dans le travail.

Ainsi, malgré les différents concepts, c'est la structure organisationnelle, l'entreprise elle-même, qui a fédéré le coaching en changeant et en introduisant de nouvelles façons de travailler. Les valeurs, les attentes et les motivations au travail ont été bousculées et ébranlées, entraînant avec elles des questions sur le véritable sens du travail pour l'homme dans le contexte actuel des repères malmenés. L'accompagnement fait désormais partie du paysage organisationnel, qu'il se fasse sous une forme de bilan de compétences ou de coaching ou encore de formation en développement personnel.

«Coach» est un terme anglais, dérivé du mot français «coche», lequel provient du hongrois «*kocs*» et signifie «voiture transportant des voyageurs». Le cocher est donc celui qui conduit des voyageurs d'un point à un autre. Il ne choisit ni ses passagers, ni la destination de ces derniers. Son intervention consiste uniquement à aider les voyageurs qui le désirent à atteindre la destination qu'ils se sont fixée. Nous retrouvons la philosophie du coaching réflexif dans l'étymologie du mot.

Le terme a donc déjà traversé l'Atlantique une fois et nous revient maintenant sous sa forme américaine. Il n'est pas toujours facile de traduire littéralement un mot. Pour le verbe « *to coach* », on retrouve les notions de « préparer », « motiver », « accompagner », voire « entraîner » (à ne pas confondre avec le verbe « *to train* » qui signifie former). Les approches actuelles ne sont pas clairement positionnées à propos de ces étymologies qui, pourtant, servent de racine à la pratique. Restent toutefois bien ancrés le concept d'accompagnement et la dimension du mouvement.

« *Le coach, de même racine que coche, vieille diligence, nous revient du langage anglo-saxon avec sa connotation athlétique. [...] L'analogie sportive a pris le dessus dans l'acception familière et le coach, aujourd'hui, définit celui qui, plus qu'un entraîneur, assiste le champion et le pousse à se surpasser. Les consultants en conseils l'ont reprise et codifiée pour en faire des méthodes au service des entreprises. Ils redécouvrent et rajeunissent ainsi les vertus qui, depuis le siècle de Périclès, ont fait le succès de ceux dont la mission est de faciliter les choses aux responsables de toutes les disciplines*[1] ». Les auteurs du livre *Réussir dans ses nouvelles responsabilités* abondent dans ce sens et l'appliquent à la composition d'équipe : « *Il y a deux idées dans le mot anglais coach. Au sens premier, c'est un moyen de transport, ce qui induit un mouvement. Plus connu, le second sens est celui de répétiteur et d'entraîneur sportif. Dans les sports d'équipe, le coach reconnu comme tel est celui qui valorise les compétences individuelles en les intégrant dans un développement harmonieux afin que la victoire de chacun soit la victoire de l'équipe.*[2] » Le rôle d'administrer du manager s'éloigne graduellement pour absorber une transformation capitale visant autant le management de la technique que l'art de diriger une équipe. Aussi, loin de pouvoir manager à distance, le manager se doit de développer sa personnalité adaptée aux besoins du collectif. Encourager certains, recadrer d'autres, trancher, assurer une médiation...

Gilles Amado[3], qui travaille depuis de nombreuses années selon une approche psychosociologique, définit le coaching comme « *un accompagnement visant l'amélioration de l'efficacité individuelle ou collective. Cette intervention porte rarement sur le perfectionnement des compétences techniques mais s'attache plutôt au développement du savoir-faire et du savoir-être dans diverses situations de travail relatives aux capacités de leadership.* »

---

1. *Bulletin social* Francis Lefèvre, 1995, « *Point de vue sur le coaching* » par Vincent Rajaud, consultant en stratégie des ressources humaines.
2. Barjou Bruno, Annick Cohen, Jacques Isoré, Jean-Pierre Testa, *Réussir dans ses nouvelles responsabilités*, Paris, Éditions ESF, 4e éd., 2006, p. 20.
3. Amado Gilles, professeur de psychosociologie groupe HEC, *Le coaching ou le retour de Narcisse?*, *Connexions* 81/2004-1.

Le coaching est souvent décrit comme visant l'autonomie, la responsabilité, la lucidité, la disponibilité. Il s'adresse de façon privilégiée aux cadres, aux équipes soucieuses de cohésion... Il s'appuie en général sur une méthode non directive qui aide le coaché à élaborer lui-même ses solutions à partir d'entretiens. Le coaching peut également être plus proactif avec la participation du coach aux réunions, un accompagnement quotidien... C'est une affaire de choix de méthode d'intervention.

Dennis C. Kinslaw[1] dit avoir pris conscience de la diversité des définitions du terme «coaching» quand il a commencé à enseigner le coaching. Toutes sortes de versions fleurissaient: information à réviser, adaptation des savoir-faire, encouragements ou inspiration. «*Toutefois, mes clients parlaient surtout du coach comme un conseiller en performance.*» Le terme «coaching» est parfois utilisé pour décrire une activité précise et recherchée par le client comme, par exemple, l'encouragement, le renforcement de certaines qualités ou compétences, le feedback, la démonstration, etc. Le coaching encourage les leaders orientés sur le développement de leurs collaborateurs à exercer différemment leur leadership en donnant à leurs collaborateurs de plus grands défis, plus d'autonomie et de pouvoir.

Dennis C. Kinslaw explicite ici sa vision d'un coaching intégré à l'entreprise au sein de laquelle devenir coach de ses propres collaborateurs est une nouvelle donne à intégrer dans les processus d'accélération du changement et de leadership. Cette vision, assez avant-gardiste, est tout à fait réaliste dans une entreprise qui prend en compte les salariés et se soucie de la performance. Il s'agit bien ici de managers formés pour être coach. Et Kinslaw d'insister: «*On devrait apprendre et employer le coaching en tant que pratique générale de supervision*»[2]. Il redéfinit par ailleurs le coaching comme «*impliquant toute préoccupation relative au collaborateur et qui a un effet sur sa performance.*» Kinslaw «*tient pour acquis que le leader peut aider ses collaborateurs*»[3]. C'est même l'une de ses nouvelles fonctions, jusque-là non reconnue et pratiquée.

Vincent Lenhard[4], présent depuis longtemps sur cette thématique, pratique un coaching inspiré de l'analyse transactionnelle: «*On entend par coaching l'action de conseil individuel auprès de responsables quel que soit*

1. Kinslaw Dennis C., docteur en éducation, formateur et consultant depuis 1975, *Adieu patrons, bonjour Coach*, Éditions transcontinental inc., Montréal, 1997.
2. Kinslaw Dennis C., *op. cit.*
3. Kinslaw Dennis C., *op. cit.*
4. Lenhardt Vincent, HEC 1965, fondateur de l'institut Transformance, consultant, *Les responsables porteurs de sens*, INSEP éditions, 1992.

leur domaine d'activité professionnelle à condition que cette action de conseil corresponde à l'attitude d'un entraîneur vis-à-vis d'un champion»; par extension, on pourra appeler coaching «*toutes procédures mises en place dans l'accompagnement des responsables (entretien d'évaluation, de fixation des objectifs, de préparation de réunion ou d'intervention en public)*».

Pour Timothy Gallwey[1], professeur en pédagogie sportive à Harvard: «*Le but du coaching est de libérer le potentiel du joueur pour le porter à son niveau de performance optimal. Il s'agit dans le coaching, de lui apprendre à apprendre par lui-même, plutôt que de lui faire ingurgiter un savoir extérieur.*»

Olivier Devillard[2], quant à lui, mixte son approche à plusieurs autres approches, dont une à dominance gestaltiste: «*Le coaching est le moyen, pour un responsable, de développer sa performance personnelle et sa capacité à agir dans des situations complexes dont l'enjeu est particulièrement important. Distinct du conseil et de la formation, le coaching s'appuie sur l'analyse du potentiel et des ressources du client, avec en complément l'apport d'expérience du coach, issue des situations diversifiées qu'il a rencontrées auparavant.*»

En 2005, la société Ernst & Young précisait dans une de ses études[3]: «*Selon la définition du* Grand Larousse universel, *un coach est un entraîneur d'une équipe, d'un sportif de haut niveau. Coacher consiste donc à servir de coach à une équipe, à un sportif. Adaptée à l'entreprise, cette définition amène à parler d'accompagnement, d'entraînement... Le coach adapte les méthodes des entraîneurs sportifs aux cadres des entreprises.*»

La Société française de coaching, très connue dans le milieu de l'entreprise et dans le milieu du coaching pour «représenter» de nombreux coaches, définit officiellement le coaching comme «*l'accompagnement de personnes ou d'équipes pour le développement de leurs potentiels et de leurs savoir-faire dans le cadre d'objectifs professionnels*».

Grâce aux travaux de Laura Divine[4], auxquels nous circonscrivons et dont notre pratique est proche, nous sommes d'accord pour définir le coaching selon ses pensées: «*On connaît présentement deux manières principales d'aborder le coaching. La première repose sur le principe que le changement résulte d'une modification du comportement et la deuxième sur*

1. *La dynamique interne du travail*, éd. Village Mondial, 2000.
2. Consultant en ressources humaines, psychosociologue, directeur de DEXTEAM conseil. Séminaire «introduction et sensibilisation au coaching», 1991.
3. «Les Échos études», collection le management stratégique, «La place du coaching en entreprise», 2005 (Cabinet SLC & Associés).
4. Divine Laura, consultante, coach, travaille depuis près de quinze ans avec James Flaherty, professeur, chercheur, coach et auteur du livre *Coaching: Evoking Excellence in Others*, membre de connexion coaching, gouvernement du Canada.

l'idée que le changement est le résultat d'une réflexion. Ces deux approches représentent des conceptions diamétralement opposées du coaching. Entre elles, on retrouve des conceptions hybrides, amalgames d'éléments tirés de l'un ou de l'autre des deux pôles. »

QUELQUES CHIFFRES

En 2005 en France, selon la SF Coach, le marché du coaching professionnel représentait environ 90 millions d'euros. 2500 professionnels déclaraient exercer une activité de coaching, dont plus de 15 % de façon soutenue. La proportion de coachs professionnels est en augmentation régulière. Selon les résultats d'une enquête interne à la SF Coach, 55 % des coachs sont issus de grandes écoles (commerce, ingénieurs...), 45 % sont diplômés en sciences humaines (sciences sociales, psychologie...). Tous ont l'expérience du monde des organisations, ont démarré ou effectué un travail personnel et ont suivi des formations spécifiques au coaching et/ou aux techniques de relation d'aide et d'accompagnement.

B. Les pratiques du coaching actuel

Les définitions proposées insistent sur le point suivant : le coaching est un accompagnement dont l'objectif peut être fluctuant, mais qui conduit au changement. Il est perçu soit comme une procédure de changement avec les approches behavioristes, soit comme un processus de changement avec l'approche réflexive.

Nous pourrions multiplier davantage le panorama des définitions du coaching, mais il nous semble que les définitions présentes donnent une bonne idée des pratiques actuelles en France et dans le monde anglo-saxon, à dominante behavioriste. Notre petit panorama nous a permis de relever les mots les plus employés – changement, accompagnement, personnes et équipes de travail, performance – dans le vocabulaire linguistique de l'entreprise se servant du coaching. Les travaux d'études en cours et les définitions sont nombreux, cependant nous considérons que le coaching n'a pas été encore fondé conceptuellement.

Il semble indispensable de ne pas réduire le coaching à une forme unique de pratique puisque le constat est à l'opposé.

Le coaching réflexif est une approche globale de la personnalité dans le cadre d'une problématique de l'activité professionnelle. Le rôle du coach est d'accompagner le processus d'élaboration de la pensée du client. Cet accompagnement se définit à l'aide d'entretiens réflexifs et itératifs au cours desquels le coaché va progressivement amener ses propres réponses à ses propres questions.

Aussi, nous pouvons dire que le coaching laisse une place pour la pensée et l'exploration de l'incertitude.

Le coaching réflexif représente le stade suprême de la formation, en ce sens qu'il ne se situe pas du côté du savoir mais du côté de la connaissance de soi.

Le coaching que nous pratiquons se réfère en partie aux théories du sujet. L'approche est centrée sur le sujet. En cela, nous nous éloignons des pratiques actuelles de type comportementaliste qui relèvent du conseil mais pas du coaching. Le coaching est bien une demande posée par un sujet. L'approche behavioriste est externe au sujet, tandis que l'approche réflexive est interne au sujet par un travail personnel accompagné d'un mouvement d'auto-interrogation et d'autocorrection de ses propres activités sur le terrain.

C. Les instances organisatrices de crédibilité

Lorsque l'on pratique le coaching, nous pouvons nous rendre compte combien le mot est utilisé de façon très diverse dans le cercle de l'entreprise. L'aide ne cible pas seulement les managers. Il est donc nécessaire de s'entendre sur les mots « mentoring », « supervision », « coaching », qui recouvrent des réalités proches. Celles-ci visent, pour des raisons connexes et souvent semblables, le développement personnel et professionnel des salariés ou des personnes qui recherchent un appui pour accroître leur développement. Il y a donc différents sens au mot coaching et plusieurs modèles cohabitent.

« *Aux États-Unis, les coaches sont partout. Les gestionnaires (managers) laissés à eux-mêmes se prennent en main et engagent les coaches comme "guides" pour améliorer leur performance, booster leur profit et prendre de meilleures décisions pour à peu près tout, de la gestion du personnel aux rôles des managers liés à la stratégie d'entreprise. La jeune fédération américaine de coaches dit qu'elle reçoit 2600 coups de fil par mois*[1]. »

1. Desbiens Danielle, professeur de l'UQAM de Montréal, invitée à Paris X, Nanterre pour un cycle de conférences sur le coaching, en psychologie du travail, mars 2005.

Quelques chiffres

D'après une étude réalisée en décembre 2006 par l'International Coach Federation, le coaching représente un marché mondial d'1,5 milliard de dollars, dont 53 % sont générés par les seuls coachs américains. Aucune étude de ce genre n'ayant été menée jusqu'à celle-ci, il est impossible de donner des chiffres quant à la croissance de ce marché depuis 2000. Nous savons néanmoins que plus de 6000 coachs venant de 74 pays ont participé à cette étude, que 69 % des coachs sont des femmes et que leur âge moyen varie de 46 à 55 ans. En outre, chaque coach suivrait en moyenne 11 clients à un moment donné, dont 56 % seraient des femmes.

Nous notons très clairement que les professionnels visent un certain consensus sur la recherche de sérieux de leur pratique. L'indépendance des pratiques s'écarte d'un cadre qui pourrait être légiféré, avec en même temps une revendication légitime dans l'autonomie du choix des méthodes. Nous convenons que le panorama des pratiques actuelles est le témoin de plusieurs manières d'exercer la profession. Le choix offert au futur client est large, à condition que le client soit un interlocuteur averti dans le domaine des méthodes de ces pratiques et, faut-il le préciser, qu'elles soient gage de sérieux. La lisibilité sociale du coaching constitue bien un des problèmes majeurs. Comment le client peut-il identifier la manière d'agir des consultants en coaching? Il est vrai que ce n'est pas toujours simple de «vendre» du coaching.

Témoin de coachings assez surprenants, nous adhérons à la comparaison de l'action des consultants en coaching à l'intervention psychosociologique décrite par deux psychosociologues, Maryse Dubouloy et Gilles Arnaud[1]. Ils s'interrogent sur la façon d'intervenir en entreprise sur ce créneau assez étroit des sciences humaines, notamment celui qui implique la connaissance de soi. Le coaching en fait partie: «*Pour les commanditaires, le choix de ce type d'approche constitue un pari risqué, puisqu'il s'agit de toucher aux modes de fonctionnement humain sans le confort de la rationalité technologique...*» Ces deux professeurs mettent en lumière quatre stratégies d'intervention pour pénétrer et vendre leur prestation:

1. Dubouloy Maryse, ESSEC Cergy-Pontoise, Gilles Arnaud, groupe ESC Toulouse, Communication 403, «L'intervention psychosociologique en question dans les organisations: de l'angoisse du risque aux paradoxes de la responsabilité», Congrès de psychologie du travail en langue française, Hammamet, juillet 2006.

- **La stratégie d'affichage** – L'orientation psychosociologique (ou pour nous le coaching) est clairement revendiquée, elle permet de sélectionner drastiquement les demandes puis de tenir la position professionnelle la plus pure sur les plans théorique, méthodologique et éthique.
- **La stratégie de recentrage** – Il n'est pas demandé aux clients une quelconque reconnaissance préliminaire de la spécificité psychosociologique, sans qu'il ait pour autant masquage délibéré. La volonté des intervenants est ici de se recentrer sur les problèmes énoncés.
- **La stratégie du camouflage** – Elle entérine une véritable dissimulation de la dimension sociopsychologique au profit de démarches réputées les plus vendeuses (management de projet, etc.).
- **La stratégie d'étayage** – Elle consiste à adosser l'intervention sociopsychologique sur un élément facilitateur, que ce soit une institution servant de cadre (université, grande école...), un dispositif d'ensemble dont l'aspect psychosociologique apparaîtra comme un élément parmi d'autres (organisationnels, environnementaux, etc.) ou une caractéristique valorisante.

Ces stratégies illustrent assez bien les comportements des consultants en coaching. C'est un univers dans lequel la concurrence est serrée et la confusion des genres probable. Cela nous amène à introduire la question de l'expertise et de la compétence du coach.

Sensible au professionnalisme, conforme à de bonnes règles de fonctionnement et à la crédibilité, en juin 2004, le SYNTEC[1] faisait paraître les résultats d'une étude qu'elle avait conduite auprès des entreprises spécifiant les définitions du coaching. Seuls «*39 % des répondants définissent le coaching comme une méthode pour renforcer les capacités managériales dans des situations à forts enjeux et près d'un tiers le définit comme un outil de développement professionnel.*»

Sylvie de Frémicourt, administratrice de SYNTEC Conseil en évolution professionnelle[2], souhaite «*un label pour normaliser la pratique du coaching*» afin de clarifier les pratiques.

Déjà détenteur d'un label «valorisation des compétences» pour les cabinets, ce label «*coach habilité SYNTEC*» s'adresse aux individus. Si l'adoption d'un tel logo n'est pas obligatoire, elle est cependant recommandée à l'ensemble des adhérents du syndicat. Cette démarche s'inscrit dans le

1. *Les entreprises parlent du coaching*, syndicat SYNTEC Conseil en évolution professionnelle, juin 2004.
2. Responsable de la commission coaching pour SYNTEC.

vaste travail entrepris par SYNTEC Conseil en évolution professionnelle pour normaliser la pratique du coaching en France et lui assurer une meilleure visibilité. Pour le moment, seuls cinq cabinets ont adopté cette démarche.

Le label est délivré par un comité de pilotage mis en place par les cabinets. Ce comité est composé de coaches, de managers et de superviseurs, mais qui ne sont pas nécessairement membres du cabinet. La présélection sur dossiers constitue une première étape de la labellisation, destinée à évaluer le parcours professionnel du candidat. La seconde consiste en une série d'entretiens, de tests et de mises en situation, dont l'objectif est d'évaluer les compétences de celui qui se présente.

Cette démarche différencie le SYNTEC de la Société française de coaching car ces coaches appartiennent à un cabinet. C'est un gage de sécurité et une recherche de déontologie pour asseoir une crédibilité auprès des clients. C'est aussi un moyen, pour ces derniers, de s'assurer d'une certaine homogénéité dans les tarifs pratiqués. En outre, le label «*coach habilité SYNTEC*» permet de faire la différence entre les professionnels du coaching et ceux qui sont seulement des pratiquants[1].

II. LA MISE EN ŒUVRE D'UNE SÉANCE DE COACHING RÉFLEXIF

A. Les deux grandes tendances actuelles

Après ce travail d'éclaircissement, nous centrerons désormais notre réflexion sur les deux grandes tendances actuelles de modèles de coaching:

- La première approche pose le principe que le changement est un objectif central. Il s'atteint par une modification des comportements. La situation professionnelle sur laquelle il agit s'inscrit dans le culte de la performance.
- La seconde, celle que nous développerons davantage, place le sujet au cœur de l'agir professionnel. Le changement est opéré par une attitude réflexive et autoquestionnante, à supposer que le «changement» soit une finalité en soi.

1. L'influence externe du changement

La première approche, la plus répandue en France semble-t-il, s'articule autour d'un vocabulaire concret et d'une pratique qu'il l'est tout autant.

1. Propos recueillis par Emmanuel Franck, *Entreprise et carrière*, 2005.

Elle se définit par des techniques procédurales dans un contexte de problématique professionnelle ou personnelle.

Plusieurs types de coaching s'adaptent et tentent de répondre aux questions actuelles. Ils fragmentent et distinguent les demandes et les niveaux d'interventions (individuel, interindividuel, groupe, structure[1]). Les théories fondatrices du behaviorisme, au sens large, leur servent de cadre de référence, le comportement restant le centre d'action du changement. Le coaching définit les objectifs, par son contrat, en décrivant et en délimitant les comportements à atteindre. L'approche se veut normative et stipule comment acquérir les « bonnes » compétences pour « être plus performant » en situation professionnelle. Les deux parties (coach et coaché) ont un défi à relever, et le coach doit choisir dans son panel d'outils celui qui sera « le » plus efficace. Le coach étant dans une logique de production de résultats, sa position/prestation sera évaluée par le coaché et par l'entreprise. Cette position renvoie en permanence le coach à un regard sur la maîtrise de sa propre conduite en séance de coaching et un questionnement sur la manière dont il va agir pour que son client atteigne les objectifs définis. L'action et la mise en œuvre du changement participent de la méthodologie.

Cette approche instrumentalisée répond en grande partie au vocabulaire connu des DRH (directeurs des ressources humaines) qui cherchent à optimiser les compétences des personnes tout en maîtrisant les risques de l'action. La démarche présentée est rassurante, elle circonscrit les méthodes, les outils, les objectifs. La notion « d'intervention » du coach est explicite. Le coach va inviter la personne à agir et à changer. La crédibilité est assurée par la logique de l'entreprise qui se retrouve dans la procédure préétablie. Le contexte et l'environnement de l'entreprise s'en trouvent renforcés dans ses critères d'exigence, de visibilité et de contrôle.

Jacques-Antoine Malarewicz[2] souligne que : « *La banalisation de l'outil coaching a comme conséquence que les entreprises ou les services des ressources humaines ont pris l'habitude de gérer ce type d'intervention dans un cadre étroitement procédurier.* » Dès lors, on assiste à une sorte de professionnalisation de l'achat.

Maela Paul[3] a cerné avec finesse les critères du coaching de tendance behavioriste, que nous situons sous l'influence du changement externe :

1. Délivré François, *Le métier de coach*, Édition d'Organisation, Paris, 2002 et 2004, p. 44.
2. Malarewicz J.-A., *Réussir un coaching grâce à l'approche systémique*, Village mondial, Pearson éducation, France, 2003.
3. Maela Paul, *L'accompagnement: une posture professionnelle spécifique*, L'Harmattan, Paris, 2004.

- efficacité/productivité;
- performance/rendement;
- excellence/compétition;
- optimisation individuelle;
- amélioration du travail;
- résultats visibles et immédiats;
- autonomie.

2. L'influence interne du changement

Considérons la seconde approche: celle du coaching réflexif. Le cadre de référence se tient dans l'environnement en complet bouleversement et dans les changements de l'entreprise elle-même. Le coaching réflexif se définit comme un mode de formation adapté à la façon de travailler du XXIe siècle.

L'efficacité du coaching réflexif sera de permettre au coaché de formuler une réponse à une question qui n'est pas encore posée d'une façon claire en lui. Pour l'instant, son «accroche» avec la demande de coaching sera un besoin «masqué» mais réel qui le pousse à demander un coaching. Par exemple, comment améliorer son style de management? Cette demande actuelle et visible va évoluer lors des séances de coaching, et la réponse qu'il va trouver à ses réflexions lèvera le voile sur la question de fond, qui le taraude: par exemple, il peut découvrir que sa «vraie» question concerne sa préoccupation liée à son besoin d'ascension sociale personnelle.

Le contrat de coaching avec l'entreprise définit la prestation d'une manière informative sur la méthode et sur le processus global, ainsi que sur le cadre d'intervention et les engagements réciproques.

Les références théoriques appartiennent à la sociologie, à la psychologie, aux sciences politiques et économiques, ainsi qu'à la didactique professionnelle. La nouveauté se situe dans la prise en compte de l'approche linguistique qui s'intéresse à la relation langagière. Le cadre théorique s'inscrit dans la mouvance de la pensée de l'individu contemporain réflexif qui caractérise la pensée sociocontemporaine. Dans le cadre du coaching, seules les questions entre l'institution et le sujet sont abordées.

La méthode dépend d'une approche globale et se réfère aux théories du sujet, plus justement dans une intersection où il est centré sur la personne et la dimension de son opérationnalité. Le coaching se définit comme un accompagnement singulier à l'aide d'entretiens réflexifs et itératifs au sein desquels le coché va progressivement élaborer les réponses à ses propres questionnements.

Le coaching concerne une problématique actuelle liée à une situation professionnelle, relative à une position managériale et à une responsabilité professionnelle. Il n'a pas pour objectif de répondre à toutes les demandes.

Le coaching réflexif va se mettre en place entre le coach et le coaché grâce à une relation particulière d'échanges langagiers et de soutien dans l'élaboration de la pensée que nous nommerons « relation de coaching ».

À RETENIR

La relation langagière, la pensée réflexive et la prise en compte de sa propre responsabilité apparaissent comme les éléments organisateurs de la méthodologie du coaching réflexif.

Les objectifs seront ceux que le coaché se fixe, le postulat étant que la demande est souvent plurielle. Une demande plus profonde se « cacherait » sous la première. L'alibi utilisé se définit comme la présentation d'une problématique maîtrisable et acceptable que le coach et le coaché se sentent capables de travailler. Par exemple : comment aménager plusieurs équipes dans un groupe qui a fusionné avec un autre ? Comment fédérer les différentes directions ?

Les résultats se mesurent par le coaché lui-même qui, au détour de l'entretien, repère et signifie qu'il a mis en acte une pensée, une attitude qu'il n'adoptait pas auparavant et qui est sienne aujourd'hui. Il adopte des solutions qu'il innove et auxquelles il s'exerce dans la logique propre de ses activités, tant au niveau technique que dans sa relation aux autres.

Ainsi, nous commençons à comprendre que la position du coach est dans ce qu'elle permet à l'autre de se dissocier de lui. Le travail produit dans cette relation langagière permet au coaché de passer de l'imaginaire au symbolique. Ce travail intérieur libère la pensée aliénée, maintenant devenue capable de produire du sens.

Dressons ici les critères de définition de l'influence interne du changement :

- la place de l'indéterminé et de l'incertitude ;
- la prise de conscience de ses comportements ;
- la curiosité ;
- la vacuité ;
- la temporalité ;
- une parole porteuse de sens ;

– une opérationnalité incarnée;
– un sujet-acteur.

B. L'instauration de la dynamique de la relation du coaching réflexif

Le coaching va mettre en présence un individu, le coach, et un «coaché», manager, responsable ou dirigeant qui demande une «aide» pour et dans sa pratique professionnelle. Dans cette dynamique, le coach garantit et valide simultanément le cadre et le temps des séances. La confiance interpersonnelle et organisationnelle doit caractériser la relation. Un accompagnement de coaching ne peut s'exercer hors de cette relation de confiance et l'échange doit se faire sans réticence. Cette relation coach/coaché n'est pas ordinaire, elle ne constitue ni un contact cordial de face à face, durant lequel «ça accroche» ou non, ni un moment durant lequel le coach ou le coaché doit s'imposer. Quelque chose se trame à l'insu des protagonistes; un lien d'«entre-soi» se tisse très vite avec des ingrédients complexes empruntés à l'un et à l'autre, chacun composant avec son bagage de vie. La marge de manœuvre est étroite dans cet univers inconnu de rencontre «anonyme».

Le coach doit réussir l'approche dans une dynamique où le locuteur (coaché) sentira par son expérience, ses sentiments que quelque chose peut se jouer du côté du savoir, du sien en particulier. Pour le coaché, c'est admettre de s'engager dans ses propres mots et prendre le risque de les entendre. Le coach, par sa posture, par son intervention, favorise la «capture» de la relation langagière, porteuse de sens. Presque naturellement, le coaché évite de dire des banalités, ce qui engendre d'ores et déjà une certaine tension. À ce moment-là, le processus cognitif et rationnel s'émousse, le coaché lâche certaines résistances pour évoquer la réalité professionnelle et des éléments qui achoppent ou griffent cette même existence.

Dans les premiers temps des séances de coaching, les propos du coaché évoquent souvent la banalité de l'activité professionnelle: seuls les phénomènes externes expliquent alors les difficultés rencontrées. Puis vient ce que nous nommons la «morsure du serpent», c'est-à-dire la surprise d'avoir «lâché» quelque chose qui n'était pas prévu. Pas maîtrisé. Inopinément, la surprise est pénétrante, provoquant le trouble du coaché avec les effets d'étonnement, de rapidité et de perlaboration[1].

1. Perlaborer est un processus par lequel le coaché surmonte ses résistances et intègre une interprétation ou une autre façon de penser. C'est un travail psychique qui permet au sujet de se dégager des emprises des mécanismes de défense habituels.

Le coaché apostrophe sa pratique sous un autre angle; il se regarde en prenant le coach à témoin: « *Vous avez entendu ce que je viens de dire? C'est saisissant que je pense ça; si c'est vrai, c'est grave* ». Le coaché utilise l'intelligence réflexive sous le regard de sa propre action. La mise en tension s'opère entre la préparation de la réflexion, la réflexion elle-même et l'énonciation (qu'il croit maîtriser). Il y a l'intention de dire, le dire par le verbe, la prise de conscience de son implication et l'action enfin corrective ou de changement d'attitude par exemple. L'entretien de face à face est la scène où le processus se noue, se développe et produit du sens.

C. La demande de coaching

Le dirigeant ou manager qui souhaite suivre un coaching se trouve dans un mouvement d'approche de lui-même. Nous pouvons dire, entre nous, de connaissance de soi. Il sait, pour les avoir éprouvées, que toutes les solutions simples sont suspectes. Il sait que la tentation des interventions par des outils techniques l'a partiellement satisfait, mais sur une courte durée. Confusément, il se reconnaît dans un besoin d'aide personnalisée pour s'interpeller lui-même, pour répondre aux questions qu'il n'entend pas sur son agir professionnel en changement. La situation exposée dans sa demande n'est pas élaborée, c'est-à-dire qu'elle n'est pas pensée.

La demande formulée est visible et le coaché reconnaît vouloir résoudre un problème qui ne montre pour l'instant que sa partie émergée. Il pressent vaguement que quelque chose est immergé, sans pouvoir le nommer. Les injonctions de l'organisation ont rendu cette partie immergée, donc invisible au premier abord, inaccessible à sa représentation psychique. Tout doute est interdit; il se fait duper par des solutions qui renforcent les malaises dans l'organisation et nuisent à son efficacité et qui, par-là même, exacerbent son malaise à exercer ses fonctions.

Nonobstant, toujours agissante, la partie ignorée de l'iceberg va stimuler le coaché à son insu dans son engagement de demande de coaching. Il va « entrer » en coaching par une fausse demande qui cache le véritable objet de sa demande.

C'est entre ces deux demandes que le client trouve le coach. Ce dernier, en position d'inconfort, va lui aussi s'engager en acceptant de conduire le coaching. Il va introduire le dirigeant manager dans une relation qui lui permettra de s'approcher de lui-même de ce jardin en friche et pourtant fertile. L'espace langagier créé devient une relation grâce à l'émergence des émotions et des affects. L'effet de la relation coach/coaché va permettre de créer un engagement réciproque.

D. L'entretien de face à face comme méthode

L'entretien de face à face permet l'émulsion du langage par une attitude de non-directivité. Ce n'est ni du bavardage, ni une conversation qui n'aurait d'autre but que de produire du discours convenu, séducteur et érudit. C'est dans cet espace langagier que la pensée réflexive du coaché sur son agir professionnel va s'organiser, s'élaborer.

L'entretien devient production de connaissances pour le coaché qui, davantage attentif à lui-même, sort du rang. Il se responsabilise sur sa personnalité et ses effets dans les équipes. Il occupe sa place de sujet. En effet, délivrée de ses rôles institutionnels, la parole dépouillée émerge comme une surprise qu'il se fait à lui-même.

Ne nous méprenons pas, enclencher cette oscillation, cette ouverture psychique n'est pas aisée. Cela ne répond à aucune politique volontariste. Les résistances psychiques sont fortes. La démarche n'est pas neutre. Elle est exposante. Éprouvante.

Dans cette prise de risques, le dirigeant coaché va tenter de comprendre le pourquoi « des choses », comment son rapport au pouvoir et à son activité peut être vécu comme objet de souffrance et de jouissance.

La tentation de se dérober à la « vérité » qu'il pourrait rencontrer s'exerce par les artifices dont il a l'habitude. La résistance est tenace et le coaché va encore tenter d'éviter de se regarder dans son activité. Cela peut se traduire par différents comportements allant, par exemple, de descriptifs interminables à la plaisanterie. Ces moments-là confrontent le coach dans sa position à maintenir le cadre et à ne pas faillir dans une attitude qui casserait la dynamique et l'efficacité du coaching, en prenant part à la conversation par exemple.

E. Le coach et la conduite de la séance de coaching

La position du coach est tenue par la relation transférentielle. Le transfert n'est pas celui des psychanalystes, en particulier dans les circonstances de sa survenue. Celui-ci se produit dans la relation que le coach initie avec le coaché.

Le coach se met en situation d'appât. Le dirigeant coaché se le représente mentalement comme détenteur des solutions magiques. La relation est une puissante mise sous-tension. L'espace est occupé par la vacuité (l'état de potentialité). Dans sa dynamique de recherche, le coaché va sans cesse aller « provoquer » le coach par des jeux complexes de défense.

Le coach se sait engagé par rapport à la manifestation de la demande. Il n'est pas dupe. Il se « doit » de prévoir, comme dans un jeu de stratégie, la logique de l'ouverture possible pour accueillir la vraie demande. Il sert de catalyseur. Il sait que le résultat produit ne lui est pas attribuable personnellement. Le coach a pour principale préoccupation de capter la façon dont l'objet de préoccupation peut se construire.

En effet, plusieurs éléments sont à l'œuvre dans la séance du coaching et provoquent une synergie qui produit une certaine transformation chez le client. En tant que catalyseur, le coach va suivre les mouvements, les assister, les souligner, les favoriser pour produire une certaine faisabilité d'auto-observation et d'auto-interrogation sur l'agir professionnel inconnu jusque-là chez le coaché. Le coach restera d'une certaine façon en dehors, en position méta (de retrait), de façon à laisser le coaché capter et s'approprier la démarche. La composante synergétique du modèle qu'utilise le coach fait apparaître l'effet catalyseur. La démarche nouvelle qu'il introduit mobilise progressivement le coaché. Au fil des séances, ce dernier se rendra capable de se prendre en main d'une manière davantage autonome en orientant le dépassement de son présent qui le lie à ses problèmes vers le futur pensé et décidé.

La tentation d'utiliser des outils est grande pour le coach. Convoqué en permanence par son client, avec qui il se doit d'être performant, le coach est soumis à une certaine pression de produire de «l'efficacité», c'est sa perception. Pris dans cette ambiance, il cerne la problématique, possède les compétences requises, croit comprendre. S'il s'emporte dans l'enthousiasme d'avoir compris, il parle! Il propose alors quelque chose qui va être susceptible d'aider le client. Le coach est passé à l'acte. Mais le coach n'est plus. Il n'est plus en situation de coaching, mais en situation de conseil.

Le coach a agi pour qu'il y ait une production, pour être à la hauteur face aux attentes du coaché. L'intensité de la tension dans la relation n'est pas négligeable. Les mouvements psychiques sont à l'œuvre autant du côté du coaché que du coach. Cependant, si le coach quitte sa position (qui lui sert à tenir le cadre), le transfert se démantèle. Il revient à une position différente. Le coach s'est simplement rassuré.

En revanche, le coaché a colmaté l'espace d'angoisse et d'échappée psychique qui lui était promis. Peut-être trop dangereux. Son nouveau prêt-à-penser lui permet de se maintenir dans le leurre, dans une réponse extrinsèque, qui ne vient pas de lui, qui le déresponsabilise aussi, mais qui peut lui convenir et avec laquelle il pactise. On appelle cela du risque mesuré: les attentes du coaché sont en quelque sorte comblées.

Si le coach maintient la position du coaching réflexif et résiste à la tentation d'intervenir malgré les «harangues» du coaché, le processus opère, quitte à laisser le coaché dans la colère par exemple.

F. Lorsque le coaché devient sujet

Figure de la dynamique générale d'un coaching réflexif

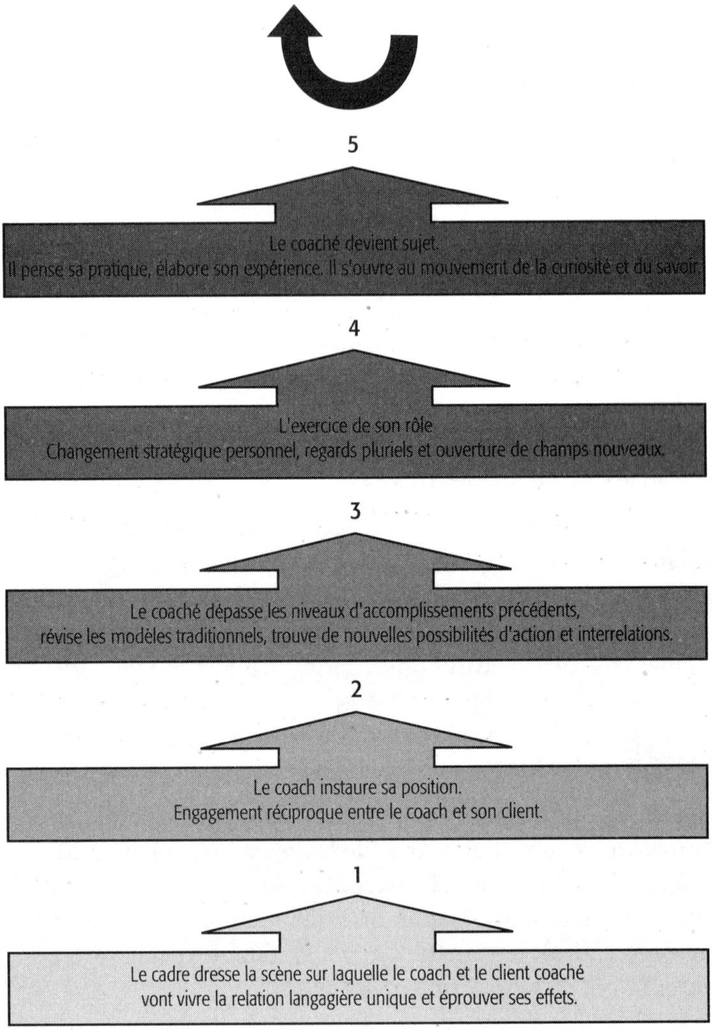

Les mouvements psychiques en présence peuvent être contradictoires, forts et violents. Cela nécessite de gérer les réactions. La déstabilisation à laquelle le coaché est en proie ouvre chez ce dernier un espace intérieur de jeux. Là où les choses étaient figées, il se doit de trouver des réponses souples pour contourner la réponse en miroir qui fait violence. Il s'entend parler, développe une perception nouvelle des questions ordinaires, des gens et des événements. Il s'aperçoit qu'il n'a pas réponse à tout. Dans ce renoncement, il accepte d'abandonner les certitudes qu'il s'est construites, il doit réaménager ses appuis imaginaires, devenus caducs. Son engagement dans le coaching s'ouvre sur le lâcher prise et le risque de s'exposer à autre chose que ce qu'il croyait. Il pense sa pratique, élabore son expérience. Il s'ouvre au mouvement de la curiosité et du savoir.

III. LES CARACTÉRISTIQUES ORGANISATRICES DE LA DÉMARCHE DE COACHING

Au premier abord, le coaching est un phénomène de mode qui surfe sur la vague des produits à succès; il peut aussi s'entendre comme l'expression plus profonde d'une société qui rassemble des besoins inorganisés et mal identifiés. L'engouement et la facilité avec lesquels le mot coaching est utilisé seraient en fait l'expression d'un «quelque chose» dans la société qui cherche à se manifester. Ce phénomène de mode brouille en fait la véritable identité du coaching plutôt qu'il ne la définit de façon professionnelle et rigoureuse.

Malgré tout, rapporté au strict domaine professionnel, le coaching semble correspondre en premier lieu à une demande et à un besoin d'être «accompagné» de façon singulière en situation de travail.

Cette constatation témoigne de la complexité des changements qui s'opèrent au sein de la société et d'une volonté de s'adapter aux changements qui affectent fortement la vie personnelle et professionnelle des managers.

L'objectif est d'atteindre une meilleure performance dans l'activité grâce à une meilleure connaissance de soi, à l'acquisition d'une vision stratégique ou encore à un mode de questionnement. Dans ce contexte, le coaching revêt une fonction d'accompagnement «ni tout à fait la même ni tout à fait autre»[1].

Nous avons compris la complexité de démarrer un coaching et de le mener de façon à ce que le coaché arrive à «produire» des solutions lui convenant. À ce stade, nous nous référons à notre interrogation sur le processus d'apprentissage en jeu, et plus particulièrement sur les éléments qui placent le sujet au cœur de son agir professionnel et qui lui permettent de «changer» par lui-même.

Nous pouvons dire qu'une efficacité se dégage de cette démarche, souvent banalisée et considérée par ses détracteurs comme une «discussion», voire un «échange». Nous comprenons fort bien que le questionnement du client à la seule lumière de sa propre parole puisse désarçonner et rendre perplexe.

---

1. Pilard Patricia, *Le coaching: une fonction d'accompagnement ni tout à fait la même ni tout à fait autre*, Éducation permanente GDF-SFP, Paris, 2002.

Cependant, la posture de sujet (du coaché), reconnue en tant que telle par lui-même, l'aide à fournir un travail d'élaboration psychique, de structuration, de recherche de sens, et à comprendre ce qui lui est personnel dans cet engagement professionnel et dans les responsabilités qu'il a prises en main.

Selon nous, le coaching réflexif est formateur. Dans la question: «Comment ce processus réflexif pour le client et la conduite du coaching produisent une formation personnelle?», il faut comprendre: «Comment ce processus réflexif et la conduite du coaching produisent un changement chez la personne?»

Quelles sont les propriétés (au sens de caractéristiques) agissantes du coaching pour qu'il devienne formation? Comment peut-on les définir? Nous pratiquons un coaching réflexif; son objet se définit dans une problématique actuelle relative à une situation professionnelle dans laquelle la personne, en position de manager, assume certaines responsabilités.

La spécificité du sujet place celui-ci au cœur de l'agir professionnel. Le «changement» découle d'une attitude réflexive et autoquestionnante. Ainsi, le manager coaché est considéré comme un praticien qui a besoin de réfléchir, de se questionner et de définir son mode de fonctionnement professionnel.

La nouveauté épistémologique du coaching réflexif consiste dans l'attribution de la parole-pouvoir du coach qui se déplace vers celle du coaché, seule reconnue comme parole-vérité sur sa pratique professionnelle.

Les effets de changements sont avérés et reconnus par les témoignages de nos clients, mais ceux-ci ne suffisent pas à comprendre quels types de processus entrent en jeu dans l'appropriation du coaching réflexif.

Nous repérons plusieurs propriétés ou caractéristiques agissantes qui vont constituer l'aspect formateur du coaching réflexif.

Le rapport coach/client implique trois composantes en synergie: la relation langagière[1], la pensée réflexive et la prise en compte de sa propre responsabilité en tant que sujet.

A. La propriété langagière

Le rapport coach/client implique trois composantes en synergie: la relation langagière, la pensée réflexive et la prise en compte de sa propre responsabilité dans l'activité. Ces éléments deviennent les principes organisateurs d'un dispositif technique structuré et modulaire: l'entretien de face à face. Sa déclinaison non directive permet l'apparition du

1. Le discours n'est pas étudié dans une perspective linguistique.

langage vrai, distinct du bavardage, d'un discours convenu, séducteur ou érudit. Il a une recherche concernant la substance de la parole. Le coaché s'oriente, parfois à son insu, vers une réflexion élaborée et organisée sur son fonctionnement professionnel.

> **POINT CLÉ**
>
> **L'entretien produit des connaissances tournées vers l'intériorité. Le coaché, davantage attentif à lui-même, à sa vérité, sort de son rang et prend sa place de sujet. Une énonciation et une matérialisation ainsi ajustées deviennent les moyens d'expression d'une découverte personnelle. Ainsi, découlerait la propriété langagière du coaching réflexif.**

B. La propriété posturale du coach

La position du coach est tenue par la relation transférentielle. Le transfert n'est pas celui des psychanalystes, notamment dans les circonstances de sa survenue. Celui-ci se produit dans la relation que le coach initie avec le coaché.

Le coach se place en situation d'appât. Le dirigeant coaché le représente dans ses idées comme détenant des solutions prêtes à l'emploi, magiques. La relation est une mise sous tension puissante. L'espace est occupé par la vacuité. Le coaché, dans sa dynamique de recherche, va sans cesse aller «provoquer» le coach par des jeux complexes de défense psychique.

Le coach sait qu'il s'est engagé par rapport à la manifestation de la demande. Il n'est pas dupe. Il se «doit» de prévoir, comme dans un jeu de stratégie, la logique de l'ouverture possible pour accueillir la vraie demande.

Véritable catalyseur, le coach sait pourtant que le résultat produit ne lui est pas attribuable en propre. Sa principale préoccupation va consister à comprendre comment le coaché construit se qui se passe en situation de coaching. La position du coach est dans ce qu'elle permet à l'autre de se dissocier de ce même coach.

Les mouvements psychiques sont à l'œuvre autant du côté du coaché que du coach. Mais si le coach quitte sa position qui lui sert à tenir le cadre, le transfert se démantèle. Le coach se sera simplement rassuré. Le coaché, quant à lui, a pu colmater l'espace d'angoisse et d'échappée psychique. Il a un nouveau prêt-à-penser qui lui permet de se maintenir dans le leurre, dans une réponse extrinsèque qui peut lui convenir, avec laquelle il pactise. C'est du risque mesuré. Les attentes du coaché sont en quelque sorte comblées. Si le coach maintient sa position professionnelle, le processus opère.

Le travail produit dans cette relation langagière permet au coaché de passer de son système de représentation imaginaire à un autre niveau de symbolisation. Ce travail intérieur libère la pensée aliénée, maintenant devenue capable de produire du sens. Les objectifs seront ceux que le coaché se fixe.

L'alibi utilisé par le coach se présente sous la forme d'une problématique maîtrisable et acceptable. Par exemple, comment réaménager un groupe qui a fusionné? Comment fédérer les différentes directions? Les résultats se mesurent par le coaché lui-même qui, au détour de l'entretien, repère et signifie qu'il a mis en acte une pensée, une attitude qu'il n'adoptait pas auparavant et qui est sienne aujourd'hui.

POINT CLÉ

La conduite non directive et non passive, ainsi que le lâcher prise intellectuel définissent la propriété posturale. Le coach renonce à ses propres scénarios, à ses propres interprétations et à ses propres savoirs.

C. La propriété spatio-temporelle

Le coach garantit le cadre de l'espace-temps dans lequel se déroule l'entretien de face à face. Ce cadre dresse la scène où le coach et le coaché vont vivre la relation langagière unique et éprouver ses effets. Les propos de Luce Irigaray[1] s'adaptent à notre sujet: «*On pourrait dire que le praticable de la scène [du coaching] n'est peut-être pas un empirique parmi d'autres, une forme d'application du psychisme parmi d'autres, une expérience parmi d'autres. Mais – qui sait? – un praticable qui déroute, déconcerte, désassure, la scène de la représentation.*» L'effet de la relation coach/coaché va permettre de créer un engagement réciproque.

Chaque séance est une page blanche, laquelle peut se révéler extrêmement dérangeante. En effet, interroger sa manière d'agir professionnel, c'est questionner son positionnement en vue d'agir, de prendre des décisions, de diriger... Mais, en dehors de la préoccupation factuelle, c'est l'occasion d'apostropher réellement sa façon d'occuper sa fonction. Le coaché enquête sur une réalité qu'il ne peut ni reconnaître ni voir dans le système de l'entreprise.

Les dirigeants vivent dans des environnements fort peu prévisibles et disposent de peu de temps pour se distancier de leurs agissements. Ils sont littéralement bombardés de stimuli et contraints de prendre des décisions

1. Iragaray, *Parler n'est jamais neutre*, Les Éditions de Minuit, 1985..

E. La propriété crisique[1]

La culture de l'entreprise est pragmatique: les réponses attendues par l'entreprise doivent être opérationnelles et non relever d'une réflexion en devenir, aussi intéressante soit-elle. L'entreprise se positionne réellement dans la pragmatique.

Lorsque la nécessité de «faire un coaching» se fait sentir, c'est que le changement institutionnel a raccourci la capacité de penser ou de réagir du responsable.

Cela n'est pas à considérer comme de l'incompétence ou de la contre-performance, mais davantage comme une compétence à reconnaître ses limites personnelles. Peut-être pouvons-nous aussi l'envisager comme une lucidité particulière afin de ne pas devenir fou et résister à une éclipse de soi-même qui entraînerait un traitement mécanique de la vie et une place d'homme-objet[2].

La demande de coaching intervient dans un moment où la continuité du «faire comme d'habitude» s'engage dans une impasse. Le miroir du quotidien n'est plus narcissisant. C'est un miroir dont l'étain est partiellement parti et la perception morcelée. L'image de soi est défaillante, l'harmonie rompue. Les problèmes normalisés, modelés et résolvables ne sont plus dans le prisme de la maîtrise ou du contrôle. Le mouvement psychique semble paralysé, incapable de fournir une réponse économique[3] pour maintenir l'équilibre. Le sujet est en rupture avec sa propre continuité. Les autosuggestions, les politiques volontaristes de décisions glissent sur un idéal du moi haletant et qui doute de son cap. L'homme-sujet est en crise personnelle. La remise en question l'entraîne dans une plongée vers l'inconnu, l'incertitude d'être soi.

Entreprendre un coaching réflexif, c'est entreprendre une formation personnelle permettant de penser le changement, qui met à mal les étayages psychiques. Accepter de réfléchir, donc de se former permet un remodèlement de la pensée ou, en tout cas, favorise une nouvelle vision des choses.

Penser ce qui arrive permet de maintenir en liaison les éléments parfois disparates à travers crises, ruptures et reprises qui constituent un être singulier.

Ainsi, s'approprier le coaching comme processus de formation, c'est développer la capacité à s'affronter, à accepter la remise en question en entrant dans «le» penser de la crise, dans l'élaboration psychique.

---

1. Crisique: qui pose des problèmes aux individus, qui doivent en trouver une interprétation, voire une résolution, et ce malgré les bouleversements.
2. À opposer à homme-sujet.
3. Économie psychique.

L'étayage semble inévitable devant la complexité des situations professionnelles.

POINT CLÉ

Le coaching réflexif redynamise les mouvements psychiques. Ceux-ci remobilisent le coaché pour sortir de l'ombre et lui assurent ainsi une continuité de sujet social. Cela met en relief la situation de crise dans laquelle intervient le coaching. Elle aide à penser la crise dans sa bipolarité : saisir le chaos et la potentialité.

Soumis à une double demande, manifeste et latente, le coach est sommé d'accompagner le coaché dans un processus d'élaboration et de maturation psychique. Il est mandaté pour procéder à l'organisation d'une rencontre qui réunit les mouvements des niveaux psychiques, des mouvements institutionnels et ceux de l'action. Le coaché, en s'appropriant la démarche, met de côté ses capacités à agir pour se centrer sur une position de réflexion. Il freine l'emballement du temps pour réintroduire des perspectives de développement à long terme pour les hommes et pour l'institution.

Véritable fil de soi, le résultat du coaching est un processus qui n'obéit à aucune procédure d'outils ou de guidage. Dans l'espace formel du cadre du coaching, il produit du savoir. La réponse formatrice du coaching se situe dans la spécificité de ses propriétés. Cet ensemble combinatoire de propriétés permet au processus psychique de se reconstituer et de s'approprier une expérience singulière de pensée. La formation continue classique, que l'on reçoit généralement au cours de notre expérience professionnelle, permet d'acquérir et d'appliquer des connaissances. Le coaching, quant à lui, est une action qui permet au sujet d'élaborer son propre savoir dans une dynamique de transformation de lui-même, dynamique au sens de création, au sein de laquelle il est devenu l'acteur de son propre savoir. « *Alors une part de l'imaginaire, ce qui ordonne la répétition, la routine tombera pour laisser place à du nouveau, provoquant un accroissement de l'espace symbolique qui, dans ce qui sera le plus créatif, ira pour le sujet du côté de son désir*[1]. »

1. Lecoq Dominique, professeur au CNAM de Paris, « Formation et management : quelques éléments conceptuels pour une analyse de pratiques », in Blanchard-Laville Claudine, *Sources théoriques et techniques de l'analyse des pratiques professionnelles*, Paris, L'Harmattan, collection savoir et formation, 2001.

Ainsi, lorsque nous disons que le coaché trouve ses propres réponses, ce n'est pas une fuite de notre part ni même le reflet de l'improbable. Bien au contraire, nous affirmons que ce processus est opérant et dynamique. La réponse n'est pas donnée comme dans une « simple » formation managériale. Elle sollicite une mobilisation des ressources et de « veille » psychique, relative à l'agir professionnel. Le coaché peut alors être en capacité de s'améliorer, de développer de nouveaux angles d'attaque, une nouvelle prise en compte des relations interindividuelles et de soutenir des décisions, en rendre compte et assumer sa responsabilité. Il n'est nullement question ici de registre de la magie ou de toute-puissance, mais bien d'une accélération de l'action, résultant du processus continu d'élaboration d'un savoir propre au sujet, et incitant à l'action.

POINT CLÉ

Le coaching se différencie de la formation classique comme apport de connaissances, non seulement parce qu'il ne transmet aucun contenu et favorise davantage les prises de conscience que l'acquisition de savoirs, mais surtout parce qu'il soutient d'emblée l'hypothèse que la personne dispose des connaissances nécessaires à la résolution du problème.

Chapitre 2

LEVER LES ÉQUIVOQUES AVEC LES APPROCHES VOISINES

Le coaching est tellement polymorphe dans son utilisation verbale que des confusions peuvent survenir dans les approches ou le traitement d'un problème. Vis-à-vis d'un problème, il n'y a jamais qu'une seule solution. Aussi, nous vous présentons quatre solutions à la résolution des problèmes avec quelques points communs, mais aussi avec des finalités tout à fait différentes.

I. LE BILAN DE COMPÉTENCES ET LE COACHING

Avant d'aborder la problématique du bilan de compétences et du coaching, nous vous proposons quelques préalables fondamentaux relatifs au bilan de compétences.

A. L'histoire du bilan de compétences

Les pratiques d'orientation pour adultes sont restées peu développées jusque dans les années quatre-vingt, période de la mise en place des centres de bilan. Auparavant, les évaluations du niveau de compétences professionnelles (ENCP), les bilans professionnels dans des secteurs en reconversion (réalisés par des institutions telles que l'AFPA[1], l'ANPE[2], le GRETA[3]) constituaient les principaux outils d'appréciation. L'outplacement, lié à un

1. AFPA – Association de formation professionnelle pour adultes.
2. ANPE – Agence nationale pour l'emploi.
3. GRETA – Groupement d'établissements publics locaux d'enseignement de l'Éducation nationale.

accompagnement personnalisé en cabinet, était uniquement réservé aux chefs d'entreprise et cadres supérieurs.

Depuis vingt ans, les bilans de compétences sont proposés à tous les publics: demandeurs d'emploi de longue durée ou non, inscrits à l'ANPE, jeunes diplômés bac +5, jeunes sans qualifications en recherche d'emploi, personnes reconnues travailleurs handicapés par la COTOREP[1], salariés (à leur propre initiative ou à la demande de l'employeur dans le cadre du plan de formation de l'entreprise).

B. La démarche

Le bilan de compétences se définit comme une démarche globale qui doit permettre à celui qui consulte de repérer les acquis de qualification issus de sa formation, de ses expériences professionnelles, de mieux les définir, de les évaluer et de les réinvestir dans un nouvel axe professionnel.

Les acquis identifiables dans un bilan sont décrits et développés à l'aide des acquis liés à la vie personnelle, professionnelle et sociale de l'individu.

Le déroulement du bilan est personnalisé; le choix des techniques d'investigation et d'analyse est déterminé selon les besoins et attentes de celui qui consulte. À l'issue du bilan de compétences, un document de synthèse est remis au bénéficiaire et demeure sa propriété.

Une convention, préalablement établie entre les trois parties (bénéficiaire, centre de bilan, organisme paritaire ou entreprise) conformément à un document type, rappelle aux signataires leurs obligations respectives. Par ailleurs, l'organisme prestataire est soumis à la déontologie des Centres interinstitutionnels de bilan[2] et au respect des dispositions relatives au secret professionnel[3].

C. L'usage social du bilan de compétences aujourd'hui

En 2006, les bilans de compétences ont fêté leur vingtième anniversaire: leur pratique est aujourd'hui connue et reconnue en France. Nombre de salariés et de demandeurs d'emploi engagent chaque année une telle démarche. L'analyse de l'activité professionnelle montre que la multiplicité des points de vue sur leurs expériences leur permet de mesurer les ressources déjà mises en œuvre, ainsi que leurs ressources potentielles. Développement du projet et analyse de l'expérience s'étayent mutuellement[4].

1. COTOREP – Commission technique d'orientation et de reclassement professionnel.
2. Article L. 900-4-1 du Code du travail.
3. Article 378 du Code pénal.
4. Source: DARES, février 2005, n° 07.03.

Le cadre légal du bilan, ainsi institué selon la loi, permet un repérage au niveau des appellations et des pratiques. Le «bilan de compétences» *stricto sensu* est le terme générique de la loi du 31 décembre 1991, qui stipule que tout salarié peut demander un congé pour effectuer un bilan de compétences. Celui-ci est financé par un organisme collecteur de formation ou par un organisme d'entreprise. De ce fait, demandé par le salarié lui-même ou par son entreprise, le bilan repose sur un objectif particulier. Plusieurs angles sont alors possibles:

- Soit le salarié souhaite lui-même faire un point sur sa carrière et réfléchir à son évolution (en interne ou en externe).
- Soit le DRH veut évaluer les possibilités d'évolution professionnelle des salariés et/ou bâtir un projet de formation pour mieux gérer les carrières et favoriser la mobilité interne.
- Soit, et ce cas se rencontre aussi, il existe des «tensions» concernant le salarié, et le DRH cherche la meilleure solution pour en gérer l'évolution…

Depuis le début des années deux mille, les conseillers en bilan de compétences de différents organismes remarquent que les demandes de bilan ne sont plus identiques à celles des années quatre-vingt: des éléments émotionnels et identitaires personnels sont évoqués. Ces éléments semblent influencer leur pratique professionnelle. Cela se traduit, notamment, par des entretiens plus longs où l'efficacité visée par la méthodologie du bilan de compétences n'est pas réalisée forcément.

Les conseillers ont le sentiment de faire «autre chose» que de l'accompagnement au sens strict du terme, ce qui fait parfois dire à certains d'entre eux qu'ils font du coaching vers l'emploi ou coaching de carrière.

Quand ce cas se présente, les conseillers sentent leur fonction altérée au profit d'une autre en mal de définition pour l'instant, mais qu'ils nomment coaching. Le coaching appartiendrait naturellement à la conduite du bilan de compétences.

D. L'évolution du bilan de compétences

Fortement démocratisé et développé depuis une quinzaine d'années, le bilan de compétences sollicite chez chaque salarié, en poste ou en situation de chômage, la possibilité de mener une réflexion sur sa carrière. Le bilan de compétences aide en grande partie certains à comprendre leur dynamique professionnelle, à lui donner du sens, dans leur recherche de mobilité volontaire ou subie.

Ces deux catégories de population, chacune à un degré varié, expriment une demande forte de compréhension de leurs propres difficultés et insatisfactions professionnelles.

E. Le bilan de compétences : un accompagnement toujours singulier

De façon continue, chez les salariés ou demandeurs d'emploi, l'attente magique existe tout autant que les demandes traditionnelles portant sur l'évaluation des compétences mobilisables, sur l'identification d'une piste professionnelle de reconversion, la confirmation d'un projet professionnel déjà partiellement élaboré ou une information en vue d'une formation ou d'une recherche d'emploi. La majorité du public est consciente du coûteux travail psychique à effectuer, car sans engagement, sans réflexion et sans travail personnel, le bilan restera un outil mais ne deviendra pas un levier.

TÉMOIGNAGE

Témoignage d'un demandeur d'emploi

« Dites-moi pour quoi je suis fait ? Peut-être les tests révéleront-ils mon chemin, peut-être vais-je flasher sur un élément auquel je n'ai jamais pensé. J'ai été licencié comme un malpropre après 25 ans dans la « boîte », je suis complètement détruit. Je ne sais pas quoi vous dire, j'ai résisté tant que j'ai pu puis j'ai « pété » un câble, je suis déprimé, je n'ai pas travaillé depuis deux ans. Pourtant, j'ai connu tant de belles choses dans ce travail, même le plaisir d'y avoir des copains… puis ce fut chacun pour soi. Que puis-je faire dans cet environnement ? Quelle est ma position d'humain. Je ne suis plus rien. »

Aujourd'hui, aucun conseiller en bilan de compétences ne peut échapper aux malaises professionnels qui lui sont livrés : les demandes qui trahissent des vécus de souffrance. Les prestations de bilan de compétences ont essayé d'accompagner les contextes organisationnels changeants, dénonçant les effets sur les salariés sous diverses formes, telles que l'absentéisme, le stress, la maladie somatique ou psychique… Les conseillers tiennent compte de ce vécu livré dans le même mouvement que la demande de bilan. Ils acceptent de développer leur écoute bienveillante sans se limiter à la stricte procédure de bilan, qui canalise et ne laisse pas d'espace pour les confidences. Grâce à cette attitude délibérée d'acceptation et d'écoute des éléments chargés émotionnellement, les conseillers maintiennent un accompagnement toujours singulier.

TÉMOIGNAGE

Témoignage d'un conseiller en bilan

«En situation de bilan, nous sommes amenés à entendre que la personne a besoin de réfléchir, de s'arrêter, de produire pour être dans une action centrée sur elle-même. Cette action va "ralentir" la personne, en phase d'exploration de sa propre pensée. Comparativement à la production d'éléments lors du bilan, la réflexion s'instaure ici, qui permet un changement grâce à la dimension du temps donné et à la maturation ainsi organisée.»

L'intégration du contexte environnemental, imprévisible et en perpétuel mouvement, tant pour le bénéficiaire en bilan de compétences que pour son accompagnateur, souligne une spécificité nouvelle dans la conduite du bilan de compétences.

F. Le bilan de compétences et la complexité de l'environnement du travail actuel

Si les demandes de ce type émergent, elles évoquent un contexte organisationnel mouvant ayant des répercussions sur les personnes et la collectivité. Le conseiller en bilan va devoir «absorber» ces paroles, parfois très interloquantes, pour ne pas se défausser de sa formation et de ses compétences, pour ne pas non plus participer à l'exclusion sociale.

La marge de manœuvre du conseiller est étroite, son cadre balisé par un cahier des charges, des connaissances, des outils. Ce conseiller est soumis à des procédures qui doivent déboucher sur un projet, et doit donc relever un défi: pousser le bénéficiaire à produire un projet professionnel réalisable.

La complexité devient à elle seule une spécificité à intégrer dans la gestion du bilan tant elle est multidimensionnelle et dépasse le simple cadre de l'entreprise. En effet, il ne suffit plus de faire un projet, mais d'incorporer la manière dont on réfléchit, dont on se situe en tant qu'homme ou femme au travail pour continuer à être acteur-sujet à son poste de travail, dans cet environnement mutant variable et complexe, aux prises avec sa propre particularité.

G. Le bilan de compétence : un écho personnel revisité

L'univers professionnel est donc devenu très complexe, sujet à de fortes contraintes et à des visions à court terme. Les conseillers y assurent alors un autre regard sur le sujet au travail. Cette attitude nouvelle offre une nouvelle posture au conseiller : ce dernier va entendre un discours autre que strictement professionnel, mais aussi relever et accepter un discours jusqu'à présent socialement inexprimable dans le contexte de l'entreprise, de la médecine du travail ou même en bilan de compétences. Les salariés et les demandeurs d'emploi laissent très souvent entrevoir des cas de deuil[1] non fait. Les personnes sont très sensibles au licenciement qu'elles viennent de subir, qui épouse toutes les facettes du mépris et de l'incompréhension.

L'écoute du conseiller, au fil des séances, permet de commenter le parcours de celui qui réalise un bilan, de se réapproprier son passé avec ses réalisations, ses compétences et de reprendre confiance. Cette dynamique technique et humaine fait écho à la dimension personnelle du bilan de compétences. Parler de soi permet d'évacuer l'événement affectivement chargé, de défaire et de séparer les éléments des situations nouées. La distanciation produite par les mots permet de recommencer à entreprendre, de se projeter dans un avenir redevenu possible.

TÉMOIGNAGE

Témoignage d'un conseiller en bilan de compétences

« Pour que le bénéficiaire du bilan aille vers des éléments de changements internes, le conseiller doit lui laisser de la place pour penser et ne pas toujours être dans le conseil ou l'injonction. Dans le mouvement tourné vers soi-même, la notion de projet peut être différente car il y a davantage de nuances et moins d'intrusion de la part du conseiller sur les conduites à tenir. »

H. L'émergence d'une pratique nommée coaching de carrière

Le conseiller revendiquant allier une posture de coaching à la pratique de bilan glisse vers un accompagnement plus personnalisé. Son implication

1. « Le travail de deuil » est l'effort que doit accomplir l'« endeuillé » pour se séparer de l'objet perdu, autrement dit pour le déclarer mort dans la réalité mais aussi dans l'imaginaire. Il doit cesser d'espérer. Dans notre cas, c'est abandonner l'idée de reprendre « son » travail dans « son » entreprise, c'est cesser de vivre avec l'entreprise en tête.

est différente par sa neutralité, par la place qu'il donne à l'autre, par une écoute moins directive à laquelle il s'oblige; l'attention à l'autre devient une compétence spécifique et humaine dans la pratique du bilan de compétences. Son approche est moins instrumentalisée. C'est dans ce changement d'approche que le conseiller déclare qu'il est davantage dans «du» coaching de carrière, c'est-à-dire qui concerne l'emploi en propre et non une question typiquement managériale qui spécifie le coaching. L'accompagnement est élargi; la personne prend conscience que sa demande de changement d'emploi n'est pas seulement contextuelle, mais qu'elle entraîne aussi une connaissance d'elle-même plus précise.

TÉMOIGNAGE

Témoignage d'un conseiller en bilan de compétences

«*La demande de bilan vient comme une échappatoire à une situation au travail devenue impossible à soutenir. Derrière cela, on peut comprendre l'idée d'intégrer les contraintes, la complexité, les accepter en créant des comportements plus pertinents ou une autre perception des choses. À ce moment-là, cela ne fait plus souffrance. Souvent, j'ai l'impression qu'en ouvrant la possibilité d'un travail de réflexion qui touche à l'identité du sujet, on aborde dans le cadre du bilan de compétences une autre dimension qui permet aux personnes de s'approprier davantage leur projet, de mieux comprendre et intégrer leur processus de décision, et c'est en fait cela qu'elles attendent implicitement. La perspective d'exploration personnelle s'ouvre et conduit le bénéficiaire à réfléchir à la manière dont il effectue son métier, et ce en position de sujet. Ensuite, toute la question est de ne pas tout mélanger car le coaching se pose dans un autre cadre.*»

Dans la formalisation et la mise en œuvre du projet, un besoin de coaching peut voir le jour, si la personne n'a pas trouvé de réponse dans le bilan de compétences.

I. Que comprendre? Que retenir?

Dans l'univers du travail actuel, l'homme ou la femme qui entreprend un bilan de compétences questionne son identité au travail tout autant que le bien-fondé de son travail. Le bilan de compétences a ainsi légitimé un travail de réflexion sur soi, sur la place du salarié au cœur du travail, sur ses désirs propres en posture de sujet, qui dépasse largement la problématique de l'élaboration ou de la validation d'un projet professionnel.

Si nous pensons que le bilan de compétences ne peut s'assimiler à un coaching, nous n'écartons pas pour autant qu'un besoin de coaching peut se faire sentir à la fin d'un bilan de compétences. Une articulation entre le coaching et le bilan de compétences peut advenir, certes, mais uniquement si la demande émane du «bénéficiaire-sujet» et ne fait en aucun cas l'objet d'une prescription ou d'une injonction de la part du conseiller. Par exemple, le besoin peut se manifester dans le cadre d'une prise de poste.

J. Approche comparative entre le bilan de compétences et la pratique du coaching réflexif

Le bilan de compétences	Le coaching réflexif
• Le bilan est régi par une loi.	• Le coaching n'est pas régi par une loi.
• Position d'acteur de la personne.	• Position d'acteur-sujet de la personne.
• Le cadre est porté par l'institution.	• Le coach est porteur du cadre.
• Le bilan est soutenu par les partenaires sociaux.	• Le coaching est un produit commercial.
• Un contrat bi ou tripartite lie le bénéficiaire au lieu où il réalise son bilan.	• Un contrat bi ou tripartite lie le coach, le coaché et l'entreprise.
• Le bilan s'initie dans un parcours, professionnel ou non.	• Le coaching s'initie par une situation professionnelle de/réclamée par l'entreprise.
• Le conseiller dispose d'outils.	• Le coach est lui-même «l'outil».
• Le conseiller est dans l'injonction de l'action.	• Le coach est dans l'incitation à réfléchir.
• Le conseiller est un expert: il sait.	• Le coach est dans le non-savoir.
• L'objet de la demande est explicite.	• L'objet de la demande se construit au fil des séances.
• Les résultats sont prévisibles et définis.	• Les résultats ne sont pas prévisibles.
• Le bilan est un droit.	• Le coaching n'est pas un droit.
• Le bilan fait l'objet d'une synthèse écrite à la fin du bilan, diffusable ou non.	• Le coaching ne fait pas l'objet d'un écrit à la fin.
• Le bilan fait l'objet d'une évaluation selon des critères objectifs.	• Le coaching fait l'objet d'une évaluation selon des critères aléatoires.
• La demande vise une problématique d'orientation ou de repositionnement professionnel.	• La demande vise une problématique de situation professionnelle critique et actuelle.
• La durée est de 24 heures en plusieurs séances sur une amplitude de deux mois.	• La durée est variable suivant les problématiques et sur une amplitude de plusieurs mois.
• Les rendez-vous ont lieu en cabinet ou en centre de bilan.	• Le lieu de pratique est variable, sur site ou en cabinet.
• Coût: gratuit pour les demandeurs d'emploi. Financé par le recours au plan formation ou les OPCA pour les salariés (en cabinet privé les prix se situent dans une fourchette de 1500 € à 5000 €).	• Coût: variable selon la notoriété du coach, du cabinet... En moyenne, les prix vont de 300 € à 800 € la séance en entreprise. Pour les coachings particuliers, les prix sont moins élevés.

Le bilan de compétences	Le coaching réflexif
• Le conseiller en bilan de compétences reçoit une formation pluridisciplinaire : formations initiales reliées à la sociologie, la psychologie, l'ergonomie, la psychosociologie de l'entreprise et bien d'autres et aussi maintenant par un diplôme en conseiller de compétences délivré par les universités. Les compétences sont issues du champ de l'orientation professionnelle adulte	• La formation du coach est plurielle, dispensée par organisme privé ou les universités. Les compétences relèvent de : – la théorie des organisations ; – le management ; – la psychosociologie ; – la didactique professionnelle ; – l'orientation des adultes.

QUESTIONS À SE POSER

Ai-je besoin d'un bilan de compétences?

Pris dans une tourmente (risque de perdre son emploi, climat d'entreprise que l'on ne supporte plus, doute sur sa carrière quand on a plusieurs années d'acquis, l'âge, un certain endormissement...), vous n'êtes pas toujours clairvoyant à l'égard de vous-même. Très souvent fatigué par les questionnements que l'on s'impose à soi-même, dans un dialogue intérieur, on suit l'avis des autres ou on se jette à l'eau du bilan ou du coaching sans projet réel. Fréquemment, vous êtes prêt à tout rejeter en bloc.

Nous vous suggérons de réfléchir aux questions suivantes. Si vous vous retrouvez dans ce questionnement, le bilan de compétences vous est plutôt indiqué, et il peut finalement déboucher sur un coaching.

Prenez un quart d'heure pour auto-évaluer votre questionnement :

- Comment envisager l'avenir?
- Comment prévenir les avancées technologiques?
- Où en suis-je de mon parcours professionnel après cinq ans d'exercice?
- Quelle formation choisir pour anticiper l'évolution de mon métier?
- Quelles compétences acquérir?
- Comment quitter mon emploi pour me former?
- Après cinq ans de travail en tant que... puis-je entreprendre une validation des acquis?
- Comment changer de voie sans renier mon passé professionnel?
- Comment redémarrer une activité professionnelle après un long congé maladie ou un congé parental?
- Comment faire un point sur ma carrière?...

En répondant à ces questions, vous êtes dans un questionnement d'orientation professionnelle adulte. Le bilan de compétences peut vous aider à faire le point sur la trajectoire de votre vie professionnelle.

QUESTIONS À SE POSER

Ai-je besoin d'un coaching?

Pour se positionner sur le choix d'un coaching, il est nécessaire d'être dans une demande ou attente de quelque chose afin d'être réceptif à ses propres sentiments et aux événements, objectifs qui arrivent. Ce peut être un moment durant lequel vous avez l'impression que rien ne se déroule comme vous le voudriez, que vous avez laissé passer une promotion, perdu un contrat, ressenti de l'inconfort dans votre fonction...

Nous vous proposons de réfléchir aux questions suivantes. Si vous vous retrouvez dans ce questionnement, le coaching est probablement une solution pour vous.

Prenez un quart d'heure pour auto-évaluer votre questionnement:

- Est-ce que j'arrive à bien diriger mes collaborateurs?
- Y a-t-il de meilleures façons de faire?
- Suis-je entouré de personnes compétentes?
- Les gens m'apprécient-ils?
- Mes positions managériales sont-elles claires?
- Pourquoi mes idées ne sont-elles pas suivies?
- Puis-je changer certains de mes comportements et rester moi-même?
- Est-ce que j'aime mon travail de direction? Pourtant, je ne suis pas satisfait de mon ascension sociale.
- J'arrive à des résultats, mais ils sont insuffisants.
- Comment arriver à fédérer deux directions?
- Comment juguler certains de mes comportements?...

II. L'ACTIVITÉ DE CONSEIL ET L'ACTIVITÉ DE COACHING

«Conseil est un terme que tout le monde croit comprendre sans avoir besoin de réfléchir, ou mettre en pratique sans avoir besoin d'apprendre. C'est un regroupement commode autour du "counseling", concept nord-américain, qui permet de rassembler des pratiques bien différentes.[1]»

A. Les consultants d'entreprises

C'est un constat: le monde se modifie. Un monde en mutation dont il est difficile de définir les contours. Les ruptures avec nos modèles industriels

1. Lhotellier Alexandre, «L'acte de tenir conseil», in *L'orientation scolaire et professionnelle*, n° spécial mars 2000, vol. 29, n° 1.

et idéologiques classiques, avec notre géopolitique traditionnelle, nous imposent une révision de notre culture, avec pour corollaire une vision plus élargie, plus holistique. De nombreux dirigeants s'inquiètent du désengagement des salariés, qui ne rejettent pas le travail mais remettent en cause le contrat fidélité/sécurité que l'entreprise proposait. «*Au sein de cette entreprise qui s'ouvre, le lien social se distend et se fragilise [...] Les entreprises deviennent des organisations à périmètre variable*»[1]. Les cadres se trouvent dans de nouvelles postures professionnelles de l'ère postmoderne, producteurs certes, mais aussi responsables d'équipe révélant de nouvelles exigences et une remise en cause des anciens schémas. Pour s'adapter à ce nouveau monde, il faut acquérir une culture de mutation, de turbulence. Il faut, il faut, il faut... oui, mais comment? En effet, une «pression» mondiale, idéologique, d'un nouveau genre, existe partout, dans le privé comme le public, faisant apparaître la nécessité de ne pas rester dans les anciennes pratiques. Qu'y a-t-il de plus désarmant que de recevoir de telles injonctions pour un «travailleur/salarié/dirigeant» qui se retrouve dans un clair obscur le plus complet et la perplexité?

Si tout est bouleversé – monde, homme, entreprise –, il est nécessaire de ne pas accroître les malaises. Le monde des consultants se donne pour «mission» de proposer d'accompagner les oscillations du monde des hommes et de l'entreprise dans leur prise de conscience et dans leur évolution.

Cela constitue leur métier, leur spécialité. Ils sont appelés «consultants d'entreprises». Au sein de leur cabinet dit «de conseil», ils diagnostiquent, auditent, guident le chef d'entreprise pour gérer le changement, éviter une crise majeure, pour aider ce même dirigeant à dépasser l'épreuve ou la crise installée. Ils implantent des outils de pilotage des effectifs, de gestion prévisionnelle des emplois et des compétences (GPEC), le management stratégique, la conduite de projets... Ainsi, les conseils en entreprises interviennent quand un fort besoin «d'aide» est nécessaire pour résoudre un problème ou une difficulté. «*Les consultants doivent faire très attention à l'analyse de la nature de la relation qu'ils entretiennent avec leurs clients [...] Aujourd'hui, le conseil dans ce domaine s'est élargi à l'analyse de l'organisation, aux problématiques de l'emploi, au développement stratégique ainsi qu'au renforcement de la cohésion des équipes et à l'harmonisation des objectifs individuels et de ceux de l'entreprise.*[2]»

1. Galambaud B., E. Léon, «L'entreprise désenchantée», *Courrier cadres* n° 1613, janvier 2006.
2. Sala F., *Un psy chez les DRH*, Édition d'Organisation, Paris, 2004.

Dans une organisation, une crise s'installe sur une période plus ou moins longue, sur des terrains où les difficultés ont été négligées ou méconnues. Lorsqu'il faut agir, et rapidement parce que l'équilibre se rompt, le recours au consultant extérieur permet d'introduire un autre point de vue. L'accompagnement au changement se met en place, même s'il n'existe pas de « recettes » pour sortir de l'impasse : on attend du consultant qu'il arrive avec la solution. Il le sait. Il le croit. Il vit dans le défi permanent du manager qui le jauge et de lui-même qui se doit de « réussir ».

Pour intervenir en entreprise, il est nécessaire de véritablement décrypter « des commandes dont les consultants en conseil sont destinataires[1] » ; en effet, les problèmes sont souvent multiples et déguisés sous plusieurs demandes, et le consultant en conseil doit élucider l'implicite dans toute relation de consultation. Conscients de dysfonctionnements, les hommes ou femmes en place n'arrivent pas à changer la situation. C'est la raison pour laquelle une intervention en conseil commence toujours par un diagnostic comprenant d'une part l'aspect technique des dysfonctionnements, et d'autre part les enjeux des acteurs.

1. Définitions des deux types de conseils

Deux types de conseil peuvent être définis :

- Le conseil technique, qui est l'application de l'expertise du consultant (on retrouve là les conseils informatiques, juridiques, comptables et financiers...).
- Le conseil humain, qui constitue l'intervention « relationnelle » avec le client.

La prestation de conseil s'organise autour d'un besoin qui permet de formuler la demande manifeste, correspondant à la demande-client instrumentable.

Gilles Arnaud soutient l'idée d'une tridimensionnalité de la demande-client. Tout d'abord, celle du besoin concret et opératoire, ensuite celle du désir inconscient et ambivalent et, enfin, la demande *stricto sensu*, en tant qu'appel à l'autre.

2. Définition des missions du consultant en conseil

Le consultant en conseil doit :

- Clarifier la problématique, les enjeux, les forces et les faiblesses, les freins et les catalyseurs, les menaces et les opportunités.

1. Arnaud Gilles, professeur de psychosociologie, groupe ESC Toulouse, « L'inconscient de la demande de conseil : une perspective psychanalytique », in *Le Journal des psychologues*, n° 195, mars 2002.

- Informer, présenter et faire partager la problématique à tous les acteurs de terrain auprès des équipes.
- Développer une démarche d'appropriation des solutions, essentielle pour lutter contre les résistances aux changements et à leurs effets.

À RETENIR

La pression exercée par l'entreprise sur le conseiller est directe et forte. Il est sommé de poser le bon diagnostic et de trouver, d'appliquer la bonne procédure de résolution de problème. Relever le gant et y parvenir relève d'une jouissance de l'ego qui va influer la posture, la mise en place et le maintien du rôle du consultant.

B. Les enjeux du dirigeant

Le dirigeant d'entreprise n'occupe pas une place simple; il est soumis lui-même à des injonctions de sa hiérarchie, qui le somme de respecter les objectifs du conseil d'administration. Puis il répercute la politique que ce conseil souhaite voir se réaliser. Ce sont les salariés du terrain qui en ressentent les premiers effets.

Le dirigeant est dans l'inconfort, il se positionne dans une intimidante confrontation aux exigences de l'entreprise ainsi qu'aux repères de ses propres valeurs; la question du Sens est ici saisie.

L'entreprise, véritable machinerie, se situe dans un contexte de production, de rentabilité. Pour les actionnaires, le Sens, bien loin d'être ésotérique ou spirituel, est tout à fait clair et rationnel: gagner de l'argent, faire du profit. Peu importe le prix à payer. C'est la règle dans le domaine des affaires. Quant aux dirigeants personnellement touchés par leurs engagements... ils sont obligés de se débrouiller plus ou moins bien avec ceux qu'ils ont pris auprès de leur hiérarchie. Parfois, un pan de leur personnalité régit les choses d'une certaine façon, tandis qu'un autre se dévoile autrement. Certains sont moins dupes que d'autres: « *Chacun a sans doute à l'état potentiel, larvaire, un mister et un mystère Hyde. Nous subissons des discontinuités d'identité, passant d'un être généreux à un tueur potentiel, d'un être de mépris à un être d'adoration*[1] ».

D'une manière distanciée, nous comprenons que diriger, c'est aussi se trouver au sein de contradictions entre des choix rationnels et logiques et

1. Morin E., *La Méthode 5. L'humanité de l'humanité*, Collection Points, n° 508 essais, 2003.

des choix plus personnels qui s'immiscent dans la clarté du politique. Certains doutent, d'autres non.

Les entreprises, publiques ou privées, ainsi que les managers qui les composent vivent des temps difficiles. Ayant longtemps exercé une fonction aisément identifiable, les managers sont aujourd'hui bouleversés dans leur profil identitaire. Leur expertise technique, leur statut, leur cursus…, qui faisaient leur autorité il y a encore quelques années, se trouvent propulsés vers des champs de responsabilités plus étendus, notamment des responsabilités humaines. Si le pilotage et l'implantation d'un nouveau projet dynamisent et stimulent intellectuellement, ils provoquent aussi dans l'entreprise la confrontation entre des hommes et des femmes qui ne comprennent pas toujours les raisons d'un changement d'équipe, *a fortiori* quand elle fonctionne correctement.

Le changement appelle des résistances. Celles-ci se traduisent par des réactions différentes que l'on pourrait qualifier de «passives», «actives», «conflictuelles»… Les personnels résistent à changer car le changement représente une incertitude, pour eux, dans ce qui les fonde; ce qui remet en question toute approche et application technique sans un savoir-faire humain impliqué de la part des directions. Le management est de plein fouet concerné. La manière d'agir managériale dans ses fondements et sa propre considération dans l'organigramme, l'historique et la culture de l'entreprise se doit d'être repensée.

C. Le questionnement des postures de conseil et de coaching

1. La posture de conseil

La posture du consultant en conseil s'inscrit dans des cheminements balisés et normés au sein desquels les techniques paradoxales sont elles-mêmes référencées. Les solutions habituelles et déjà connues peuvent effectivement être appliquées. Le conseil est placé dans une position où il se doit de trouver des solutions, où il doit se glisser dans le fantasme de sujet supposé savoir. Cette position, difficile à tenir, s'inscrit dans une logique du «toujours plus». Toujours plus d'idées, toujours plus d'efficacité dans la course au profit: le défi de sa propre évaluation associé à la toute-puissance développée de son ego qui lui fait parfois perdre de vue sa condition humaine.

Dans l'univers du consulting, le monde est très rigoureux, très délimité, il suit une procédure A + B = C, et le consultant se doit d'être réactif. L'intervention se doit rapide et efficace. Le dirigeant somme le consultant en conseil d'avoir des solutions. Il est parfois difficile pour le consultant de définir son seuil d'incompétence ou de s'adapter à une configuration inhabituelle.

À RETENIR

Témoignage d'un consultant en management

«Il y a très longtemps, je disais à mes collègues de coaching que je ne vendais pas du coaching comme eux, mais que je faisais du conseil avec une approche de coach. Aujourd'hui, je réalise seulement la portée de ce que je disais. C'est dire que je fais du conseil avec mon cerveau gauche ***et****, avec mon cerveau droit, avec mon cœur et mon âme, je coache. Cela ne veut pas dire confondre avec l'affectif.»*

Le changement dans sa globalité présente un certain nombre de critères identiques; cependant, certaines cultures d'entreprises, et notamment celles qui s'acheminent vers un management multiculturel, ont besoin d'interventions faites sur mesure. Le consultant en conseil se doit d'être vigilant à son expertise et à ce qu'il méconnaît. Les pressions «commerciales» ne l'aident pas en ce sens.

Pourtant, le consultant est laborieux, consciencieux et, sans effet de quelques sortes, va au jour le jour tenter d'endiguer le problème et accompagner les changements à l'aide de techniques éprouvées. Le conseil est continuellement interpellé sur la marche à suivre envers l'organisation, investi d'un supposé savoir qui l'introduit dans une position d'équilibriste: il n'a le droit ni de se tromper ni de déplaire. Quand le conseil n'est plus approprié ou pas assez efficace, il est rejeté, balayé et devient parfois le mauvais objet[1] de l'entreprise, qui reporte ainsi sa propre responsabilité sur lui. Le système redevient silencieux. Le changement ne s'est pas opéré, n'a pas été pensé.

Les deux parties sont impliquées dans ces enjeux difficiles. Nous sommes dans la conduite de l'intraitable de la problématique. Rien n'est magique.

2. La posture de coaching

Le coaching réflexif signe sa rupture avec l'intervention de conseil grâce à la position du coach qui n'apporte pas de réponse technique. La réponse s'inscrit dans la posture. C'est le client coaché qui détient sa propre vérité, sa propre réponse.

Dans le cadre du coaching, il n'y a pas de logique de procédure. Le coaché se trouve en situation d'apprentissage et il est nécessaire de le soutenir dans

1. Mot emprunté au vocabulaire de la psychologie et qui désigne une personne comme porteuse ou représentante fantasmatiquement des maux de l'institution ou d'un groupe.

sa démarche d'ouverture et de curiosité d'esprit vis-à-vis de lui-même. L'intervention se fait sur le processus, et les dimensions temporelles, spatiales, contextuelles et la position du coach résistent à ce même processus. En situation de coaching, on voit émerger une prise de conscience de ce « théâtre » d'entreprise où chacun a un rôle social apparemment incontournable. Certains s'inscrivent dans le rejet de l'illusion, prennent de la distance à l'égard des solutions « clés en mains » livrées comme **la** solution. Ces managers critiques préfèrent se remettre en question, assumer leurs responsabilités et leur pouvoir dans l'échiquier. Lorsqu'ils demandent des séances de coaching, c'est en quelque sorte pour se retrouver en cohérence avec eux-mêmes sans pour autant rejeter les solutions proposées par les conseils. Ils se mettent davantage dans une position de recherche de transformation personnelle. En séance de coaching, ils inventent ou réinventent sans décor, dans un dépouillement qui remet la réalité à sa place véritable et dans une respiration de l'échange, une dynamique de réflexion et de création.

CONSEIL

Le consultant en conseil, tout comme le coach, se doit de résister aux tentatives de séduction, d'intimidation, de rage de la part de son client... L'un comme l'autre ne doivent pas s'écarter du contrat, condition *sine qua non* pour garder le cap, le cadre, une crédibilité et son professionnalisme.

D. De l'atomisation des conseils à la cohérence

1. L'intervention en conseil

Le répertoire opérationnel des métiers et des emplois définit un « référentiel » du métier de conseil comme une intervention basée sur l'action. Le conseil répond à une situation immédiate tandis que le coach se situe dans un travail qui demande à s'élaborer dans une durée. Il ne peut proposer au client une solution type en situation donnée, sans sa contribution. En employant des consultants en conseils en institution, nous traitons un certain nombre de problèmes non négligeables. La solution est cartésienne et sécurisante, mais atomisée puisque le changement vient de manière répétitive de l'extérieur.

2. L'intervention en coaching

Le coaching réflexif ne souffre aucun compromis ; il aborde les problématiques exposées par le client selon une démarche globale, même si ce client, fort habilement d'ailleurs, lui demande un conseil pour « avancer plus rapidement ». Le coach, qui tient sa position, assure à son client un contenant qui devient le véritable creuset d'une cohérence intérieure. Coacher, c'est « obliger » le client, qui doit prendre le temps de réfléchir, à trouver ses propres solutions. Le cheminement infuse une solidité intérieure. Et Kaës d'indiquer : « *Pour l'élaboration des expériences, un espace et un temps sont des conditions indispensables.*[1] »

Le problème ne sera pas traité anonymement dans le coaching, il visera la volonté d'implication du futur coaché.

E. Approche comparative des interventions des consultants en conseil et de la pratique en coaching réflexif

Le conseil	Le coaching réflexif
• Contrat d'intervention, consultant interne ou externe, travailleur libéral ou cabinet.	• Contrat d'intervention, travailleur libéral ou cabinet.
• Procédure d'identification des problèmes d'entreprise liés au développement de cette entreprise, à son évolution ou à la stratégie managériale… produit un diagnostic.	• Processus et sens personnel donné au travail et aux responsabilités dans le traitement de problématiques professionnelles.
• Action collective sur l'entreprise ; lien long avec l'entreprise.	• Action individuelle et volontaire ; l'action est temporaire.
• Compétences du conseil en techniques et expertise en entreprise.	• Compétences plurielles du coach autant en organisation qu'en socio-psycho-politique et en accompagnement personnalisé.
• Action/réaction.	• Réflexion/action.
• Implication dans l'action de l'entreprise.	• Implication en méta position, neutralité mais non passivité dans l'action du coaché ou de l'entreprise.
• Approche rationnelle.	• Paroles, émotions/réflexivité agissante.
• Direction : vers un diagnostic d'intervention et de solutions.	• Direction : prise de distance. Écoute qui pousse au questionnement. Impulsion sur la conduite de l'émergence des solutions.
• Posture : directive ou suggestive.	• Posture : en situation de questionnement, de catalyseur.
• Traitement direct du problème centré sur la composante technique et sur la composante d'évolution.	• Traitement indirect du problème centré sur la composante relationnelle du client.

1. René Kaïs, *Crise, Rupture et Dépassement, 2e édition*, collection Culture et Inconscient, Dunod, 2004.

Le conseil	Le coaching réflexif
• Dresse le cadre en entreprise et adapte ses outils. Réalise l'implantation demandée.	• Dresse et tient le cadre de la consultation en dehors de l'entreprise : en cabinet.
• Position de continuité dans la logique d'entreprise. Recommandation.	• Position de rupture en limitant les risques, pour continuer d'œuvrer dans l'entreprise.
• Résultats : changements techniques et managériaux.	• Résultats : renforcement de la cohérence interne en situation de changement. Effet personnel et collectif. Transformation de l'expérience et de l'activité.
• Durée d'intervention : mission d'un à plusieurs mois.	• Durée d'intervention : en moyenne de 8 à 10 séances d'1 à 2 heures renouvelables sur plusieurs mois.
• Déontologie d'intervention, chartes…	• Déontologie d'intervention, confidentialité.
• Le conseil en place d'expert.	• Le coaché expert de ses propres solutions et du comment elles s'utilisent.
• Accompagnement vers les solutions, adhésion du client à accepter et à implanter les solutions recommandées.	• Existence d'un savoir propre au coaché. Il acquiert la capacité de « s'aider soi-même ».

Choisir de se faire coacher ou d'avoir recours à un consultant en conseil relève donc de démarches fort différentes; il n'y a ni remède miracle, ni démarche supérieure. Il existe « simplement » (mais en apparence seulement) un « problème cible » à définir et des objectifs individuels et/ou collectifs à atteindre. Les deux démarches se compléteront parfois. Une démarche technique entraîne des changements. Soutenir la démarche collective par un coaching personnel permet au dirigeant ou au manager d'être empathique et plus souple à l'égard de ses autres directeurs ou collaborateurs, pris eux aussi dans les filets du changement.

En pratique

Quand une entreprise a-t-elle recours au conseil en management?

- Un besoin d'expertise sur les méthodes.
- L'assistance méthodologique.
- La capacité rapide de mobilisation.
- La prise de recul du consultant.
- L'ouverture sur les pratiques d'autres secteurs.
- L'absence de compétences en interne.
- La caution et la validation externe du problème.

Source : DAFSA, groupe spécialisé dans l'information économique, sectorielle et financière

III. LA PSYCHOTHÉRAPIE ET LE COACHING

A. Les psychothérapeutes et psychothérapies

Des débats ont commencé en 2005, autour d'une possible légalisation du titre de psychothérapeute. Ceux-ci ont remis à jour bien des obscurités et des questionnements sur l'identité et les pratiques professionnelles du psychothérapeute.

Sans jeter l'opprobre sur l'ensemble des psychothérapeutes, il faut reconnaître qu'il est très difficile, en l'état actuel, de choisir son psychothérapeute. Aucun critère ne garantit aux usagers ou aux professionnels de la santé un sérieux dans l'exercice des psychothérapies.

Les personnes qui exercent les psychothérapies ont des statuts variés : certains sont médecins ou psychiatres[1] (médecins ayant suivi une spécialisation en psychiatrie) et exercent en milieu hospitalier ou en cabinet libéral. Leurs patients peuvent être remboursés partiellement ou totalement par la Sécurité sociale.

D'autres sont psychologues. Le titre de psychologue est défini par la loi de 1985[2] et sanctionne des études de psychologie menées jusqu'au mastère 2 (ancien DESS ou DEA, bac + 5) comportant un stage professionnel. Le titre est également accordé aux psychologues scolaires, aux conseillers d'orientation et aux psychologues du travail. Ils exercent en libéral, dans un cadre institutionnel ou dans les fonctions publiques.

D'autres, enfin, n'ont aucun diplôme national spécifique mais ont suivi des formations privées.

Par ailleurs, il existe encore un nombre important de praticiens sans diplôme universitaire spécifique, qui se sont formés « sur le tas » ou après une expérience de thérapie personnelle.

La profession de psychothérapeute est difficile à cerner et c'est bien autour de la formation au sens large que le débat fait rage, impliquant à la fois les thérapeutes dignes de ce nom (qui défendent un cursus non réducteur) et une meilleure lisibilité et protection du public contre les gourous en tout genre.

L'origine très hétérogène des praticiens et l'absence de statut général rendent difficile leur dénombrement. La multiplicité des approches de soin en témoigne.

1. Depuis 1990, de moins en moins de psychiatres prennent la peine de faire une psychanalyse et/ou de se former spécifiquement, préférant la prescription de psychotropes.
2. Voir précision dans le lexique en fin d'ouvrage.

ATTENTION !

L'élasticité des repères des méthodes rend le choix d'un thérapeute difficile. Par ailleurs, la porte est largement ouverte à toutes les dérives sectaires et à la marchandisation du mal-être psychique. Pensez à demander le cursus du thérapeute que vous avez en face de vous.

1. Définitions et origines

La psychothérapie se définit comme «*toute technique d'inspiration psychologique et clinique à visée thérapeutique*», c'est-à-dire apportant un soulagement, une amélioration ou une résolution des symptômes du sujet. Nous convenons que le recours à la psychothérapie se déclare par une démarche éminemment personnelle et qu'elle répond à un besoin de soulager une souffrance psychique, qui entrave la liberté d'action dans la vie quotidienne. La psychothérapie est donc une affaire privée et singulière entre un thérapeute et son patient. C'est pourquoi il conviendrait de rappeler que la psychothérapie n'est pas une moindre psychanalyse. Elle implique un ensemble de remodelages techniques qui en assure la spécificité, compte tenu soit de l'âge de l'individu (par exemple, psychothérapie des enfants, des adolescents, etc.), soit de l'originalité d'un champ pathologique (par exemple, psychothérapie des schizophrènes), soit encore des conditions socio-institutionnelles dans lesquelles elle s'exerce. La plupart des techniques psychothérapeutiques font référence aux modèles théoriques du fonctionnement psychique de la psychanalyse, posant en retour le problème de la fonction thérapeutique de la psychanalyse elle-même[1]. En France, la psychothérapie éveille encore bien des soupçons et des rumeurs au regard de celui qui consulte. Certains médias et journalistes, bien que de mieux en mieux informés, confondent encore passé psychiatrique et problèmes psychologiques ayant amené à consulter.

2. Des origines diverses

De nombreux courants de psychothérapie existent; les pratiques et contextes de recherches ont changé depuis Sigmund Freud[2]. La psychanalyste Élisabeth Roudinesco a recensé plus de sept cents appellations relatives à la psychothérapie: «*Ce sont souvent des techniques fondées sur les concepts*

1. Fédida P., *Dictionnaire abrégé, comparatif et critique des notions principales de la psychanalyse*, Larousse, 1974.
2. Dès 1920, Freud délaisse la méthode de la psychothérapie pour celle de la psychanalyse et la nomme «la cure». L'année 2006 signe les cent cinquante ans de la psychanalyse.

de la psychanalyse.[1] » Depuis les années soixante-dix, on rencontre sur le marché du soin psychologique des thérapies issues, bien sûr, des courants analytiques, mais aussi de l'analyse transactionnelle, du psychodrame, de la programmation neurolinguistique, des thérapies systémiques et familiales, comportementales et cognitives, émotionnelles et corporelles[2]... et bien d'autres pour lesquelles les référents théoriques sont quelquefois tendancieux. Il n'en demeure pas moins que les patients formulent une demande très sérieuse d'aide à des fins de compréhension de leurs problèmes et de soulagement de leur douleur.

Force est de constater que nous nous heurtons à des définitions ou à des représentations subjectives et sociales, tant du côté de la psychothérapie que du côté du coaching.

Un site Internet[3] valorise le coaching s'il est « prescrit » à bon escient et dénonce les demandes pour n'importe quoi (arriver à l'heure, savoir se concentrer, faire ses mouvements de gymnastique...). En revanche, plus loin sur le même site, flagrant délit de confusion de représentations, nous citons : « *Le coaching est la thérapie du bien portant !* »

Nous partageons en cela l'avis de Florence Baleine et Joël Brugalières[4] qui précisent que les contours de l'accompagnement personnel, autrefois réservé à des managers triés sur le volet, deviennent un peu élastiques en se démocratisant.

B. Des demandes et des finalités différentes entre psychothérapie et coaching

« *Le postulat de l'existence d'un inconscient est un principe unificateur des théories psychologiques de Freud.*[5] » Aujourd'hui, dans nombre de psychothérapies, l'inconscient est présenté comme un postulat. La notion d'activité mentale inconsciente est largement partagée, en PNL (programmation neurolinguistique) par exemple. Néanmoins, la définition concernée n'est pas nécessairement celle de Freud. Ainsi, plusieurs procédés psychothérapiques ou psychothérapeutiques prônés par différents auteurs s'écartent résolument de la doctrine freudienne. Ce qui justifie les violents mouvements d'opposition qu'ils ont provoqués dans les groupes de thérapeutes

1. Élisabeth Roudinesco, « Plus on va vers le psychisme plus la norme nous échappe », *Le Point*, mars-avril 2006, hors série n° 7.
2. Voir lexique pour les définitions.
3. **www.psy.info**.
4. Florence Baleine, en charge de la communication à la Société française de coaching et Joël Brugalières, président de la Société française de coaching.
5. Jean Benjamin Stora, *La Neuropsychanalyse*, Que sais-je, PUF, 2006.

qui, aujourd'hui, bien que toujours dans un système d'observation réciproque, se sont calmés. Ils admettent que la thérapie d'inspiration freudienne n'est pas la seule à exister. En effet, « *il semble certain, à l'heure actuelle, que des moyens très différents permettent d'obtenir des résultats thérapeutiques très satisfaisants, durables et dans un laps de temps relativement bref. Rejeter cette constatation pour des raisons purement dogmatiques tient de l'idéologie, du déni, et s'écarte de l'ouverture d'esprit propre à la psychanalyse.*[1] »

Le fait de commencer une thérapie est un acte volontaire de la part du patient et accepté par les deux parties. Le patient exprime alors au thérapeute qui le reçoit les symptômes dont il souffre. Cette souffrance dont il est l'objet peut se présenter sous des formes diverses : phobies, angoisses, dépression... Face au thérapeute, le patient peut dire quelque chose de ce qu'il amène, de son vécu. Il s'adresse au thérapeute d'une façon personnelle car celui-ci lui propose son écoute. Le patient a une façon unique, personnelle de s'adresser au thérapeute car chacun a son propre caractère et donc chaque situation thérapeutique est unique.

On peut alors supposer qu'un travail va pouvoir s'accomplir, par le biais de la parole, dans le cadre du transfert[2].

Le transfert s'entend en thérapie comme une projection sur le thérapeute par le patient de ses propres personnages intérieurs qui l'habitent et qui l'influencent inconsciemment dans ses décisions et son mode de vie.

Dans ce que le patient lui dit, lui adresse, le thérapeute entend le phénomène de projection[3] sans y adhérer, mais le prend en considération pour guider son travail. Le travail du thérapeute consistera à analyser la relation transférentielle et à donner des interprétations. Ainsi, l'analyste se positionne en décalage, c'est-à-dire par un phénomène psychique qui consiste à relier pensées, émotions et comportements pour réparer leurs déliaisons provoquées par des traumatismes. Le thérapeute ne prend donc pas parti, mais écoute avec empathie, sans répondre à la fantasmatique à l'œuvre. Le psychothérapeute aide à comprendre, à mettre en mots ce qui se joue dans la relation transférentielle. Par cette relation transférentielle, le patient s'aventure, se dévoile et avance vers une clarté ignorée de lui mais réelle.

1. Guilléron Edmond, *Manuel de psychothérapie brève intégrative*, InterÉditions, 2003.
2. Le transfert est un processus par lequel le patient reporte sur son thérapeute des désirs inconscients qu'il éprouvait avant pour d'autres personnes. L'analyse du transfert constitue le travail de la cure psychanalytique, mais aussi celui des entretiens psychothérapiques. Par ailleurs, il y a transfert dans toute relation, même si celui-ci n'est pas analysé.
3. La projection est un mécanisme de défense qui désigne un phénomène d'expulsion hors de soi, de ce que l'on ne veut pas ou que l'on ne peut pas reconnaître en soi.

Débuter une thérapie analytique revient à entrer dans un autre monde, à entreprendre un voyage sans retour dans le tumulte de l'inconscient. C'est pénétrer dans l'expression de ses rêves[1], de ses fantasmes[2], dans sa vie d'enfant, dans les relations avec ses parents, dans sa sexualité, ses zones d'ombre, son inconscient… sa névrose[3]. Dans cette démarche impliquée, le registre de l'intime est convoqué. Cette notion d'intime en psychothérapie inscrit le coaching dans une rupture. Même si le coaché se livre à des rapprochements d'idées très personnelles, il n'est aucunement en thérapie avec les fondamentaux qui la constitueraient. Le coaching dirigé par un «psy» ne prétend ni agir sur les pathologies personnelles ou collectives, ni se servir de la psychologie ou de la psychanalyse pour poser des diagnostics. Ce n'est pas son rôle.

C. L'effet thérapeutique du coaching qui crée la confusion

Les débats actuels font le lit du coaching, susceptible de constituer une voie de repli pour des praticiens qui ne pourraient plus se revendiquer psychothérapeutes aux termes de la loi.

Le coaching représente-t-il une autre forme de psychothérapie? Pour certains, le coaching représente une perception dévoyée d'une psychothérapie au rabais qui émerge et pleine de sous-entendus. Pour d'autres, la difficile représentation des finalités d'une psychothérapie rend le coaching rassurant car il pose clairement les résultats attendus (rester assertif en réunion, développer ses facultés de mémorisation, renforcer sa confiance en soi…). Se targuer d'avoir un coach ou d'être suivi par un coach semble davantage gratifiant que d'avoir un psy, ou le devient. Cela peut être perçu comme un signe de reconnaissance, de renforcement positif pour les «hauts potentiels»[4] de l'entreprise.

Par ses dimensions d'auto-interrogation et d'élaboration mentale, le coaching réflexif est une approche qui se démarque des autres coachings. Il se distingue particulièrement par le changement de perspectives qu'il propose: un travail sur l'intériorité proche du «connais-toi toi-même» socratique. Le coaching réflexif aide à déloger le moi tout-puissant[5] en offrant au coaché la possibilité de se déchiffrer dans ses actes professionnels. L'expérience professionnelle remémorée, identifiée dans ses caractéristiques d'application,

1. Pour Freud, le rêve est le lieu de la satisfaction déguisée de désirs refoulés à l'état de veille.
2. Le fantasme désigne la vie imaginaire et inconsciente.
3. La névrose exprime symboliquement un conflit psychique non accessible à la conscience.
4. Hauts potentiels de l'entreprise, sur lesquels l'entreprise peut investir avec confiance, comptant sur leurs capacités à développer un potentiel de compétences professionnelles et personnelles.
5. Le moi tout-puissant est l'instance qui n'a pas intégré le courant narcissique. Il s'agit d'un moi immature.

est maintenant isolée en séance de coaching. L'analyse intérieure de l'activité professionnelle éclaire la scène du schéma de comportement habituel. Le cadre temporel est clair et le client peut s'approprier le nouveau comportement qui éveille en lui l'intérêt d'une perception d'un potentiel différent.

Le coaching réflexif est une approche qui a pour seul outil le langage articulé et où la parole permet de se constituer en sujet. Le questionnement effectué facilite le travail d'élaboration et de recherche de sens. Les effets de ce questionnement sont rendus visibles par un discours lui aussi différent, au sein duquel de nouvelles données sont intégrées. Le client s'essaye à de nouvelles stratégies qui sont considérées, de prime abord, comme un exercice. Les effets ne sont pas « avoués » massivement et de façon directe au coach : le client, quel qu'il soit, ressent toujours une certaine pudeur à dire ses progrès, à reconnaître que la technique est efficace.

TÉMOIGNAGE

Lorsqu'un client confie sa manière différente de procéder, il est possible de penser qu'il s'est approprié sa propre découverte : *« Je laisse mon collaborateur s'exprimer d'abord, alors que ce n'était pas mon habitude, et je perçois davantage d'initiatives chez lui. Je me suis changé en me taisant et en écoutant d'abord. »*

Il s'agit bien là d'un effet constatable. La poursuite des séances de « son » coaching est également un défi pour progresser. En coaching, nous convenons qu'il y a des effets. Sont-ils pour autant thérapeutiques ?

En psychothérapie, il y a aussi des effets, nommés à juste titre thérapeutiques. Le patient a pris conscience des points d'« achoppements », générateurs de symptômes ou d'un mal de vivre, qui ont disparu sous l'effet de la thérapie. Sa vie psychique est en quelque sorte restaurée. Le patient redevient proche de ce que l'on peut appeler la « normalité » : il considère que sa vie est à nouveau possible même si ce n'est pas celle dont il a rêvé. Il s'agit d'un changement d'état et d'une stabilisation temporaire de l'humeur.

Dans le cadre du coaching, cela serait une usurpation de mots que dire que les effets sont thérapeutiques, car le coaching n'a ni la prétention de soigner, ni même celle de poser un diagnostic de pathologie. Les effets sont en revanche libératoires de « quelque chose » qui avait besoin d'un accompagnement tiers pour être mobilisé et ainsi pensé. L'accès à ce mouvement psychique, qui n'est pas inhérent à « la nature » du coaché, transforme d'une certaine manière la façon qu'il a de voir son environnement et d'intervenir en conséquence. Transformation certes, mais pas identique à celle de la psychothérapie.

Nous pouvons réellement dire que la psychothérapie a un effet psychothérapeutique dû à l'implication du sujet dans ce qui le concerne dans sa structure psychique. Le coaching peut avoir un effet de changement, de développement autonome de la pensée... mais que l'on ne peut pas assimiler à un effet psychothérapeutique compte tenu des divers écarts à la fois théoriques, relevant du cadre et de la posture du coach. Le coaching n'est pas une thérapie. Il n'a pas vocation à guérir ou à soigner la douleur psychique.

En revanche, nombre d'activités sociales peuvent avoir un «effet thérapeutique» au sens où cela introduit un champ libératoire aux tensions nerveuses ou aux frustrations. C'est ainsi que nombre de personnes attribuent à la danse, au chant, à la pratique du théâtre... des vertus thérapeutiques parce qu'elles leur font du bien. Mais, vous le constatez, nous ne sommes pas sur le même niveau de réflexion. Le soin psychique en tant que tel en est exclu.

D. Les impostures de position dans l'intervention en entreprise

1. Le risque de l'analyse de bazar

La psychothérapie n'est pas un outil d'adaptation de l'individu à la société, elle envisage la souffrance, pas la performance. Si la souffrance au travail est aujourd'hui reconnue, cela tient autant à l'organisation du travail elle-même, qui a subi des bouleversements, qu'au salarié. En tant que psychologue, on ne peut prétendre vouloir suradapter un salarié pour qu'il soit à la hauteur des exigences aux risques qu'il craque. Qu'en est-il de la déontologie dans pareil cas? L'intervention du coach-psy en entreprise ne doit pas non plus servir d'alibi pour faire croire que l'organisation est humaine alors qu'elle n'est pas philanthropique et qu'elle a pour objectif la seule production. Dans les années quatre-vingt, certaines techniques ont fait le bonheur de certains consultants saupoudrés de l'aura «psy» pour introduire sauvagement mais subtilement, dans un enrobage bon teint, des initiations à la psy dans les entreprises. Ces techniques «psy» sont d'autant plus séduisantes qu'elles peuvent être manipulatrices à grande échelle. Les pervers s'en sont servi à merveille, comme une seconde nature pour sévir. Nous en voulons pour preuve le harcèlement moral ou des jugements lapidaires portés sur les personnes. Si l'éclairage est immédiat et répond à un besoin immédiat de résolution de problèmes, comme peut l'être la communication, la psychologie à des fins manipulatoires peut agir comme un objet magique. Son essence est pervertie.

Le danger de l'utilisation frauduleuse de ces techniques est souvent sous-estimé. Les effets «psy» ont été visibles jusque dans les couples. Cela a renforcé les croyances selon lesquelles la psychologie de l'homme et de ses comportements est d'une compréhension aisée. Cependant, l'homme n'est pas son comportement et la carte n'est pas le territoire. Nous tenons à être sans ambiguïté: tous les consultants «psy» ne sont pas des escrocs.

La psychologie de bazar peut ainsi se définir comme une intervention pseudo-scientifique, qui vise le développement de la fascination et la manipulation, même si le psy agit «en toute bonne foi». On peut quand même oser penser qu'il est en train de labourer ses terres aveugles personnelles non analysées ou alors pire, l'intervention est un accès purement mercantile, séducteur qui exploite le filon. Qu'en est-il de la demande, de l'éthique, de la déontologie et de la propre responsabilité du coach?

2. Le risque de manipulation

La posture du psychothérapeute ou du psychologue en entreprise est une imposture quand l'un ou l'autre justifie son pouvoir sur l'individu par une approche scientifique. Il démontre avec force ses typologies en tout genre, ses diagnostics déplacés, son expertise psy par l'outil. La classification est très souvent terroriste, en ce sens que ce qui est remis aux stagiaires d'entreprise est tenu pour vérité ou du moins vécu comme tel. Ainsi, il n'est pas rare que les cadres déclarent qu'ils vont appliquer la méthode le soir même à leur conjoint. La magie existerait-elle? Ainsi, il suffirait de se présenter en réunion et de trahir son «état rebelle», son introversion ou son extraversion pour dévoiler son profil de personnalité?

Agir de cette façon ne relève aucunement d'une démarche thérapeutique, même si l'engouement pour certaines méthodes aide à circonscrire le fonctionnement psychologique de ses collaborateurs. La manipulation n'est pas loin et le pervers non plus. L'entreprise n'est qu'une énorme machine au sein de laquelle le facteur humain est une composante et où le psy peut vite devenir ingénieur psychologisant. Il faut se garder de l'importation sauvage des concepts de la psychanalyse ou de la psychologie, qui opèrent comme un conditionnement mental.

Si un psychologue intervient en entreprise, ce n'est pas pour aliéner les individus à une organisation ou à une activité. Un test n'est qu'un outil et uniquement cela. Les théories comportementales peuvent être éclairantes certes, mais un séminaire de quatre ou cinq jours ne peut se substituer à un cursus digne de ce nom. Ainsi, la potentialité d'une personne se voit réduite à une étiquette digne d'une boîte de petits pois avec un label dont les effets, favorables ou non, laisseront des traces dans le parcours du cadre. Ces mêmes effets auront des répercussions importantes à l'occasion de l'entretien d'évaluation ou d'une confidentialité toute relative, brûlée par le temps, des années après.

3. Le risque de la limite de la compétence

L'utilisation de la psychothérapie s'exerce dans un cadre précis et surtout pas en entreprise. De même, la psychologie n'a pas réponse à tout. Elle a ses limites. L'approche individuelle ne résout pas tout non plus. Personne ne peut compenser l'incompétence organisationnelle, quels que soient les motifs savants ou saugrenus. Les problèmes individuels ne sont pas la cause des difficultés collectives ou organisationnelles. Par-là même, il est nécessaire de concevoir et d'accepter que toutes les sciences humaines soient légitimes et ne promettent pas des lendemains systématiquement heureux.

La propre formation et l'expérience des coaches vont influer sur leur pratique. En fonction de ses expériences professionnelles, un coach qui est psychologue possédera une approche différente du coaching. Ce psy ne doit pas être trop dogmatique afin de ne pas psychologiser un métier de coach, qui se situe, lui, à un carrefour de problématiques pratiques et théoriques. La conduite du coaching intègre plusieurs paramètres, dont l'influence de la personnalité du coach, son savoir-être, tout autant que son savoir-faire.

E. Essai d'approche comparative de la démarche de coaching réflexif et de psychothérapie analytique

Coaching réflexif	Psychothérapie d'inspiration analytique
• L'entretien est une méthode, écoute personnelle.	• Entretien de face à face. Relation verbale et non-verbale de l'inconscient. Apparition de la dimension psychique.
• Le coaché travaille avec le transfert.	• Le patient travaille sur le transfert et le psychothérapeute sur son propre contre-transfert.
• Engagement du sujet.	• Engagement du sujet.
• Postulat : l'inconscient existe	• Postulat : l'inconscient existe
• La durée est variable entre 1 et 2 heures par mois ou 15 jours sur 10 séances en général.	• La durée est généralement de 45 mn par semaine sur plusieurs mois ou années (2 ou 3 ans).
• Un seul interlocuteur : le coach.	• Un seul interlocuteur : le psychothérapeute.
• Contrat écrit et tripartite.	• Généralement, contrat verbal.

Coaching réflexif	Psychothérapie d'inspiration analytique
• Aborde des questions relatives à la vie professionnelle.	• Les problématiques actuelles sont abordées dans les relations avec les schémas de la petite enfance, fantasmes, désirs, réalité sexuelle, rêves… inconscients.
• Finalité : amélioration de la performance personnelle et professionnelle. Libération de soi dans le monde professionnel.	• Finalité : renforcement et consolidation du moi. Amélioration et restructuration du fonctionnement mental et de la personnalité. Compréhension du sens de sa vie, de ses symptômes…
• Changer de savoir-faire.	• Soigner.
• Le coach facilite l'élaboration d'une réponse à caractère professionnel.	• Le psychothérapeute favorise les associations libres (de pensées) en reliant les émotions aux comportements. Mode de fonctionnement de l'inconscient.
• Règles éthiques reposant sur le coach lui-même.	• Règles d'abstinence et de neutralité de la part du thérapeute.
• Processus dynamique.	• Processus psychodynamique avec l'analyse des conflits inconscients.

QUESTIONS À SE POSER

Avez-vous besoin d'une psychothérapie ?

La réponse n'est pas binaire. Consulter un psychologue est aujourd'hui moins tabou et moins associé à la folie. Le sentiment de honte, perçu il y a quelques années encore, a presque disparu. *« La société ayant évolué, on reconnaît maintenant qu'il nous arrive à tous, à un moment ou l'autre, d'éprouver des problèmes d'ordre psychologique, de vouloir enrichir notre vie… il n'y a pas, à proprement parler de bonnes ou mauvaises raisons*[1]*. »* Une psychothérapie peut vous être utile :

- Si vous éprouvez des difficultés personnelles. Vous vous sentez mal dans votre peau, avez peur de telle ou telle chose, vous êtes angoissé, déprimé ou stressé ; en somme, quelque chose ne va pas qui vous empêche de vous épanouir.
- Si vous vivez une « épreuve ». Le besoin d'aide est souvent nécessaire lors d'événements douloureux (maladie grave, deuil, séparation, échec, perte d'emploi…).
- Si vous éprouvez des difficultés relationnelles telles avec les autres que vous vous sentez en marge ou persécuté, en difficulté avec votre partenaire, seul, isolé.
- Si vous jugez votre sexualité insatisfaisante.
- Si vous désirez appréhender votre fonctionnement de vie.

1. *L'annuaire guide de la psychologie*, **jdp@martinmedia.fr**.

Pensez toujours que c'est une démarche personnelle. Suivre une psychothérapie, c'est décider de se confronter à ses difficultés personnelles et d'améliorer sa façon de vivre. Toutes ces raisons sont valables et légitimes. Personne d'autre que vous ne peut connaître vos besoins. Vous êtes libre de recourir ou non à un «psy», quel qu'il soit.

QUESTIONS À SE POSER

Avez-vous besoin d'un coaching?

Nous nous permettons d'intégrer ce questionnement car nous avons démontré plus haut que les confusions sont nombreuses et qu'il n'en est pas plus facile de choisir. Un coaching peut vous être utile:

- Si vous avez des gros soucis professionnels et que vous vous sentez seul.
- Si vous êtes confronté à la prise de décision et de management avec des critiques ou un mauvais sentiment de vous-même.
- Si le problème est circonscrit dans l'entreprise ou dans votre service et que vous êtes perplexe sur les solutions.
- S'il s'agit de carrière professionnelle et de promotion
- S'il s'agit d'une problématique liée au changement (pression, angoisse...).
- Si la problématique questionne le sens du travail et votre propre place.

IV. FORMATION MANAGÉRIALE, DÉVELOPPEMENT PERSONNEL ET COACHING

A. Objectifs, demandes et prescriptions

Le concept de formation professionnelle émerge avec l'ère industrielle. Le XXe siècle prône l'éducation permanente et continue dès l'après-guerre, en partant de l'idée qu'on apprend à tout âge. À la fin de la Première Guerre mondiale, il existe sur le marché du travail une réelle pénurie de travailleurs qualifiés. Dès lors, la formation professionnelle deviendra une question fondamentale de la politique de l'emploi. C'est aussi la période de la naissance du certificat d'aptitude professionnelle (CAP) pour les apprentis. Différents dispositifs se mettent en place afin d'assurer à chacun une possibilité de promotion sociale par la formation. Et ce jusqu'à nos jours[1].

1. Voir le site **http://www.sante-formation.org/historique.php**.

Aujourd'hui, la formation professionnelle continue a beaucoup évolué: de nombreux organismes soutiennent cette politique de l'éducation ainsi que la formation des adultes. La formation professionnelle repose sur un important dispositif législatif instauré en 1971 par une loi et doit répondre à trois grands objectifs, inscrits dans le Code du travail:

- assurer l'efficacité économique;
- combattre l'exclusion et favoriser la promotion sociale;
- promouvoir le développement culturel.

Le législateur a prévu de placer les entreprises au centre du dispositif et de les soumettre par ailleurs à plusieurs obligations en matière de financement et d'organisation de la formation professionnelle.

Les entreprises de moins de dix salariés ont vu ces applications prendre effet en 1991[1]. En 2003, avec la loi sur l'accord interprofessionnel national, sont apparus des accords de branches et d'entreprises. De nouvelles modalités sont survenues et de nouveaux droits ont pris effet, comme le DIF[2], les périodes de professionnalisation pour les salariés non suffisamment formés… Il s'agit d'une profonde réforme offrant davantage de droits aux salariés.

Sous l'influence de la crise économique et des nouvelles technologies, la formation a nécessairement évolué. Il existe maintenant sur le marché du travail de nombreux formateurs-conseils pour assurer la transmission des connaissances traditionnelles et spécialisées. Les activités d'ingénierie semblent d'ailleurs s'être réalisées bien plus sous le sceau de la contrainte que par une volonté pleinement affichée et assumée. Elles « *sont liées à des facteurs tels que la complexité des techniques de production, les processus continus de fabrication et la dimension croissante des complexes industriels.*[3] »

« *C'est probablement autour de la conception de systèmes éducatifs, particulièrement de systèmes de formation professionnelle, que se sont forgés les premiers concepts et les méthodes de l'ingénierie de la formation*[4] ».

La formation continue et la formation professionnelle offrent actuellement l'opportunité à de nombreuses personnes, dont les managers, de se former tout au long de la vie car les besoins sont vastes. Certaines formations sont techniques, d'autres plus centrées sur le comportement de la personne en situation managériale, d'autres encore visent le développement personnel.

1. Source: **www.formedia.org**.
2. Droit individuel à la formation, dans le but de faire évoluer le salarié.
3. Le Boterf G., « L'ingénierie du développement des ressources humaines: de quoi s'agit-il? » in *Éducation permanente*, n° 81, 1985, p. 7-23.
4. Le Boterf, op. cit.

Ces deux dernières formations, celles qui nous intéressent ici, se veulent opérationnelles et ayant des effets visibles dès le retour en entreprise.

La plupart du temps, la demande de formation nécessite l'aval de la hiérarchie ou du directeur des ressources humaines, qui étudie la demande selon plusieurs critères relatifs à l'emploi occupé. Si la réponse est positive, cette démarche s'inscrit dans une demande personnelle, «transformée» en prescription. Si la demande émane directement de la hiérarchie, sans «l'accord» du salarié, celui-ci devient le désigné volontaire. Au sein de l'entreprise, certaines personnes se positionnent, à tord ou à raison, dans le rôle de celui qui sait ce dont le salarié a besoin.

Là aussi, il faut bien analyser la demande et en comprendre les enjeux: qui demande quoi et pourquoi? La demande de formation peut ne peut pas être totalement volontaire: un hiérarchique a pu souffler à l'oreille de son collaborateur qu'une telle formation lui conviendrait. Ce dernier réagit donc par «prescription».

Guy Le Botterf souligne que l'analyse de la demande consiste alors à répondre aux questions suivantes:

- À quels problèmes cherche à répondre la demande qui est formulée? Qu'est-ce qui la motive ou la justifie?
- Qui formule la demande? De qui est-elle l'expression? De quels rapports de force ou de négociation est-elle la résultante?
- Quelles sont les chances de réussir et les risques d'échouer?
- De quelles contraintes faut-il tenir compte?

Les demandes sont toujours porteuses de non-dits, parfois émotionnels, ce qui influence la participation du demandeur au groupe de formation. Le formateur doit pouvoir déceler les enjeux qui se cachent sous la demande manifeste car des «choses» importantes vont parfois motiver d'une manière sous-jacente le demandeur. Le demandeur peut être habité d'un doute sur ses propres compétences, sur son insuffisance, et le taire. Le hiérarchique du collaborateur peut également formuler les mêmes questionnements. Ainsi, le contexte de la demande et son analyse se révèlent donc primordiaux, car le futur formé doit «adhérer» à la demande, qui doit elle-même être appropriée.

Cette prise en compte de toutes les composantes de la demande assure en partie le succès de la formation.

B. Les formations au management

Les formations au management sont axées sur l'amélioration de la performance. Elles s'adressent aux managers, chefs de projet, cadres, dirigeants liés par des objectifs généraux de formation traditionnelle pour le management ou pour une spécialité: revisiter et redynamiser ses compétences managériales, mettre au point et actualiser le style de management... Il est compréhensible de vouloir réfléchir à son évolution managériale si les projets sont déjà prévus, formulés.

Le spectre des formations managériales est large. Actuellement, les formations comprennent des acquisitions de savoir-faire, mais aussi de savoir-être. L'apprentissage comportemental devient important dans les offres de formations. Certains intitulés permettent à certains cadres d'entreprise de se «requalifier» face aux nouvelles exigences du métier. C'est la raison pour laquelle certaines formations, telles que l'affirmation personnelle, l'animation d'équipe..., conjuguent un module spécifique de connaissances techniques et un module sur les acquisitions «théoriques» de comportement politiquement correct pour soi et pour le groupe. Les formations se déroulent au sein de l'entreprise ou à l'extérieur, suivant les objectifs et les cibles de progrès identifiés. De ce fait, le management évolue parce que les besoins sont bien établis. Tout ce qui relève du leadership bénéficie des découvertes récentes venues d'Amérique. Les techniques sont efficaces parce qu'elles permettent aux managers d'évoluer et de se conformer à ce qui est demandé, à ce qui est utile pour l'entreprise, pour réussir personnellement. Concentrés sur leurs progrès, les managers adhèrent à la culture d'entreprise et en promeuvent les valeurs. Les modules de formation répondent aux besoins d'efficacité des managers. «*Les formations au management comportent des séquences formatrices dont le but est de permettre à chaque participant de penser et d'agir différemment [...] Les formateurs en management développent d'ailleurs des compétences proches de celles des coaches: vision claire des enjeux humains des responsabilités managériales, connaissances des bonnes pratiques, sensibilité aux résistances fréquentes et utilisation d'outils pour lever les freins*».

Les formations managériales sont suffisamment nombreuses pour représenter avec une assez grande fiabilité les problématisations recensées par les experts.

C. Les formations en développement personnel

Relativement récente, la notion de développement personnel a pour objet de développer le bonheur intérieur en favorisant la libération de l'expression personnelle, d'apprendre à mieux comprendre autrui. Le développement personnel est un travail sur soi, dégagé du souci des apparences. La tendance actuelle du développement personnel est de considérer que la recherche d'équilibre psychique concerne au même titre le corps et l'esprit. Parti sur une logique d'amélioration holistique de l'homme, le développement personnel a quelque peu changé les formations. Il s'est beaucoup développé dans les activités sociales des salariés, en dehors de leur entreprise, dans l'esprit des années soixante-dix. Aujourd'hui, le développement personnel est dans les entreprises.

ATTENTION !

Dérapage non contrôlé

«La 23e session de formation fut sans doute celle de trop. "Ça s'est terminé par la danse de l'orange", raconte l'un des douze participants, des cadres du centre d'appel de l'opérateur de téléphonie mobile Orange, situé dans le Nord. "Sans parler, les yeux bandés, nous tenions une orange du bout des doigts avec un partenaire et devions imaginer ce qui se passait dans le corps et la tête de l'autre." Le comité de direction de l'entreprise était en formation depuis deux ans. Petit à petit, avant cette énième excentricité, les sessions n'avaient cessé de dériver. Les liens supposés entre sexualité, management et psychanalyse justifiaient des séances de remises en cause publiques et intimes. Les esprits trop critiques étaient exclus du stage et se marginalisaient au sein de l'entreprise. Bel exemple de formation professionnelle...»

Le Monde, *28 décembre 2006*

La formation en développement personnel tente de mettre la personne dans une disponibilité, un climat de réceptivité pour changer ce qui ne lui convient pas dans ses comportements, que ce soit le manque de confiance en soi, la peur ou la difficulté de gérer les conflits... L'objectif est de prendre conscience de ses propres comportements. La formation en développement personnel à destination des entreprises met en valeur la gestion de soi, la rapidité, l'efficacité et l'apprentissage d'autres comportements, pour modifier ceux qui posent un souci.

« *Selon la fédération pour la formation professionnelle, les perspectives d'évolution du marché pour le secteur management et développement personnel dépassait les 40 % en 2005. En tête du hit parade, les stages sur l'affirmation de soi et la gestion du stress... les cadres sont friands de ce type de stages perçus comme des accélérateurs de carrière.*[1] »

Ce type de formations se déroule sur le court et sur le moyen terme (module de deux jours par mois pendant trois mois par exemple). Une formation en développement personnel aborde souvent des zones fragilisées

1. Migraine Christiane, « Le développement personnel n'est-il qu'un placebo ? », *Courrier Cadres*, novembre 2006.

de la structure psychique; l'engagement doit alors pouvoir se faire en toute sérénité... Une confiance en soi exceptionnelle ne s'acquiert pas en six jours, mais nécessite une meilleure appréhension de certains mécanismes personnels, parfois véritables freins dans certaines circonstances de l'activité professionnelle. «*Les attentes sont parfois disproportionnées.*[1]»

Apprendre des modes de lecture simplificateurs ou des grilles (recettes) à appliquer, c'est s'exercer à mettre en œuvre des comportements à visée de changement. Toute politique volontariste du type «*je veux me transformer*» est vouée à l'échec et reste bien illusoire. La demande de stage en développement personnel tout comme la formation elle-même aura des incidences sur la personne. Le développement personnel peut créer des bénéfices, mais aussi des nuisances.

Ce pas vers la psychologisation de la société aurait tendance à laisser croire à l'individu qu'il est seul responsable de son développement et de ce qui lui arrive au sein de l'entreprise.

Nous ne nierons pas que certaines techniques de développement personnel sont efficaces et répondent aux besoins de l'individu à condition qu'il les choisisse d'une façon personnelle et en toute connaissance de cause. Les groupes de feedback montrent qu'une expérience d'exercice collectif peut être particulièrement dévastatrice. Le stagiaire va-t-il aller mieux après avoir porté à la connaissance du groupe (en toute confidentialité) son histoire personnelle et vu sa collègue fondre en larmes? Prétendre résoudre tous les problèmes par une attitude de réception passive de tout ce qui advient et qui semble porteur d'un message nous semble relever d'une erreur. Fragilisé, chacun peut voir des signes, des messages virtuels dans chaque chose et à tout moment.

Lorsque les formations au management dérapent, sous un habillage humaniste, vers le développement personnel, il y a danger: la personne risque de se perdre de vue, noyée dans l'illusion groupale, l'emprise et la manipulation, sous le fallacieux prétexte du «mieux vivre ensemble pour mieux appartenir à l'entreprise».

D. Les formations et le coaching

«*Les méthodes propres au coaching rencontrent actuellement des formations au management*»[2] sous un même intitulé de formation proche. C'est le cas

1. Migraine Christiane, «Le développement personnel n'est-il qu'un placebo?», *Courrier Cadres*, novembre 2006.
2. Voir à ce propos l'article de Stéphanie Féliculis-Yvonneau, «Coaching individuel et formation au management: différences et complémentarités» in *Dossier coaching de l'actualité permanente*, n° 178, mai/juin 2000, Centre Info.

de l'affirmation personnelle par exemple. Le coaching est une technique d'accompagnement individuel et singulier qui se déroule hors témoin dans le but de comprendre son propre comportement professionnel. Cependant, l'évolution des habitudes de travail est aussi touchée et le management doit changer ses représentations restées jusqu'à présent très statiques: l'entreprise vit parce qu'il y a des échanges, des prises de risque, de la créativité. Par la relation langagière spécifique qu'il instaure, le coaching réflexif permet d'aborder une dimension plus intime: c'est une recherche, souvent inconsciente au début, d'une «vérité» sur soi.

Le coaching est du coaching. Il a essentiellement une visée de développement professionnel alliant l'auto-observation du savoir-faire et du savoir-être d'un manager dans le contexte de son activité.

La nouvelle circulaire du 27 septembre 2006 de la DGEFP[1] «relative à l'action de formation et aux prestations entrant dans le champ de la formation professionnelle continue» écarte le coaching du financement au titre de la formation professionnelle continue sauf s'il est intégré à un programme de formation et définit les actions «d'accompagnement, de coaching et de tutorat» comme des «activités de conseil».

Actuellement, certains organismes de formation incluent déjà du coaching dans un programme de formation.

E. Essai comparatif entre les formations en développement personnel et en management et le coaching réflexif

Formation managériale et développement personnel	Coaching réflexif
• Contexte de l'entreprise	• Contexte de l'entreprise
• Public de cadres, managers	• Public de cadres, managers et dirigeants
• Ensemble de méthodes appropriées.	• Le coaching réflexif est une méthode.
• Ont pour objet d'optimiser l'investissement que l'entreprise a fait sur le manager.	• A pour objet d'accompagner un processus de changement personnel et professionnel.
• Analyse des besoins et choix de la formation et du financement	• Demande personnelle ou prescription.
• Répondre à la demande.	• Choix du consultant, contractualisation de la demande.
• Modules de formation diversifiés et le plus souvent en petit groupe.	• Accompagnement personnalisé et individualisé.

1. DGEFP – Délégation générale à l'emploi et à la formation professionnelle.

• Définition opératoire des objectifs précis pour le management (s'affirmer en public, support vidéo, animer une réunion, cas pratiques, mises en situation…).	• Développement professionnel alliant le savoir-faire et le savoir-être d'un manager dans le contexte de son activité.
• Compétences à acquérir: – Développer des aptitudes à communiquer du sens, à accompagner l'autonomisation et la croissance des équipes. – Réajustement et développement des comportements personnels.	• Comportements d'auto-observation de son agir professionnel et développer la capacité à agir autrement en fonction de l'environnement et de ses ressources en compétences.
• Formation aux fondamentaux de la pratique du management et techniques comportementales en développement personnel.	• Didactique professionnelle.
• Étapes pédagogiques de progression et opérationnalité en fin de formation.	• Processus de développement selon la maturité acquise dans le temps (10 mois en moyenne).
• Suivi pédagogique en management en vue de réajustements.	• Perlaboration, action.
• Commanditaire: l'entreprise.	• Responsabilité du choix par le futur coaché.
• Caractère «obligatoire» de la loi sur la formation professionnelle.	• Absence de réglementation légale.
• Plan de programmation des formations.	• Flexibilité suivant les problématiques du moment et de l'environnement.
• Achat en module de formation au management ou au développement personnel.	• Achat en prestation de conseil ou de formation selon la circulaire de septembre 2006…

QUESTIONS À SE POSER

Avez-vous besoin d'une formation au management ou en développement personnel?

Voici quelques questions qui peuvent guider votre réflexion et votre orientation.

- Ai-je besoin d'acquérir des compétences dans mon nouvel emploi de chef de département?
- Quelles sont les compétences qui me posent un problème dans mon activité actuelle?
- Ai-je besoin d'acquérir des compétences techniques d'efficacité personnelle?
- Quelles sont les nouvelles méthodes qui me feraient gagner du temps en termes de prises de décision?
- Comment améliorer mon affirmation personnelle en réunion?
- Comment pratiquer un management plus performant?
- Quel type de manager suis-je?
- Avec les nouvelles réorganisations, vais-je pouvoir continuer comme avant?

V. CHANGEMENT ET BESOIN D'ACCOMPAGNEMENT

Nous venons de nous pencher sur les quatre pratiques – bilan de compétences, conseil, psychothérapie, formation et développement personnel – que nous retrouvons parfois dans la pratique du coaching sous des vocables assez significatifs, car ils illustrent clairement la problématique visée, telle que l'orientation vers un nouvel emploi, le conseil pour réorganiser une équipe... Cependant, malgré l'apparente facilité des approches, les contenus et les référents théoriques peuvent être très distants et surtout, par défaut d'analyse de la demande, ne pas conduire l'acteur-demandeur là où il veut aller.

Ainsi, lorsque l'on évoque les problèmes liés à l'emploi et à son orientation, le coaching d'accompagnement vers une nouvelle carrière, de maintien dans l'emploi ou encore vers l'emploi est convoqué, en lien avec un accompagnement soutenu et organisé selon une méthode relevant des sciences de l'orientation, de l'éducation aux choix, etc. Il consiste en un travail relatif aux compétences et au déroulé de carrière, donc du bilan de compétences. Lorsque nous évoquons un souci de perte de confiance, de peurs diverses, d'affirmation personnelle, le coaching de vie, coaching de réalisation de soi, fait son jeu avec différentes approches. C'est un coaching qui tangue vers le problème personnel, donc vers la psychothérapie. Il touche la structure psychique du sujet.

Lorsque la demande émane d'un manager sur l'installation d'une politique de communication, nous avons affaire à du conseil. Très clairement, ce qui est demandé et attendu c'est une solution technique et humaine à un problème de ce type. Entre en action un coaching de counseling[1] lié à un processus de changement. La démarche est situationnelle. Lorsqu'une équipe à besoin de savoir se servir de nouveaux matériels, c'est une formation qui est préconisée. Si un membre de l'équipe devient chef d'équipe c'est une formation managériale, si on lui demande une affirmation de soi plus importante cela peut-être une formation en développement personnel.

Lorsque la demande est liée à une problématique professionnelle relative au management («comment permettre que cette fusion se passe bien entre les directeurs, comment faire avec une équipe de deux groupes qui ne veulent pas collaborer?»), le coaching réflexif peut se révéler une solution d'approche du changement. Ses tenants théoriques sont issus d'une

1. Lecomte C., V. Guillon, «Conseling personnel, counseling de carrière et psychothérapie», *L'orientation scolaire et professionnelle*, 2000, 29, N° 1, 117-14.

culture des organisations, de la didactique professionnelle et d'éléments de la psychologie.

Quoi qu'il en soit, prendre en compte le descriptif de ces pratiques conduit à de profondes interrogations pour les fondamentaux qui articulent ces pratiques, autant que pour les contenus et les consultants. Nous suggérons que l'approche intrapsychique soit réservée au champ de la psychothérapie, que la relation duelle d'orientation professionnelle soit davantage liée aux bilans de carrières, que les problèmes « techniques » s'apparentent davantage au conseil et que ceux d'amélioration ou d'actualisation des compétences se situent dans le champ de la formation.

Dans la pratique quotidienne, nous l'avons vu, les lisières s'effacent, se confondent ou partagent parfois des intersections. Les conseillers en bilan de compétences dans le triangle homme/entreprise/orientation ne marquent plus ces distinctions aussi fortement. Dans le cadre du coaching de vie, certaines approches se lient avec des éléments de la psychothérapie. Dans le cadre du conseil, la proximité relationnelle et la confiance partenariale poussent à croire que l'on fait du coaching en conseillant. On peut avancer plusieurs explications à ces pratiques différentes et pourtant facilement brouillées.

La pratique n'est pas suffisamment et clairement définie. Elle cède à une certaine poussée de l'évolution et des demandes complexes de la clientèle.

Certaines conceptualisations créent des liens qui existent dans les différents modes d'interventions.

Les praticiens voilent leur approche, avancent masqués en quelque sorte et développent des approches personnelles ou mixtes, intégratives.

Les réglementations échappent à un descriptif et laissent la place à la flexibilité des pratiques, voire à une certaine « inventivité ».

On peut affirmer avec certitude que le changement organisationnel convoque la personne dans ses différents rôles social, personnel, professionnel ainsi que dans ses processus d'adaptation, de pensées, d'intégration, d'anticipation... Les questionnements qui font irruption chez la personne s'adressent à l'orientation et au sens du travail, aux dimensions intrapsychiques et aux dimensions relationnelles du conseil justifiant un besoin d'accompagnement.

Ce besoin d'accompagnement est certainement le point crucial et actuel de toutes les demandes. Il permet de considérer que ces cinq approches ont une base qui repose sur un processus dynamique et un processus de changement même si les moyens mis en œuvre et les finalités ne sont pas les mêmes.

Le cadre des interventions sérieuses est circonscrit dans une procédure de contractualisation.

L'objectif principal est d'amener une prise de conscience des problèmes et de vouloir une modification et une réponse aux questions.

La relation interpersonnelle cimente l'action et les éléments de l'intervention.

Le rôle langagier développé entraîne l'ouverture et la curiosité hors contexte.

Le changement obéit à une logique pluridimensionnelle.

Intersections des processus dynamiques et de changement

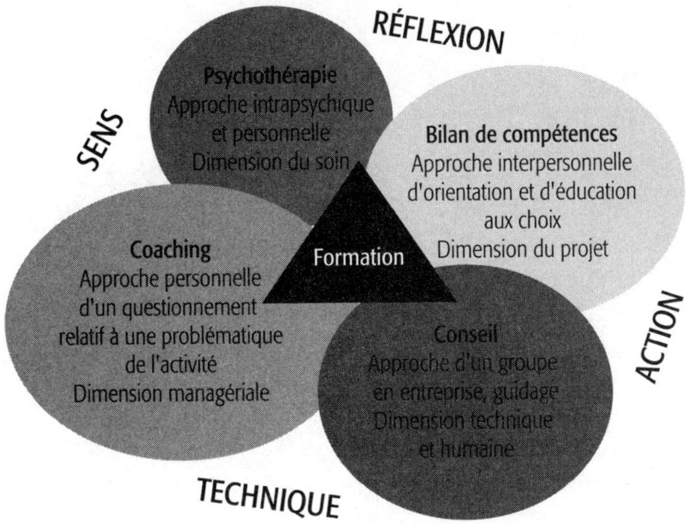

Chapitre 3

LE COACH AUX PRISES AVEC L'ENGAGEMENT

I. LE COACH, SON INTERVENTION ET L'ENTREPRISE

La singularité de l'approche clinique et réflexive peut surprendre dans les entreprises car elle semble irrationnelle. Mais peut-être révèle-t-elle des aspérités interrogeantes qui, une fois éclairées, introduiront un sens nouveau qui devra être regardé.

Nous allons ici cheminer de manière pragmatique, certes, mais aussi en essayant de modéliser ce triptyque: coach, intervention et entreprise. Nous pourrons parfois isoler les concepts pour faciliter l'expression et la compréhension, mais nous ne perdrons pas de vue que ces trois concepts sont en interaction permanente par le jeu des positionnements, des fondements, des pouvoirs et des acteurs.

Parfois, nous nommerons l'entreprise « institution », non au sens d'« institution de la République », mais comme entité de lieu de travail.

L'institution ou l'entreprise présuppose un projet, un cadre où sont définis les rôles, les fonctions, les temporalités, la responsabilité légale des acteurs du système, un espace, un règlement, une législation, des enjeux économiques, des médiateurs syndicaux, des pouvoirs… et aussi les fondateurs.

Aujourd'hui, dans l'environnement compétitif des affaires, un coach n'est pas un gadget et ne relève pas davantage d'un caprice. C'est parfois une nécessité. Dans un monde en mutation radicalement, il devient important d'acquérir de nouveaux réseaux, de nouvelles habitudes de travail. Même si une entreprise a aujourd'hui de bons résultats, cela ne garantit aucunement des lendemains stables ou ascendants. Il semble que nous soyons rentrés dans une ère où nous avons besoin de nous renouveler constamment, pour les motivations au travail, le style personnel ou encore le comportement. Le coach est là dans l'entreprise non parce qu'il y a incompétence, mais parce qu'il y a conscience d'un renforcement de l'humain en tant que tel et d'une adaptation des compétences à impulser.

A. Qui est le coach?

Le coach n'est ni un ami, ni un alter ego, un collègue, un avocat du diable ou même un mentor. Un coach donne des consultations privées au sein desquelles les seuls protagonistes sont le coach et son client. Le rôle du coach consiste à trouver des façons de rendre explicites et accessibles au client les structures d'interprétations du client lui-même[1]. L'appropriation de ce modèle de fonctionnement repose sur une aptitude du client à capter son intériorité: en l'appliquant, sa façon de voir et son système d'interprétation vont s'en trouver modifiés. Il acquiert une nouvelle représentation du monde, devient autonome et capable de réagir sans aide.

TÉMOIGNAGE

Témoignage d'un coach

«La formation en coaching que j'ai suivie a souligné que je peux avoir une autre posture plus clinique ou plus professionnelle; la formation permet d'aller plus loin dans le développement de l'écoute. L'attention portée à la verbalisation de la demande introduit le coaché à une place de sujet reconnu. Après la formation en coaching, je sens que je n'agis plus de la même façon, particulièrement dans le traitement de la demande. Par exemple, je ne prends plus pour argent comptant la première demande "Je veux changer de mode de management". Je permets au coaché de saisir le cœur de ses questionnements, de préciser la recherche d'une réponse à la question qu'il se pose implicitement.»

B. Que fait exactement le coach?

Un coach travaille avec un client, manager ou dirigeant, suivant les contrats instaurés et en fonction des compétences de ce même client. La plupart des personnes qui sollicitent du coaching s'attendent à ce qu'on leur «dise quoi faire», mais ce n'est pas le cas. Les rencontres se font en privé[2] pour préserver toute confidentialité et formuler ainsi une problématique actuelle dans son travail. Le coach doit cerner la demande pour commencer le coaching. Fréquemment la demande de coaching émerge lors d'une

1. Flaherty James, *Coaching: Evoking Excellence in Éthers*, Butterworth, 1999.
2. Lieu neutre, en cabinet par exemple, le lieu de l'entreprise étant à éviter car trop connoté culturellement.

promotion, d'un changement de travail, de fonction, de responsabilité ou même dans la confrontation de certaines problématiques.

Le coach va s'impliquer et accompagner un dirigeant ou un manager dans sa préoccupation professionnelle. Dans le coaching réflexif, le coach postule que le management passe par le langage. Il n'est pas dupe des discours idéologiques qui pourraient faire croire qu'il y a langage, mais au sein duquel l'altérité et la position de sujet n'existent pas. Le client se trouve dans l'ambiguïté car seule l'énonciation plurielle en entreprise est possible au détriment du «je». Ce sentiment d'appartenance collective éloigne et frustre parfois le dirigeant de son ambition et de ses propres projets de leader pour l'entreprise. Il aimerait réellement se consacrer à la tâche.

Le coach prend en compte plusieurs demandes: celle du besoin de technique managériale, celle de la compréhension relationnelle, mais aussi l'enjeu du désir. Bien entendu, le coach n'arrive pas en clientèle avec cet argumentaire, mais il s'en sert pour se guider: c'est une grille de lecture dans sa relation au fil des séances pour décrypter ce qui se joue. Ces différents niveaux de lecture vont s'articuler pour amener le client à répondre à ses propres questions tout en se sentant accompagné dans sa demande et sa parole; pour qu'il ressente aussi la qualité intrinsèque de ce dont il est porteur et producteur, jamais nommé cependant mais en lien avec son désir. L'essentiel de l'intervention réside dans ce triptyque. Peut-être cela reste-t-il un peu obscur, effectivement, car ce processus se met en place et produit ses effets par la capacité d'appropriation de la méthode par le sujet.

À RETENIR

Le coach n'est pas dans l'injonction de l'action, il n'a pas pour rôle de rassurer la personne. Il est dans l'incitation pour amener l'autre à réfléchir, à lui permettre d'accepter ou non le système organisationnel dans lequel il se trouve embarqué, pour que la personne salariée se donne les moyens d'y réagir avec ses propres ressources.

Ce coaching ne se réfère ni à une procédure durant laquelle les étapes se succèdent les unes après les autres, ni à une mesure séquentielle ou maîtrisée. L'intervention est basée sur le processus, le coach assume la gestion de la construction de ce qui se passe dans la relation et dans son déroulement. Nous associons le coaching aux propos de Robert Lescarbeau[1] qui définit le concept de processus en quatre éléments:

1. Lescarbeau, Payette, St-Arnaud, *Profession: consultant*, 3e éd., PU de Montréal, 1996.

1. Une série d'opérations: pour le coaching réflexif, il s'agira surtout de percevoir le cheminement du client.
2. Un enchaînement logique: ici, effectivement, on peut préconcevoir un déroulé «logique» du côté du coach. Cependant la logique appartient à celui qui parle: le coaché.
3. Un mouvement: un processus est en soi dynamique et actif, constamment en mouvement vers un «progrès».
4. Une transformation: dans un contexte de coaching, la parole adressée au coach permet au client de s'emparer de sa position de sujet.

C. Pourquoi semble-t-il y avoir davantage besoin de coaching aujourd'hui qu'il y a quelques années?

Souvent, l'effet de mode a servi d'explication. Or, nous sommes au-delà d'un tel phénomène.

Aujourd'hui, pour survivre et s'imposer dans la course à la compétitivité, il ne suffit plus de se contenter de ce que l'on sait faire. La compétence du client n'est aucunement remise en cause, mais la compétitivité exige parfois une autre façon de faire et, notamment, de manager pour rester avec une équipe gagnante, pour que le discrédit ne touche pas l'entreprise – pour que cette dernière conserve sa réputation, sa crédibilité et la confiance des actionnaires. C'est également développer des savoir-être particuliers pour être repéré comme leader.

D. Quand une personne a-t-elle recours au coaching?

Le meilleur moment pour utiliser les services d'un coach est celui où le client est demandeur, c'est-à-dire réceptif à son intériorité. Les demandes de coaching qui commencent par: «*Ma hiérarchie pense que mon comportement nécessite un coaching*» présentent une certaine difficulté. L'implication n'existe que par illusion: se rendre conforme aux attentes de la hiérarchie. Si le manager pointe lui-même son propre malaise ou sa propre insatisfaction, les enjeux sont différents. La demande du client se manifeste donc au premier abord par un dysfonctionnement.

La demande de coaching se fait généralement pour plusieurs raisons: une promotion de carrière, un renforcement de la confiance en équipe, les responsabilités managériales, un choc personnel qui nécessite un repositionnement de certains éléments, lorsque le masque se craquelle, que les influences extérieures mangent les aspirations personnelles et font dire le malaise de ne pas vivre ce que l'on veut vivre professionnellement.

E. Quels sont les bénéfices d'un coaching pour le coaché?

Pour répondre à cette question, nous vous donnons ci-après quelques remarques de nos clients:

- *«Le coaching me garde en alerte sur mes propres comportements et attitudes face à mes directeurs: "je me surveille moi-même".»*
- *«Le coaching me permet aujourd'hui de me poser de vraies questions et d'être en cohérence avec mes ambitions professionnelles sans me penser téléguidé, démotivé.»*
- *«Je suis devenu un dirigeant d'une autre nature.»*
- *«J'ai renforcé mon identité de directeur.»*
- *«J'ai une nouvelle foi en mes capacités à diriger, à expliquer et à impliquer mon équipe, à m'interroger sans me sentir attaqué.»*
- *«J'ai fait le deuil de mes fonctions précédentes pour occuper ma place de leader dans laquelle j'étais complètement dépassé.»*

F. Quels sont les bénéfices d'un coaching pour l'organisation?

Ils peuvent être de plusieurs ordres:

- L'organisation sauvegarde un potentiel humain important et motivé dont on s'occupe.
- L'organisation gagne de l'argent car elle n'a pas à recruter des employés qui, désabusés, quitteraient leur place en se sentant incompétents.
- L'organisation peut renforcer sa culture et ses valeurs, partagées et investies par les salariés.
- L'organisation devient plus compétitive parce que le leader a réfléchi à sa remise en question sur sa performance et sur sa façon de faire.

G. Mais qu'est-ce que l'entreprise?

Qu'est-ce que cette entité venue du «bizarre»?

Au cours des siècles, l'usine, son univers ouvrier, sa vie et l'image de quelque chose d'impitoyable sont devenues l'entreprise. Aujourd'hui, ce lieu reste un lieu de recherche, d'investigation et d'application de modèles de travail au service du profit et de la production… Nous n'en sommes pas aux premiers changements et transformations. D'ailleurs, on parle de la théorie des organisations, de l'ergonomie, avec une certaine désinvolture, comme si ce qui existait au début du XXe siècle ne perdurait pas par endroits de nos jours encore, laissant la postmodernité côtoyer des «techniques» archaïques. Les modèles se suivent avec l'idéologie que la technique va tout améliorer. Qu'en est-il de la fameuse réalisation de soi au travail? De la motivation? Des valeurs?

L'entreprise ne se réduit pas à sa dimension économique, technique ou juridique. Aujourd'hui, il semble naturel d'intervenir en entreprise[1] ou en institution[2]. Pourtant, il n'en a pas toujours été ainsi et l'arrivée des consultants dans l'entreprise, à quelques exceptions près, date d'une trentaine d'années. Elle s'est inscrite dans l'action par des consultants en conseils, des procédures de changement, d'ajustement et par la communication. La démarche de critères de réussite et d'échec faisait son entrée, s'inscrivant elle aussi dans une démarche rationnelle, déjà instaurée depuis l'organisation scientifique du travail.

Cependant, l'intervention du coach n'est pas neutre: elle questionne la manière de pratiquer, de négocier, de satisfaire le client, la manière de définir la pertinence de l'intervention, la validation, la relation de confiance… Ainsi, toute intervention renvoie au coach lui-même et à sa ligne de conduite personnelle et professionnelle.

«C'est parce que l'entreprise est devenue une des principales institutions de la vie sociale qu'elle est l'arène privilégiée des jeux du pouvoir et du désir. Les sujets humains y vivent leur désir d'affiliation, visent à réaliser un certain nombre de leurs projets, s'attachent à leur travail. Dans l'entreprise se joue l'identité, la jouissance de chacun.[3]»

H. Un coach dans l'entreprise

Lorsque le consultant (en coaching) rencontre l'entreprise, il se positionne tout d'abord dans une relation commerciale et dans une position de diagnostic, qui évolue une fois la contractualisation réalisée. De fait, la relation coach/coaché/entreprise devient une réelle relation tripartite. L'entreprise endosse alors le statut de tiers, en ce sens qu'elle devient garante de ce qu'elle engage comme responsabilité en matière de formation. L'entreprise devient à la fois objet de réflexion et d'entité existante. Elle offre au coaché cette prestation pour lui permettre, entre autres, d'augmenter sa performance. Cette intervention de coaching ou de développement personnel reflète une nette évolution dans certaines entreprises, qui acceptent aujourd'hui de parler de l'individu sous toutes ses dimensions.

1. L'entreprise se définit par *Le Petit Robert* comme: «Affaire, opération de commerce; exploitation, industrie, négoce. Entreprise publique ou privée, mixte, capital, matériel d'une entreprise…»
2. L'institution se définit par *Le Petit Robert* comme: «Action d'instituer, fondation, désignation, nomination, avoir été institué. Les institutions, l'ensemble des formes ou structures sociales telles qu'elles sont établies par la loi ou la coutume.»
3. Élisabeth Volckrick parlant du livre de Enriquez, *Les jeux du pouvoir et du désir dans l'entreprise*, Paris, Desclée de Brouwer, 1997.

Les dirigeants sont convoqués en tout premier lieu dans leur exercice car ils se trouvent en première ligne pour « tout » orchestrer. Ces dirigeants sont sollicités en tant que sujet pour assumer des responsabilités au nom du collectif. Leur fonction managériale reste un engagement qui les dérange, non pas dans la logique des activités à mener, mais dans leur propre histoire de vie. La consultation de coaching fait souvent resurgir des moments de l'enfance, de l'éducation aux choix, des cicatrices, des défis tabous mais porteurs, des stratégies pour arriver à ses fins. Bien qu'il soit loin d'un processus de thérapie, le client manager prend conscience de certains éléments déterminants qui l'animent et l'empêchent quelquefois d'avancer. Il accepte de se confronter à des aspects de lui-même inconnus jusque-là.

Le coach est engagé dans cette relation tripartite. Il se trouve physiquement à côté de son client lors des entretiens. C'est-à-dire dans une sorte de décalage que nous nommons disparité, mais qui veut aussi dire relation où il n'y a pas de supériorité mais un « à coté » qui signe la formalisation, voire l'officialisation de l'ouverture possible au sein de l'entreprise. Le coach n'est pas un superformateur qui détiendrait une solution. Il est là, par sa présence, dans une posture « côte à côte », mais où il ne peut pas se confondre avec le client manager. Le coach n'a pas de demande. Le coach est dépouillé, il est sans prétention. Ce sont ces différences qui vont introduire la disparité et permettre à la relation de s'établir.

Ainsi, le travail personnel que produit le coaché entraîne la disparité entre le coach et le coaché. La trace de la légitimité de l'espace de coaching consiste à créer une institution qui réunit l'institué (celui qui travaille pour l'institution) et l'instituant, le coach, garant du cadre et de la confidentialité.

Les objectifs du coaché sont fluctuants. Le coaching réflexif écoute les mouvements intérieurs et pose des mots sur l'indicible : ce travail est une relation langagière. Ce n'est pas une relation psychanalytique, car la demande est une demande de coaching et n'inclut pas de travail sur les fantasmes par exemple. Le coach ne se soumet pas à l'instrumentalisation.

S'il s'instrumentalise, le coach établit une distance entre la question centrale, la problématique du coaché et lui-même.

L'outil occupe le coaché et emmène le coach dans du conseil. L'outil sert de médiation entre le coach et le coaché, parfois relance le coaching. L'outil fait échapper la problématique au coaché, donc son travail psychique en propre. Les outils sont des techniques d'évitement mais facilitatrices de relation. C'est cependant éviter la difficulté. C'est aussi, en tant que coach, se rassurer, se sentir exister dans une action, se sentir brillant. Le coaching réflexif est une dure épreuve pour l'ego personnel. Le coach est plus d'une fois confronté au constat apparent qu'il ne se passe pas grand-chose. Pourtant, il doit garder confiance et savoir que sa méthode donne des résultats dont il n'aura pas forcément le retour immédiat. Il devra travailler son besoin de reconnaissance ailleurs. Il ne doit pas douter de ses ancrages: la demande est appuyée par le transfert, et le désir du coach est d'avoir quelqu'un au travail. Le désir s'accroche à la parole. Celle-ci produira ses effets.

Se situer comme consultant coach, c'est avoir fait un travail de clarification théorique et personnelle pour trouver sa posture professionnelle, la tenir et la défendre sans mollir.

SÉQUENCE PERSONNELLE

- Quelles sont mes formations initiales et continues? Comment définirais-je mon profil d'identité théorique?
- Qu'est-ce que je connais de mes compétences pour me permettre d'être coach?
- Qu'est-ce que je connais de mes savoir-être pour me permettre de me positionner comme coach?
- Quelle est ma définition personnelle du coaching que je pratique?
- Comment est-ce que je défends cette position?
- Est-ce que les problèmes de l'entreprise m'intéressent?
- Quel est mon mode d'apprentissage? En existe-t-il d'autres? Lesquels?
- Quels sont mes outils?
- Quel est mon point fort principal?

II. LE QUESTIONNEMENT DE LA DÉONTOLOGIE

La demande et les besoins des entreprises en pleine crise induisent quelque peu les réponses des consultants en coaching qui cherchent à être conformes aux attentes des managers. L'action et la réactivité ont remporté la priorité. Ainsi, les pratiques des uns et des autres ont fédéré le coaching en l'état en négligeant une réflexion véritable sur le fond, alimentant les idées et les solutions cacophoniques et simplificatrices des problèmes à résoudre.

À constater cela, nous affirmons qu'il n'y a pas d'unité conceptuelle de base qui serve de socle à cette approche. L'unité est factice. Et, même si quelques universités se sont emparées de la formation au coaching, il n'y a pas de travail épistémologique indubitable, avéré, réel, qui signerait une réflexion sur les fondements théoriques. Certains livres ou certaines revues proposent des conseils, fournissent des suggestions pour choisir son coach afin de maîtriser le risque d'erreur, afin d'évaluer les réponses du coach et de tester ses connaissances, ses compétences... Cependant, certains consultants s'arrangent avec les règles. S'ils formulent une adhésion de principe à certaines valeurs, à une déontologie, ils ne vont pas pour autant jusqu'au bout de la démarche: la réalité est tout autre. Nous avons pu le constater lors d'observations menées dans des groupes de coaches: ces règles sont concrètement soumises à des aléas et livrées à une certaine élasticité. L'association de certains outils à la liberté de chacun se révèle assez surprenante.

A. Le coaching, méthode de management postmoderne

Lors de son intervention, le coach se positionne sans le revendiquer comme celui qui possède un certain savoir et des compétences. Il tient la barre pour maintenir le cadre, garant du bon fonctionnement de la séance, et gère le protocole du début à la fin, aussi bien dans ses composantes techniques et dynamiques que psychologiques. Il est en position d'autorité, non de pouvoir: «*L'accompagnement ne prend jamais le pouvoir, il ne se substitue pas, il ne déresponsabilise pas*»[1].

Le coaching est considéré comme une méthode de management postmoderne. Il n'en est pas moins perçu comme un outil un peu particulier qui requiert une pratique fiable parce qu'impliquant directement l'humain et son activité: en ce sens, la personnalité et la technique du coach sont importantes.

Les pratiques farfelues, associant approches pseudo-scientifiques, spiritualité et voyance, nuisent aux professionnels sérieux, favorables à un Code de déontologie pour encadrer la profession et garantir que cette nouvelle forme d'intervention n'est pas qu'une mode mais bien une pratique managériale utile. Les pratiques et les courants théoriques se multipliant, nous assistons curieusement à une expansion des Codes de déontologies (au pluriel) qui se veulent une référence pour leurs clients. Mais dans cette droite ligne, beaucoup d'associations se sont autoproclamé «écoles de formation» et recommandent une supervision, très souvent réalisée par un membre fondateur de cette même organisation, sous le regard d'un public captif. Qu'en penser? Est-ce déontologique?

Lors d'une visite au salon du coaching[2], nous nous sommes aperçu que le mot «déontologie» très souvent existait par obligation comme gage de sérieux. En obtenir une définition était difficile vite évacué de la conversation. Si la définition du coaching était floue ou ludique, on pouvait relever autant de termes pour définir la déontologie qu'il y a de lettres

1. Moreau Marjolaine (IPFC) signe l'éditorial du n° *Éducation permanente EDF/GDF-SFP*, 2002.
2. Le salon du coaching, en mars 2006, espace Charenton, Paris.

dans l'alphabet. Pour avoir travaillé ardemment à la révision du Code de déontologie des psychologues à un niveau français et européen, nous témoignons d'une difficulté extrême à fédérer une pratique dont les principes sont reconnus et partagés par tous. Dans la pratique du coaching, la déontologie s'avère très aléatoire et un peu superficielle. Non que les acteurs n'y croient pas, mais bien plus parce que cela ne constitue pas leur priorité.

Selon nous, la déontologie est et reste une composante incontournable dans l'intervention du coaching, elle fait partie du processus même, véritable Règle de conduite et incontestable repère pour les professionnels et leurs clients.

Les praticiens du coaching cherchent à déterminer la façon d'encadrer réellement leur démarche professionnelle en se référant à un certain nombre de règles communes, et ce quels que soient les organismes. Il nous semble effectivement capital que la déontologie ne soit pas l'apanage de quelques cabinets ou de quelques organisations professionnelles, mais bien applicable et valide pour l'ensemble des praticiens. Il serait inutile pour cela d'être obligé d'adhérer à un cabinet ou à une société pour avoir son label et sa garantie de déontologie. Jouer à cela serait une imposture et, pour le coup, antidéontologique.

La diversité des pratiques n'aide pas, il est vrai, à rassembler les praticiens qui fonctionnent encore en regard de leur seule et propre pratique. Cependant, compte tenu de la multiplication des coachings, il serait intéressant de s'interroger sur des pratiques et des situations qui aboutissent à des impasses. La recherche d'une unité déontologique consensuelle amènerait à clarifier les courants théoriques et à poser, au sens de définir, le métier.

TÉMOIGNAGE

Témoignage d'un consultant en conseil

«Lorsque mon client m'invite au restaurant, je le coache; nous sommes en dehors de l'entreprise dans un face-à-face complice, il mesure ce rapprochement en même temps qu'il a plaisir à discuter avec moi.»

L'examen d'une telle dynamique d'intervention révèle assez bien nos observations d'expériences cliniques au fil de nos pratiques. Cela met en évidence la difficulté d'assumer sa place, de la tenir. De définir son rôle et sa posture. Peut-on changer de posture selon la question, le thème ou le comportement de notre interlocuteur? Passer de coach à conseil ou encore thérapeute comme certains le prétendent? Peut-on s'accorder cette liberté de jonglage au risque de ne plus faire le même métier et d'entrer dans une confusion de rôle, dans une croyance erronée des mécanismes en jeu? Confusion qui n'est pas identifiable au premier abord, puisqu'elle répond à la demande du client. Par la suite, cela peut influer et entraver les progressions et les réponses du client en situation de coaching.

Dès que le facteur humain intervient, nous pourrions croire en tant que personne que, comme dans un jeu d'enfant, nous pouvons y participer sans trop évaluer la situation. C'est méconnaître les règles, la position des acteurs, la dimension psychique. Être encourageant, féliciter pour les progrès, ce n'est pas du coaching: il s'agit d'un autre accompagnement, peut-être tout simplement un d'appui, celui de conseil, qui soutient sa propre démarche et méthodologie au travers des résultats.

ATTENTION!

Pour le coach, dîner au restaurant avec un grand patron que l'on coache par ailleurs, c'est un moment de partage dans une intimité qui peut aboutir à une certaine confidence, à de l'intensité, du respect réciproque. Ce n'est en aucun cas du coaching. C'est écarter les jeux des effets psychiques inconscients de chacun. L'un impressionné par l'autre, qui reçoit en tant que coach le fruit de la solitude du pouvoir, livré entre la poire et le fromage.

Où sont passés les acteurs et qui sont-ils maintenant? Qui est à la place de qui? Qu'est-ce qui a été important? Qu'est-ce qui a été retenu dans cette soirée entre quatre yeux?

La proximité mise en place et l'échange ont pour fonction d'une part de se rassurer soi (en tant que consultant) sur des aspérités du fonctionnement psychique et technique et, d'autre part, d'éviter l'insoutenable posture de neutralité qui ne laisse pas de prise au client et le renvoie sans cesse au travail d'élaboration mentale ainsi qu'à sa relation à son propre savoir. Déjeuner au restaurant n'est pas coacher.

Se conformer à une déontologie n'est pas un chemin facile, cependant elle offre une garantie de sérieux, d'engagement et de respect à l'égard des personnes ou des entreprises clientes. Un Code de déontologie répond au souci des conditions d'exercice de la profession, même si le code n'a pas de force légale. Les règles donnent une assise et une visibilité à l'ensemble de la profession. Pour ériger cette pratique professionnelle en véritable métier, il devient nécessaire d'endiguer sa fragmentation en typologies extrêmes et d'en repérer les principes fondateurs afin de concevoir une déontologie digne de ce nom. C'est-à-dire une déontologie qui n'est pas là pour faire illusion, mais qui traduit une force de rassemblement des praticiens (qui s'interrogent sur les questionnements déontologiques professionnels). Peut-être certains praticiens sont-ils hostiles à une telle lisibilité qui, pourtant, loin d'enfermer le professionnel dans sa pratique, le libère.

En France, il semble que les communautarismes idéologiques fassent rage. Le libre arbitre individuel ou l'appartenance à une association, voire sectaire, se jouxtent et polluent l'évolution d'une pratique qui pourrait devenir une profession fiable. Le coaching ne pourra pas fonctionner longtemps en électron libre. La déontologie permet de constituer une référence commune et fondamentale et dont la mise en œuvre est une garantie tant pour les praticiens que pour les entreprises.

On pourrait dire qu'actuellement, ce sont les normes bien plus qu'un Code de déontologie qui tentent de jalonner la profession, elle-même en évolution. L'objectif affiché: la régulation des pratiques. Aujourd'hui, les codes ne sont pas généralisables à l'ensemble de la profession, qui ne recherche d'ailleurs pas un seul et unique code au motif qu'il faut suivre une procédure parfois complexe pour entrer dans une organisation détentrice d'un code[1].

«*L'appellation "Code de déontologie" réfère habituellement aux larges principes généraux qui déterminent les valeurs et la vision d'une société particulière. Un Code de conduite ou un code de comportement réfère plutôt à des règles ou à des normes explicites. Les principes généraux sont conçus le plus souvent comme des aspirations, alors que les règles explicites sont formulées d'une façon très précise favorisant ainsi la vérification de l'application plus facilement.*[2]» En fonction de la pratique, l'émergence d'un code se fera sur la base d'éléments scientifiques et professionnels. Encore faut-il qu'il existe un sens de l'unité chez les praticiens et une volonté toute aussi grande dans les organisations professionnelles. La déontologie, liée au statut et à la certification de la reconnaissance professionnelle, serait un élément de pondération et de promotion de l'activité, ainsi qu'une preuve de compétence pour les autorités gouvernementales.

Pour gagner en crédibilité, la profession de coach doit se souder sur des principes qui organiseront sa culture de référence, sans que cela soit pour autant le surgissement d'une nouvelle orthodoxie.

---

1. Cf. le mémoire de DEA de Marie-Hélène Roy, consultable à la bibliothèque du CNAM de Paris, *Le coaching en entreprise ou l'accompagnement personnalisé auprès des cadres*, 2002.
2. Collectif sous la direction de Castro D. et M. Santiago «Histoire et épistémologie» in *Pratiques déontologiques en psychologie*, éditions Hommes et perspectives, 2001.

« Le Code de déontologie de toute profession rassemble des prescriptions qui ont une fonction de règlements édictant des normes assimilables à des règlements qui font loi. Lorsqu'un Code de déontologie n'a pas de valeur légale, la profession se soumet à la loi commune pour tout jugement concernant un acte professionnel répréhensible. Lorsque le code est inscrit au Code pénal, c'est le cas d'un certain nombre de professions comme avocats, architectes…, il détermine un cadre pénal ayant une juridiction particulière élaborée par la profession, les normes proposées sont alors obligatoires. Chaque profession qui a un Code pénal obligatoire a une instance disciplinaire ayant un pouvoir de sanction.[1] »

Nous constatons que jouer avec des codes est dangereux et peut induire bien des malentendus.

Voici quelques éléments de réflexion relatifs à la profession de coach et aux exigences de la pratique du coaching.

B. L'exercice du métier de coach

Le métier de coach couvre plusieurs éléments :

- « Le coach est celui qui, avec le plus d'impartialité possible, exerce cet accompagnement de manière professionnelle et objective.[2] »
- Le coach doit détenir des compétences interpersonnelles et synergétiques[3].
- Le coach s'astreint à la confidentialité et au devoir de réserve.
- Le coach se soumet à l'abstinence.
- Le coach s'interdit d'exercer tout abus d'influence et de pouvoir.
- Le coach reste vigilant entre les postures de conseil, de thérapeute, de cordialité et de coach.
- Le coach s'engage à appartenir à un groupe de supervision.

C. Pour qu'un coaching soit possible

Un coaching requiert diverses conditions :

- La personne doit venir et adhérer librement à la démarche.
- La personne doit formuler une demande personnelle relative à une situation de travail.
- La personne doit concevoir implicitement qu'elle a une intériorité et une cordialité sociale.

---

1. Collectif d'auteurs sous la direction de Castro D. et de M. Santiago, « Questions de pratiques », in *Pratiques déontologiques en psychologie*, éditions Hommes et perspectives, 2001.
2. Rajaud Vincent, « Point de vue sur le coaching », *Bulletin social*, 1995.
3. Compétences qui permettent la construction relationnelle synergétique entre elles.

- La personne doit s'inscrire dans une pensée managériale réflexive et métacognitive.
- La personne doit accepter la tridimensionnalité personnelle, sociale, organisationnelle.
- La personne doit être réellement engagée par une demande.
- Le contexte et la situation de la personne coachée doivent être clairs pour tous les interlocuteurs.
- La personne doit être suffisamment informée sur le type de coaching, sa méthodologie.

SÉQUENCE PERSONNELLE

- Le hiérarchique du manager que vous coachez vous demande entre deux portes: *«Comment cela se passe-t-il avec Dupont?»*, quelle est votre attitude?
- Votre futur client ne vous recontacte pas suite à la première entrevue. Que faites-vous?
- Votre client vient de rencontrer plusieurs coaches potentiels et vous n'êtes pas choisi. Que se passe-t-il? Quelles sont les choses qui vous viennent à l'esprit?
- Vous sentez que le contrat n'a pas été bien défini ou qu'il comporte des éléments qui ne sont pas clairs pour vous et votre client, que faites-vous?
- Vous apprenez que l'entreprise est en train de licencier. Vous doutez des raisons de votre présence pour *«consolider les compétences de votre client»*. Que faites-vous?
- Votre futur client est un dirigeant avec lequel vous ne vous sentez pas en capacité de travailler. Quelle est votre position?

III. L'ÉTHIQUE EN RENOUVEAU

A. L'éthique personnelle

C'est évident: ne s'improvise pas coach qui veut. Le coach, dans son questionnement éthique, s'intéressera à la vérification continue du sens de son action.

Cependant, avant d'être coach, il est avant tout un être humain exerçant un métier de relation: c'est surtout pour cela qu'il aura une éthique. L'éthique se définit comme une discipline personnelle que la personne se fixe comme référence interne pour définir sa posture professionnelle et personnelle.

Le coach en question (en tant que personne) tente de rendre sa vie cohérente en mettant en application les conduites qu'il valorise et érige en bon fonctionnement: il en tire des satisfactions, une estime et une reconnaissance de lui-même ainsi que celles des autres. Cet accomplissement de soi se forge, se travaille, s'entretient, mais puise aussi très probablement ses racines dans un « déterminisme » éducationnel, qui repose sur des valeurs, des fondements et quelquefois sur un militantisme. L'éthique personnelle ne s'improvise pas dans un comportement artificiel ou plaqué pour « faire comme ».

Il semble que la personne qui a une éthique porte en elle quelque chose de l'ordre de l'exigence à laquelle elle se plie volontiers et qu'elle porte également en elle de façon inconsciente. C'est même parfois une philosophie d'action et de vie. Loin d'être victime de valeurs inappropriées, elle s'exerce au contraire dans le domaine du choix des actions, dans des contextes hostiles ou gratifiants. Un engagement fort dans l'action lui permet de tricoter un positionnement personnel qui la fait tenir debout sereinement. Pourquoi? Parce que les principes auxquels elle se réfère ne sont pas advenus soudainement.

Cette personne a très probablement parcouru un cheminement de vie personnelle relatif à l'analyse ou à la thérapie et lié à son choix éducationnel et professionnel. Cette personne a trouvé un sens à son histoire, qu'elle pensait jusque-là conduite par le hasard. Elle a participé à la création de sa propre pratique pour avancer dans sa propre histoire: c'est sa façon d'être au monde. Guy de Villers[1] signale que: « *La visée éthique est d'abord une foi en ce pouvoir être soi-même, comme sujet de son acte* [...], *visée qui habite la relation entre le sujet, l'autre et l'institution.* » Dans leur pratique professionnelle, ces personnes se révèlent intègres, à la recherche de ce qu'elles considèrent comme une adéquation, voire une cohérence entre leur personnalité, leur professionnalité et leur devenir. Forte de cette identité, celle-ci aura des incidences sur leur manière de s'engager et d'agir, d'entrer en relation et d'interagir mais, en tout premier lieu, sur elles-mêmes, en tant que sujet. Elles ne sont pas intimidables facilement.

B. L'éthique professionnelle

Voici définie l'éthique d'un point de vue personnel pour le sujet, personne singulière.

L'éthique vue par les institutions, quant à elle, s'écrit au pluriel tant sa dimension revêt un caractère multiple.

À l'observation attentive de nos lieux de travail, de visite ou autre, nous découvrons une pléthore de chartes éthiques. À défaut de faire sourire, ce

1. Guy de Villers, professeur à l'université catholique de Louvain, « Éthique des pratiques de formation », *Éducation permanente*, n° 121, 1994..

constat est troublant: un véritable manquement au citoyen oblige que «quelque chose» s'inscrive donc en creux, qui signe que les droits parfois très élémentaires sont bafoués. Faut-il rappeler certains principes fondateurs pour qu'ils ne soient pas oubliés? Détournés?... Accommodés à la mode, à la mode de chacun? Et que les institutions continuent à fonctionner dans la République française sans souffrir des passe-droits, des exceptions...

Sont mises en place plusieurs chartes éthiques:

- à l'hôpital, celle du malade;
- dans les aéroports, celle du voyageur;
- dans les associations de consommateurs, ce sont les droits du consommateur;
- dans les hôtels, les contrats confiance «résolution de problèmes en 15 minutes»;
- le CNRS a constitué un comité éthique de la science...

Cela trahit bien des décalages, des prises de conscience à un autre niveau, des craintes et des essais de conformité pour ne pas laisser prise à la désinvolture, une liberté galvaudée, et maintenir une crédibilité à l'égard du client. «*Certains cabinets de conseil énoncent avec vigueur leurs principes d'intervention. Ils en font un argument de vente. Mais c'est aussi un moyen d'assurer la cohésion interne et de se convaincre qu'ils ne sont pas essentiellement que mercantile*»[1]. Y aurait-il à ce point des imposteurs? Une désagrégation de la conscience professionnelle, des règles laxistes? Des adaptations loufoques? Une liberté à surveiller? Un mouvement d'éthiques qui cache la misère?

C. Les éthiques d'entreprises

Le prisme des entreprises est un peu différent, mais tout aussi surprenant.

Dans le premier cas, nous dirons que certaines entreprises agissent pour que la vie dans l'entreprise soit cordiale et que la loi archaïque du plus fort n'existe pas. Il existe un effort pour assainir un climat qui pourrait se détériorer.

L'entreprise introduit des codes de bonnes conduites, chartes éthiques, nommés outre-Atlantique «*business principles*». L'objectif est d'édicter les valeurs fondamentales de l'entreprise, déclinées en principes comportementaux. Les dirigeantes ont pour perspective de donner un cadre de référence aux salariés ainsi qu'à diverses parties prenantes de l'entreprise[2]. C'est

1. Bercovitz Alain, psychosociologue et formateur conseil à l'IFACE, «Pour quoi? Pour qui?», *Éducation permanente*, n° 121, 1994.
2. Céline Lacourcelle, *Entreprise et carrières*, n° 796, février 2006.

le management par les valeurs. C'est responsabiliser leurs salariés sur leurs comportements au sein de l'entreprise. C'est aussi une façon de canaliser certaines prises de liberté malvenues. En effet, il semblerait qu'une « petite délinquance » des salariés existe et agisse. Cela se traduit par des vols de stylos, lampes, fournitures en tout genre... pour « se payer sur l'entreprise » d'un vécu d'injustices. Ces entreprises veulent réhabiliter des valeurs génériques: professionnalisme, transparence, qualité, loyauté. Cette description théorique laisse à penser qu'il n'y a pas d'ambiguïté dans les comportements et que les objectifs sont transparents. Chacun peut à tout moment se référer à la charte éthique et savoir s'il dépasse les bornes ou pas, s'il vit un cas d'injustice par rapport à un collègue ou non.

Dans notre deuxième cas, nous relevons des chartes éthiques adaptées aux besoins de l'entreprise. À première vue, cela semble identique. Cependant, les contenus sont de l'ordre de la contrainte, d'une conformité attendue à tout prix pour les salariés. C'est une recherche incessante de contrôle et de minimisation des risques pour assurer une rationalisation générale, y compris dans les échanges interrelationnels. Chaque comportement possède son code de conduite, qui sert de cadre de référence des comportements attendus au sein même de l'entreprise. Cela concerne bien sûr des principes éthiques irréfutables tels que le respect, la relation clients fournisseurs, la santé, la sécurité..., mais aussi des principes plus discutables telle la dénonciation d'un collaborateur qui n'a pas l'attitude *ad hoc*. Sur un autre registre, on peut citer l'interdiction de porter la barbe... Bien évidemment, il ne s'agit pas d'encourager les pratiques frauduleuses, mais ce type de charte pose un problème parce que l'éthique se pervertit et devient inquisitrice sur des points jusque-là respectés, telles la maladie, l'orientation sexuelle. Les libertés individuelles sont rudoyées, voire sanctionnées. Cette pratique d'alerte importée des États-Unis par la loi Sarbanes-Oxley [1] est arrivée en France. Elle fait réagir, invite au débat et aux recherches de dialogues dans le respect des différentes parties prenantes.

Nous ne nous y retrouvons pas d'un point de vue éthique. D'ailleurs, cela ne relève pas de l'éthique, mais du dirigisme arbitraire. En tous les cas, une éthique suspecte.

---

1. Face au relâchement dans l'éthique des classes dirigeantes et suite aux affaires Enron (2001), Andersen (2002) et WorldCom, la loi Sarbanes-Oxley (ou SOX) a été adoptée en 2002 dans la foulée du scandale. Elle impose à toutes les entreprises cotées aux États-Unis de présenter à la Commission américaine des opérations de bourse (SEC) des comptes certifiés personnellement par leur dirigeant. Cette loi concerne aussi les 1 300 groupes européens ayant des intérêts aux États-Unis.

D. Le management éthique

Et puis le troisième cas, c'est le management éthique[1]... « I have a dream... »[2] pourrait-on dire, tant la réalité de l'entreprise est complexe, voire difficile économiquement et humainement. « *Les entreprises et leurs gestionnaires sont aux prises avec des questions, des problèmes, qui dépassent les limites techniques, les dimensions les plus pratiques. Je pense ici aux questions de valeurs éthiques et de justice sociale... aussi aux rôles des gens d'affaires dans la société.*[3] »

Comment arriver à un consensus qui permettrait une coexistence entre les exigences économiques et une dynamique humaine ? Associer éthique et management répond à un besoin de sens au travail. Thierry Pauchant le souligne : « *Vivre une vie plus intégrée au travail en utilisant ses valeurs et ses inspirations les plus profondes... Comment concilier richesse économique et richesse éthique ?*[4] »

Ainsi, l'éthique pour elle-même fait partie du règne de l'absurde. Un genre d'éthique est utilisé pour étayer un légalisme et un dogmatisme suspects et une autre, récupérée à des fins de manipulation des personnes employées. Mais nous avons vu également que l'éthique répond à un besoin de sens, d'intégration et d'enracinement.

Cela nous pousse à penser que la rationalisation économique a facilité progressivement l'euthanasie du lien social et a montré la nécessité de l'échange humain, facteur de motivation pour aller au travail, partager ses savoir-faire, produire avec les autres et pour l'entreprise un projet. Cela témoigne de la nécessité pour les hommes de compter sur leurs enracinements : ils sont capables de se rassembler sous la bannière d'un réseau de relations sociales. « *Celles-ci vont se référer à des valeurs éthiques de base sans lesquelles aucune vie sociale durable ne serait possible.*[5] »

Il faut aussi être réaliste, au risque, sinon, d'être aussi absurde que ceux qui veulent avilir les hommes au nom de l'éthique. Cette dernière n'est pas un remède aux managements : « *L'éthique n'est pas capable*, nous dit encore Roger Berthouzoz, *d'engendrer une décision concrète dans le domaine économique.* » Ce n'est pas son rôle non plus.

---

1. Pauchant Thierry, *Le management éthique et spirituel*, Fides, presses HEC, 2000.
2. « *I have a dream* », titre d'un discours de Martin Luther King, le 28 août 1963.
3. Toulouse Jean-Marie, directeur HEC Montréal, 2000, in Pauchant Thierry, « Le management éthique et spirituel », *Fides*, Presses HEC, 2000.
4. Pauchant Thierry, *op. cit.*
5. Berthouzoz Roger, « Efficacité économique, base éthique et valeurs spirituelles dans le management d'entreprise » in Pauchant Thierry, *Le management éthique et spirituel*, Fides, presses HEC, 2000.

Niklas Luhman, sociologue allemand, s'appuie sur le modèle systémique pour souligner que les problèmes posés et les échecs rencontrés ne peuvent trouver une solution que dans le système fonctionnel qui les a engendrés.

S'il est possible de réhabiliter la force de contribution de tous les acteurs, peut-être pourrons-nous réchapper à la cavalcade de la course au profit sans horizon. Sans perdre de vue la finalité de l'entreprise, les dirigeants, de plus en plus conscients de ces phénomènes, détermineront sans doute une base éthique pour une activité économique conciliable avec la vie des hommes. Nous ne pourrons pas longtemps tenir dans des tensions, des pressions, des chantages personnels, des ambiances désastreuses, ne serait-ce qu'au nom de notre santé.

Très succinctement, les instruments facilitateurs commentés par Roger Berthouzoz[1] sont de trois ordres :

- **Les chartes d'éthique économique** – Engagement moral de référence, responsabilités communes dans l'activité économique, buts à atteindre, dans un esprit général de partenariat.
- **Les codes d'éthique des entreprises** – Ils établissent, au-delà de la déontologie professionnelle étroitement liée à la législation étatique, des normes d'application, des principes majeurs et des normes d'adaptation aux défis particuliers qui se présentent.
- **Les outils de management** – Élaboration d'outils qui mettent en œuvre des démarches et des procédures visant à concrétiser cette intégration des principes éthiques et spirituels dans tous les aspects de l'activité managériale et, plus généralement, du travail.

E. Éthique et coaching

Être au service du client tout en associant coaching et éthique, est-ce une gageure ? Un code éthique offre un mécanisme permettant de clarifier ce à quoi les gens peuvent s'attendre, et sert d'assise et de repère pour l'examen de la situation critique. Mais nous parlerons davantage dans ce cas de déontologie. Les notions sont parfois confondues tant elles se jouxtent. La déontologie est un concept plus large et plus pragmatique autour duquel se rassemble un nombre de praticiens exerçant la même pratique. L'éthique,

1. A été élu professeur ordinaire à la faculté de théologie de l'université de Fribourg en 1993, titulaire de la chaire d'Éthique et de Théologie morale spéciale. Fondateur et directeur du Centre international de documentation et de recherche en éthique sociale chrétienne (CIDRESOC). Membre du comité de rédaction de la *Revue d'éthique et de théologie morale* (Paris).

ainsi que définie auparavant, nous semble plus personnelle. Nous retenons que le coach ne peut pas passer à côté de ce travail personnel, c'est-à-dire cette interrogation faite à lui-même pour définir sa propre pratique. Cette dernière le confronte, en permanence et par sa nature, à la confiance du client, à des éléments très personnels, mais aussi à ses propres limites «psychologiques» personnelles ainsi qu'à sa compétence. L'engagement auprès de son client ne supporte aucune faille, que ce soit sur le plan de la confidentialité ou pour défendre et «protéger» ce dernier.

Les fuites de confidentialité lors de rencontres en société surgissent toujours pour régler quelque chose qui est de l'ordre du personnel chez le coach. Se faire valoir, la reconnaissance, la jalousie... Piètre pouvoir pour le coach, aussi connu soit-il.

Deux Québécois, Jim Selman et Rick Fullerton[1], proposent quelques pistes de fonctionnement éthique pour les coaches.

Un coach est clair concernant les limites de ses compétences:

- La compétence se définit comme la capacité à faire des promesses et à les tenir.
- Un coach doit en savoir assez sur ce que font ses clients pour les écouter efficacement.
- Les interventions du coach doivent être centrées sur les engagements du coaché et sur ses demandes de coaching.
- Un coach doit être conscient de ses propres limites, sinon il perd la distinction entre expertise et opinion.
- Pour prendre conscience de ses propres limites et les gérer, le coach doit avoir lui-même un coach.

Un coach fait preuve de professionnalisme en tout temps et clarifie la nature de la démarche:

- Le professionnel, dans quelque domaine que ce soit, signe son expertise en disant très clairement à ses clients ce qu'il offre et ce qu'il n'offre pas.
- Le coach et le coaché doivent toujours signifier clairement leurs attentes respectives, parce que le coaching est une relation dynamique. Ni le coach ni le coaché ne peuvent prévoir ou proscrire ce que sera cette relation.
- La relation évoluera au fil du temps et, dans la plupart des cas, forcera le coach à faire preuve de créativité.

1. Exemples tirés de l'article «Coaching et éthique», de Jim Selman et Rick Fullerton, membres de Connexion Coaching, gouvernement du Canada.

Le coach est conscient de la valeur de son travail et veille à être à la hauteur des honoraires établis:

- Les personnes coachées donnent au coach la permission de les observer et d'intervenir dans leur vie, dans leur façon d'être au travail, dans leur milieu. C'est remarquable.
- Il est aisé, dans ce genre de relation, de trahir ou d'abuser de la confiance du coaché. Tous les abus sont inacceptables.
- Pour préserver cette relation particulière, le coach avec son client doit établir le montant exact des honoraires et résister à toute tentation de profiter des circonstances dépassant les conditions précédemment fixées.
- Le coach doit se souvenir que le résultat appartient toujours au coaché; le coach doit toujours avoir été rémunéré.
- Le coach se refuse de se servir du coaching pour conforter sa place et décrocher des contrats plus lucratifs dans l'organisation du client.

Pour évaluer les résultats obtenus, le coach applique des critères clairs et réalistes:

- La seule façon d'évaluer les résultats du coaching est d'examiner les actions et les résultats du coaché.
- Les déclarations du coaché sont les seuls critères pertinents.

Un coach professionnel est membre d'un groupe:

- Une profession est un groupe de personnes qui tire son identité, ses pratiques et, jusqu'à un certain point, son pouvoir du groupe lui-même.
- Le groupe contribue à la discipline et constitue une source de réflexion et d'inspiration.

Pour le coaché, un coach représente une possibilité d'évolution:

- Le coach travaille toujours avec deux personnes: l'une possède expérience, talent et savoir et l'autre représente la possibilité. Le coach s'intéresse à la projection qui est faite sur les potentialités.
- Le coach devrait se retirer quand il ne peut plus distinguer la possibilité entrevue chez le coaché ou en être responsable C'est important car le coach est souvent le seul à voir cette possibilité.

Un coach est responsable:

- Être responsable signifie savoir maîtriser ses émotions, ses pensées, ses actes, voire s'approprier ce qui lui arrive. Cette notion de responsabilité permet d'appréhender différemment les circonstances dans lesquelles on se trouve…

- Le comportement éthique d'un coach doit être guidé par ses jugements portés à un moment ou un autre dans le contexte de la responsabilité qui lui revient.
- Le coach assume ses responsabilités, sinon il perd la relation privilégiée qu'il entretient avec le coaché et le contexte dans lequel ils évoluent.

Un coach établit une distinction claire entre le coaching et d'autres types de relations d'aide:

- Le coach a la responsabilité éthique de clarifier la distinction entre le coaching et d'autres spécialités. Il doit notamment maîtriser les fondements théoriques et pratiques du coaching.

Un coach est lié aux engagements du coaché:

- Le coach donne suite à son engagement avec le coaché.
- Le coach suit son coaché et le soutient quand il vacille.
- Le coach laisse toujours le choix à son coaché et manifeste de l'empathie devant la difficulté à se réinventer en fonction d'un nouvel engagement.

SÉQUENCE PERSONNELLE

- Qu'est-ce que le sens éthique pour moi? En ai-je une définition?
- Est-ce que l'éthique occupe une place importante dans ma vie personnelle et professionnelle?
- À quoi est-ce que je mesure que j'ai de l'éthique? Ai-je un exemple à l'esprit?
- Quels sont les critères que j'y mettrais pour tenir ma position de coach?
- Quelles différences existe-t-il pour moi entre éthique et déontologie?
- En quoi mon éthique peut-elle être utile dans ma pratique?

IV. IDENTITÉ PERSONNELLE ET PROFESSIONNELLE DU COACH

A. Le cadre de référence

Que signifie l'identité personnelle et professionnelle du coach? Nous avons employé volontairement le «et» pour assortir les deux éléments d'une liaison indissociable. En situation de posture professionnelle, le coach ne s'épanche pas sur sa vie personnelle, aussi intéressante soit-elle. Il ne peut cependant en faire abstraction. Dans le cas contraire, le coach serait clivé et non humain.

Les théories de la communication[1] démontrent cette composition personnelle plurielle endossée d'une façon tout à fait « innocente» et naturelle. Cela se retrouve dans le langage lorsque quelqu'un dit: «*C'est ma personnalité, c'est mon identité. Je suis comme ça!*»

Nous constatons combien il est difficile, lors de formations, d'admettre cette constitution composite, ainsi que les impacts qu'elle génère à l'occasion d'une rencontre avec une autre personne, apprenant ou simplement ami, voire conjoint, chacun ayant également sa propre constitution. Le schéma complet de la communication permet de visualiser l'émetteur qui compose et envoie son message à l'autre protagoniste – ou récepteur – qui le reçoit *via* le filtre de ses propres composantes. La réponse – ou feedback – n'est pas toujours en adéquation immédiate avec la réponse attendue par l'émetteur. C'est ainsi que l'on constate des distorsions dans la compréhension réciproque des messages envoyés et reçus...

Cadre de référence de communication

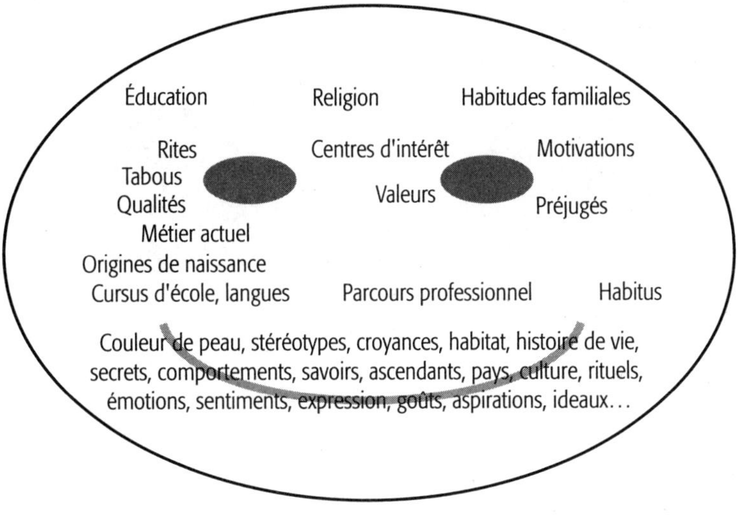

Il est illusoire de vouloir séparer la dimension des connaissances et du savoir de l'activité au sens large de la dimension personnelle. En situation de communication, les informations transmises ne sont jamais neutres: ce sont au contraire des échanges d'influences entre des personnalités

1. La «communication» a été théorisée dans les années 45-50, en même temps que la théorie de l'information. Les recherches se porteront sur la cybernétique. Ce sont les relations qui définissent les éléments. C'est l'École de Palo Alto, à la suite des travaux de Gregory Bateson, qui fait entrer la communication dans les sciences humaines.

contrastées. Nous distinguons le message, son mode de transmission et la manière dont il est perçu par le récepteur.

Tout acte de communication comportant intrinsèquement une «pression» sur l'autre, le coach ne doit ni sous-estimer cette tension entre les interlocuteurs, ni s'en sentir effrayé. Le travail peut s'élaborer grâce à cette tension, à la condition expresse que le coach se soit confronté à ses propres limites névrotiques par un travail personnel effectif et sérieux. Cela évitera au coach de tomber dans les pièges de la résistance que ne manquera pas d'utiliser, à son insu, le coaché qui «l'observe». Chacun porte en effet en lui le désir ou le fantasme de détenir la «vérité» sur ce qu'il entend de l'autre et de faire son feed-back comme un bel objet fini… une certitude! Mais aussi comme un «enfer-me-ment».

Filtres personnels

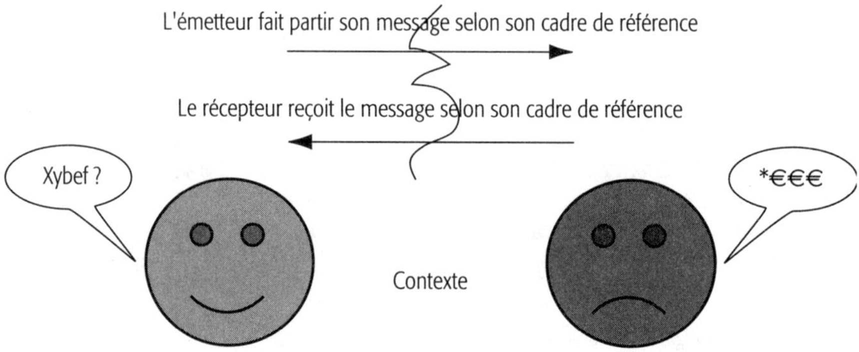

B. Les vies multiples

Pour Edgard Morin[1] : «*D'une certaine façon, nos parents et nos ascendants sont en nous; leurs marques, étroitement associées dans notre génome, ressuscitent sans cesse leur présence en nous. Nous portons de façon indistincte cette multiplicité d'êtres qui survivent ainsi au-delà de la mort. Et de plus, inconsciemment, mille modulations de voix, façons de se comporter, habitudes mentales se sont inscrites en nous par mimétismes à l'égard de nos parents immédiats. Nos ascendants sont inclus dans notre identité.*»

Il témoigne de la complexité de l'être humain, ainsi que des questionnements du coach suscités par la rencontre de l'autre, le coaché (le client).

Quand le coach est dans sa position, nous pouvons probablement affirmer que la rencontre a lieu car il n'a pas peur de la parole qui lui sera adressée.

1. Morin Edgar, *op. cit.*

Bien que cette rencontre ait un caractère professionnel, il s'agit également d'une rencontre de deux subjectivités. Selon Morin[1] : « *Même après qu'il y ait eu communication entre les deux chambres, celle de la vie personnelle et celle de la vie sociale, il demeurera une dualité mentale entre l'individu privé et le citoyen… À cette multiplicité des personnalités s'ajoute, dans notre civilisation, la multiplicité des rôles sociaux.* »

Cette approche met en relief des éléments souvent négligés pour de multiples raisons et souligne à quel point il est facile d'attribuer à autrui ses propres connaissances, sans que cela soit pour autant justifié. Nous avons bien souvent tendance à croire d'une façon erronée que les autres pensent et agissent comme nous. Or, « nos vies multiples » vont jouer sur notre façon d'être et d'agir. Dans le coaching, beaucoup de dirigeants ne comprennent pas pourquoi leur équipe met si longtemps à les suivre…! Cela n'est pas difficile « ils n'ont qu'à suivre la procédure » dit un manager, sans inclure la complexité humaine d'entendement et de personnalité. En tenir compte va jouer dans son système de communication et d'explicitation de ses attentes. Il utilise différentes manières d'être clair et précis. Le coach qui intervient doit s'occuper à la fois de sa propre gestion personnelle et de son intervention professionnelle. Il doit maîtriser sa technique d'intervention, en connaître les fondements et la méthode. Il doit bien être conscient que son intervention vise une problématique professionnelle qui articule des éléments personnels et professionnels. Pour Laura Divine[2] : « *Il existe une corrélation indéniable entre la façon dont le coach travaille avec le client et les possibilités qui se présentent à ce dernier. Cette corrélation a donc une incidence sur la nature et l'étendue des compétences que le client sera à même d'acquérir grâce au coaching.* »

C. La résonance de l'implication

Le coach est impliqué dans la relation, il ne peut s'esquiver dans un autre rôle. En situation professionnelle, le coach, s'il veut « tenir la route », doit en tant que sujet désirant faire un point régulier sur ce que cette relation provoque en lui. Les paroles qui lui sont adressées ne sont pas neutres, elles peuvent être tout à la fois séductrices, corrosives, interrogatrices… Le coach doit donc analyser les mouvements internes de sa relation : la résonance, c'est-à-dire les émotions surgissantes, les affects parfois débordants, les projections simplistes, les identifications travesties, mais aussi les effets de jouissance.

Cela implique que le coach doit toujours se réserver un temps de supervision personnelle ou en groupe pour ne pas dévier dans ses propres

1. Morin Edgar, *op. cit.*
2. Laura Divine, *op. cit.*

«malaises» psychiques ou les imposer à l'autre. Ce comportement éthique évite également les égarements vers des productions sectaires au sein desquelles les gourous prétendent posséder «La Vérité» dans un langage démagogique. Lors des conférences, ce questionnement relatif aux «gourous» revient souvent dans les préoccupations. Devant le succès de leurs pratiques, certains professionnels du coaching exerçant depuis plusieurs années ont eu tendance à croire qu'ils «dépassaient les autres». Fruit de leur «moi grandiose», ils se sont laissé captiver par l'illusion et ont fait l'économie des questions qui dérangent. De succès en succès, ils sont devenus des gourous qui se laissent applaudir lors de leur arrivée dans un groupe.

Nous avons affaire à un phénomène «gourou». Non que ces personnes soient devenues mauvaises, mais elles ont perdu leur regard critique envers elles-mêmes, écoutant le doux chant des sirènes, investies d'un pouvoir et d'un savoir fantasmatique par le groupe. Du reste, tout professionnel peut facilement succomber, tant les fragilités humaines sont mises à l'épreuve de la vie quotidienne, tant les besoins de reconnaissance sont aigus.

Par ailleurs, on ne peut éviter d'aborder les questions qui amènent une personne à vouloir devenir coach et à s'investir dans une pratique professionnelle de coach.

À RETENIR

La position du coach sert de structure (cadre, temporalité, contrat, choix des interventions, créativité). L'action à mener dépend de la propre responsabilité du coach et non du produit ou de la structure qui l'emploie. Le coach est dépouillé, il est lui-même l'outil, ce qui implique une constance permanente. Se tenir là. Y être et y être tout le temps de la séance de coaching. Habiter son corps par l'intensité de sa présence.

La demande de coaching est fondée sur une demande de changement ou encore sur l'amélioration des performances. Le changement que vise l'organisation peut concerner le manager/dirigeant, l'organisation elle-même ou les deux au moyen de techniques différentes.

Dans l'approche proposée, la conduite professionnelle va cerner la demande explicite du client en évaluant également le profil implicite de la demande. Rien ne sert d'être pressé de signer un contrat car une demande s'écoute et s'estime: elle concerne surtout des difficultés professionnelles que le dirigeant n'arrive pas à résoudre.

Si l'on n'atomise pas le coaching en maintes parties ni ne le confondons avec le conseil, le coaching de conduite de réunion, de situation, de médiation, de parler en public, etc., le coaching est assez simple à cerner à savoir qu'il s'intéresse à la façon de travailler au XXIe siècle et devient un mode de formation adapté aux problématiques professionnelles actuelles.

Pour être reconnu comme coach, la certification professionnelle est recommandée. Elle ne valide cependant que partiellement cette «reconnaissance». Actuellement, les coaches ont des profils variés: anciens conseillers financiers, ingénieurs consultants d'entreprises, psychosociologues, psychologues...

Cependant, on ne s'improvise pas coach, il faut des compétences et des habiletés particulières. Le savoir théorique s'acquiert en cours. On devient coach quand les clients sont là. Le savoir du coach se construit dans la supervision. Ce sont les clients qui permettent au coach d'occuper sa position. C'est grâce aux coachés que l'on devient coach.

L'enseignement est très riche car il nous met face à une scène où les deux acteurs ne connaissent pas le texte. C'est-à-dire que le niveau de développement du coach et sa formation volent en éclat face à l'épreuve de la réalité: la rencontre de son client. Le client, cet inconnu, est une rencontre pour le coach qui va devoir «s'oublier» pour permettre au coaché de se repérer comme sujet.

Être coach en assumant sa professionnalité, c'est savoir affirmer des savoir-faire, des techniques, mais aussi se repérer dans ses valeurs, ses motivations et son désir tout en sachant définir son mode personnel d'intervention. C'est-à-dire être capable de se détacher de son «modèle» de formateur que son propre formateur a été pour lui, pour s'approprier sa propre façon de faire. C'est s'éloigner d'un placage qui donne des résultats, mais qui peut ne pas tout à fait correspondre parce que le coach n'est pas l'autre, celui qui l'a formé. Si le coach sait instaurer ces repères, la relation de confiance sera validée lors du rendez-vous avec le client, parfois naïf, mais qui a de toute façon l'habitude d'évaluer et qui sait reconnaître le bon grain de l'ivraie. Il «saura» s'il peut compter sur une possibilité de perspective.

La qualité de la relation, l'acceptation inconditionnelle des propos du client (qui sont incontestables), le renoncement à ses propres idées constituent pour le coach une base indispensable du fonctionnement de la relation. Le comportement du coach sera aussi important que l'utilisation de sa technique. L'objectif est que la relation tenue par le coach permette au coaché l'accessibilité à l'interactivité des composantes de sa complexité personnelle et professionnelle.

Les travaux de Carl Rogers, il y a plus de trente ans, ont beaucoup porté sur la relation et ses spécificités. Rogers souhaite «*parvenir à ce que cette relation soit libératrice de la personne profonde du client, que celui-ci ne rencontre plus d'obstacle pour exprimer spontanément son être réel... »*[1]. Selon lui, ce comportement, pour être libérateur, doit présenter quatre caractéristiques. Nous nous permettons de les introduire dans nos lignes et de les adapter car elles correspondent bien au comportement que doit dégager le coach pour tenir la relation et pour qu'elle soit porteuse de sens. Ainsi, nous retenons :

1. **La congruence** – En effet, le coach doit présenter une certaine unité personnelle pour s'adapter aux différents contextes et personnalités de clients.
2. **L'authenticité** – Le coach ne peut, dans la relation, échapper à lui-même ; il ne peut jouer un rôle factice au risque de se mettre en difficultés personnelles et professionnelles. Le travail sur soi l'aide à gagner cette authenticité.
3. **L'acceptation inconditionnelle de l'attitude du coaché** – Nous nous référons ici à une certaine neutralité de la réaction afin de préserver l'expression libre.
4. **L'empathie** – Cette attitude est importante pour se rapprocher « émotionnellement » de ce qui se passe sans pour autant y adhérer de façon fusionnelle. En effet, le coach est toujours dans une position « méta » pour rester à sa place et tenir la position.

Le coach, ainsi, dépeint joue non pas le rôle d'un maître tout puissant capable d'apporter sur le champ une solution à chaque problème, mais institué par l'entreprise et la position qu'il tient, il se met dans la posture de celui qui refuse énergiquement le « tout, tout de suite ». Par cette attitude, il renvoie chacun à la résolution de ses zones d'ombre et à l'acceptation de ses différences.

SÉQUENCE PERSONNELLE

- Comment est-ce que je me présente ? En me présentant, quel message est-ce que je souhaite faire passer ? Qu'est-ce que je souhaite que l'on retienne ?
- Dans mon histoire, de quoi ai-je le moins de facilité à parler ? « Ces choses » sont-elles susceptibles de déclencher des émotions si mon client se rapproche à son insu de mon histoire ?

1. Hannoun Hubert, *Comprendre l'éducation, introduction à la philosophie de l'éducation*, Nathan, 1990.

- **Quels sont les éléments marquants de ma vie qui ont influencé ma pratique professionnelle?**
- **Quelles sont les choses contre lesquelles je lutte encore dans ma vie?**
- **De quoi ai-je été vraiment empreint?**
- **Ai-je des valeurs? Lesquelles?**
- **De quoi ai-je le plus peur dans ma vie?**
- **Est-ce que je me laisse facilement intimider?**

V. LE MOUVEMENT DU DÉSIR[1]

A. Vous avez dit désir?

Mon questionnement part d'un constat très personnel: celui de la constance de mon engagement depuis quinze ans à propos du coaching, de ma motivation intellectuelle ainsi que de la surprise à «assister» là, devant mes yeux, à la résolution de problèmes dans la dynamique de l'entretien de coaching. C'est dans «l'épreuve» de la réalité que l'on devient coach, que nos clients font de nous des coaches. Cela entraîne une réflexion clinique et méthodologique incontournable qui suit les éléments précédents et qui est de l'ordre du désir du coach. Ce mouvement du désir se retrouve dans tout le discours, mais se dérobe à la réflexion, entraînant un non-sens au travail de coaching. Il est nécessaire de prendre le risque d'analyser son désir.

«Travailler» sur le désir, Son Désir, c'est travailler sur l'ensemble des composantes du parcours personnel, de l'histoire de vie et de la trajectoire professionnelle, sur sa propre consistance, sa présence au monde. Comment prétendre être coach si ce travail n'est pas abordé?

Plusieurs auteurs ont mis en avant, dans la littérature et la philosophie, des recherches approfondies sur le désir. Qu'est-ce que le désir?

La question pourrait être incongrue si l'on savait y répondre sans détour. Mais force est de constater que l'embarras est là. Il court, il court le désir… On le suit, on se laisse saisir et relâcher. Où est-il? Comment l'appréhender? Y aurait-il un autre côté au miroir du désir pour le définir?

Dans la littérature, le désir est lié à l'amour, à la passion dévorante, débordante, déraisonnable parfois. Platon, dans la scène du banquet, met en garde: «*Lorsqu'il s'agit du désir, nul n'est tenu à l'argumentation morose*». Socrate demande ailleurs: «*Ce que sont le beau, le juste et le bon, c'est tou-*

1. Nous simplifions la théorie car ces propos relèvent de la psychanalyse et revêtent des sens complexes pour les non-avertis.

jours la nature du désirable qu'il interroge» ou encore Aristote, débutant son ouvrage, *La métaphysique*, par ces mots: «*Tous les hommes ont par nature le désir de connaître*», désirs à figures multiples, contraints ou encouragés... La difficulté est évidente et ne nécessite pas de longs détours spéculatifs: le désir, nous ne savons pas par quel bout le saisir et cela non seulement parce qu'il revêt des formes diverses, comme l'amour, la soif, la volupté, la cupidité, la curiosité, le souhait, etc. «*Bête multiforme et polycéphale*», disait Platon dans *La République*[1].

En psychanalyse, les travaux sur le désir ont été exploités par Lacan[2] qui a largement souligné le rôle créateur du désir. La sociologie et la psychologie se sont senties concernées par le désir.

Le terme «mouvement» a été utilisé pour rendre compte d'une part de la tonalité, de l'intensité à laquelle on ne peut être sourd, à ce phénomène persistant de flux et de reflux, de mobilité au travers de notre engagement.

Il est vrai que ce sujet est difficile à aborder en formation, mais plus encore dans une implication personnelle. Comment capter le désir pour en décrire la «physiologie»? Comment le traquer? Comment le traduire en sentiments, en affectivité, en complétude, en pulsions? «*J'ai appris que mon désir, l'exigence informulée qui me tourmentait, n'était pas orienté vers les plaisirs que procure l'argent, même si je souffrais parfois d'en manquer. Je voulais autre chose. Mais quoi? Savoir ce que l'on veut, ce que l'on veut vraiment avec ses forces inconscientes, c'est tout le problème. Je dirais même: c'est le seul.*[3]»

Le désir se distingue de l'envie, du besoin (nécessairement relié au biologique). Le mot «désir» sera, sous notre plume, sous-tendu à des références liées à la psychologie, à la psychanalyse et à la sociologie. Freud l'entendait au sens de «*désir inconscient*»[4]. Et l'inconscient freudien peut lui-même être défini comme inconscient du désir. Freud laisse entendre que le désir ne se donne que travesti, déformé, volé. L'inconscient est le seul lieu des désirs refoulés, ce qui ne veut pas dire que tous les désirs sont refoulés.

B. Le désir convoqué

Le désir aurait-il quelque chose de spécifique dans le cadre du coaching? Le désir a-t-il un rapport avec l'autorisation que l'on se donne d'exercer

1. Rabouin David, *Le désir*, Flammarion, corpus GF, Paris, 1997.
2. Lacan Jacques (1901-1981), psychiatre et psychanalyste, modifia des règles techniques de la cure. Fondateur de la Société française de psychanalyse, l'École freudienne de psychanalyse, son œuvre est marquée par une profonde relecture de Freud.
3. Giroud Françoise, *Leçons particulières*, Fayard, Paris, 1990.
4. Pour Freud, le désir est issu de la pulsion sexuelle, de l'éros.

en tant que coach? La question est de comprendre le rôle du désir et la «vocation professionnelle». Malgré leurs certifications, certaines personnes choisissent de ne pas exercer. On peut supposer que quelque chose dans la formation n'a pas résonné de façon cohérente avec elle-même pour continuer dans la dynamique du projet afin d'être coach. Le désir se serait-il dérobé, délité?

Il est important de noter que le désir, dans l'exercice professionnel, est sublimé. Il s'agit d'une énergie sexuelle désexualisée, c'est-à-dire sublimée.

Le coach qui exerce cette responsabilité prend une place et occupe une position où il n'exerce qu'animé par la dimension du désir; comment sinon arriverait-il à pénétrer la complexité de la rencontre d'abord, et ensuite à accompagner la relation avec le client?

Ainsi, lorsque la pulsion sexuelle se manifeste, le désir s'exprime dans l'investissement de l'objet. Ici, l'objet du désir, c'est le coaching, puis l'exercice de ce métier, enfin les coachés.

La relation s'ouvre sur une relation de confiance que le coach aménage par d'autres éléments que l'argumentaire de vente. Il ne s'agit effectivement pas de vente mais de relation. Cependant, la relation est soumise à l'éthique et à la déontologie du coach qui se doit d'être conscient que le désir ne peut souffrir d'une incartade. En effet, si le désir persiste à l'état premier (d'énergie sexuelle), l'exercice professionnel est perverti.

Être capable d'accueillir l'étranger, de rencontrer l'altérité. Se risquer dans cette rencontre qui peut être effrayante. De fait, le coach ne peut pas être un pur technicien maniant les procédures. Sinon, il lui serait impossible d'accueillir l'autre, le client, qu'il va prendre sous sa responsabilité. Bien que cela ne soit ni de la psychanalyse ni de la psychothérapie, il ne peut esquiver ce point nodal de la responsabilité. Seul le coach peut en savoir quelque chose, en liaison avec les éléments de sa personnalité évoqués plus avant.

Sa capacité humaine rejoint son éthique. Cette consistance le fait tenir debout, digne d'occuper sa place. Le coach tient ainsi dans le langage sa position d'homme, capable d'oser dire, capable de se taire, capable de dire non. Position qui peut être mise à mal dans certaines situations, parce que dérangeantes. Le coach peut se retrouver dans une position d'inconfort, mais toujours capable de résister aux tempêtes… Clin d'œil du désir qui, agile tel un acrobate, ne peut cacher ni ses talents ni sa permanence inconsciente. Le désir est moteur et producteur de réalisations.

Cette position d'inconfort va être à chaque fois renouvelée, restimulée, réveillée à chaque client. Car chaque client requestionnera l'acrobate: le désir mouvant inconscient. Cela conduit inévitablement sur les traces du deuil de la toute-puissance. Seul le client coaché détient le pouvoir qu'il a sur lui-même. Il est donc nécessaire de garder à l'esprit que les contradictions ne peuvent pas toutes être résolues, ni toutes les résistances vaincues. Qu'est véritablement un coach à la lumière du désir? Il s'agit d'une personne qui souhaite s'engager dans l'accompagnement de personnes exprimant une demande professionnelle relative à leur fonction et qui en assume les racines inconscientes.

En supposant être satisfait de cette réponse, qu'en est-il de la provenance de ce désir? Sans client, le coach n'est pas un coach. Alors que grâce à l'alchimie de la rencontre, le coaché fait du coach, un coach: Son coach!

C'est sans doute dans ce moment particulier que les désirs se rencontrent. Il s'agit là d'une clinique de l'écoute, de l'observation: le coach doit sa consistance à des «effets de vérité» qu'il provoquera eu égard à sa position. Celui qui occupe LA place est en position pour tenir le transfert, par ce fait même il transmet du désir.

Pour Spinoza, l'essence de l'homme c'est le désir inconscient, qui se joue sur une autre scène, celle du langage et de la rencontre, de l'histoire humaine et de la continuité des générations.

La délimitation du désir se révèle complexe, et ce d'autant plus qu'une réponse ou une esquisse de réponse rationnelle n'est pas définitivement valable. La variabilité s'inscrit dans la mouvance de ce désir qui interroge chacun. Cette force de vie pousse, porte, soutient et propulse vers d'autres horizons. Le désir crée de la vie.

C. La certification du désir?

Cela admis, le coach relativise la formation qu'il a suivie, non qu'elle ne soit pas indispensable mais bien plus parce qu'elle est soumise au désir. Une fois formé, le coach va s'emparer de cette formation pour en faire quelque chose à lui. Il «déformera» en quelque sorte les propos de son maître pour bâtir sa propre pratique.

Il en fera une clinique issue de son désir de coach comme fonction sociale. Il n'y aura pas trahison pour autant, mais progrès, grandissement. Cette transformation sera porteuse de sens.

Les formations sont utiles, certes, mais elles peuvent duper. Elles donnent une bonne connaissance transmissible, souvent sous forme d'empilage de différentes techniques; mais le savoir échappe à la formation car il relève vraiment de l'intime. C'est une fois un travail personnel effectué que le coach, ayant pu prendre de la distance, de la maturité, se sent prêt à la fonction de coach avec les ressources de sa personnalité. Personnalité qui fera de lui un sujet créatif et inventif capable de mobiliser des ressources personnelles et appropriées dans le cadre du coaching.

Il conçoit le coaching où il y a un certain jeu dans la corde pour permettre une échappée vers la créativité et l'autonomie. Le désir n'est pas de l'ordre de l'avoir, mais de l'ordre de l'existence.

SÉQUENCE PERSONNELLE

- Ai-je déjà appréhendé le désir en tant que concept?
- Quelles différences est-ce que je fais entre envie, désir, aimer, choisir, vouloir?
- Est-ce que le désir est réservé à la sphère de la sexualité? Pourquoi?
- Dans l'écoute de mes mouvements internes, est-ce que j'ai déjà senti que ce n'était rien d'autre que le désir qui me «téléguidait»?
- Comment définiriez-vous le désir?
- Pourriez-vous en donner un exemple concret?
- Qu'avez-vous fait de votre désir dans votre projet professionnel? Est-ce que cela a un sens?
- Votre désir a-t-il un lien avec votre histoire de vie?

Chapitre 4

L'ATTITUDE EN DEVENIR DU COACHÉ

I. L'EXPÉRIENCE DU TRANSFERT

A. Les monstres intérieurs

Nous empruntons le terme de transfert au vocabulaire de la psychanalyse. « *Il désigne le processus par lequel les désirs inconscients s'actualisent sur certains objets dans le cadre d'un certain type de relation établi avec eux et éminemment dans le cadre de la relation analytique. Il s'agit là d'une répétition de prototypes infantiles vécus avec un sentiment d'actualité marqué. Le transfert est classiquement reconnu comme terrain où se joue la problématique d'une cure psychanalytique, son installation, ses modalités, son interprétation et sa résolution caractérisant celle-ci.*[1] »

Cette définition signe la complexité en jeu dans la rencontre entre le patient et le psychanalyste, enjeu qui va se nouer et se dénouer au fil de l'analyse.

Lorsque nous parlons de transfert dans la relation du coaching, nous ne faisons que nous servir d'éléments relatifs au concept du transfert psychanalytique. Notre propos n'est pas d'établir une comparaison, d'une part parce que cela n'est pas notre objectif et d'autre part parce que la situation contextuelle et la demande ne sont pas les mêmes en situation d'analyse et en situation de coaching. Cependant, nous ne pouvons éviter d'utiliser le transfert comme un mouvement psychique de perception inconsciente de l'autre. Celui-ci est bien naturel et quasiment lié à toutes les situations de la vie. En s'adressant à une personne dans la rue, en situation de « hasard » donc, pour demander notre chemin, nous ne nous

1. Laplanche J. et J. B. Pontalis, *Vocabulaire de la psychanalyse*, PUF, 7e éd., Paris, 1981.

adressons pas à elle sans qu'une représentation mentale même fugace et le plus souvent inconsciente ne nous ait dirigés vers elle. Ainsi, le transfert démontre que l'impulsion vers l'autre n'est jamais neutre.

Le travail de l'analyste est basé sur cette analyse ainsi que sur celle du contre-transfert.[1] Le travail s'opère autour du refoulement; le transfert permet au «je» d'advenir par l'effet de l'interprétation du désir.

Dans la dynamique du coaching, la levée du refoulement[2] n'a pas de place. Le travail du coaching n'en reste pas moins un travail de relation entre deux personnes, en lien avec la relation transférentielle et non sur la relation transférentielle proprement dite. Si le coach se laissait porter vers une interprétation du transfert, la relation prendrait une dimension explicitement thérapeutique.

C'est en partie pour cette raison que la pratique du coaching peut se révéler dangereuse et pour le coach et pour le client, qui pourrait se voir affublé de projections[3] et d'interprétations qui ne le concernent pas. Il est donc impératif de connaître ses propres «monstres» intérieurs afin d'éviter toute déviance.

Sinon, ces violences, même involontaires, restent des violences psychiques et créent une faille sans réparation possible. Si, en postulant l'inconscient, nous admettons la présence d'un certain transfert, nous pouvons dire que le coaching se construit en s'appuyant sur lui, au sens où le coach va se trouver dans la position de celui qui «reçoit» les projections, les identifications, les représentations du client. Le coach va donc entendre toutes ces représentations… et entendre l'énergie et la dynamique avec lesquelles elles vont être dites. Quand le coaché s'adresse à nous, ses mots s'adressent à nous dans le cadre du transfert. La parole nous est adressée.

«*C'est à ce titre que le coach est mis par le coaché en position de sujet supposé savoir. Savoir quoi? Une technique peut-être mais aussi savoir qui est l'autre, ce qu'il sait, ce qu'il ne sait pas, ce qu'il devrait faire, ce qui va lui arriver. Mais ça c'est le désir du coaché.*[4]» Le coach ouvre un espace de travail, mais pas

1. Dans la cure analytique, on parle de transfert pour désigner le processus par lequel le patient reporte sur son analyste des désirs inconscients. Le contre-transfert désigne les réactions inconscientes de l'analyste au transfert du patient.
2. Le refoulement est un processus dynamique qui repousse de la conscience vers l'inconscient des représentations, des idées, des souvenirs jugés inconciliables. Le refoulé est inaltérable mais peut être modifié au cours de la cure.
3. Dans le sens psychanalytique, opération par laquelle le sujet expulse de soi et localise dans l'autre, des qualités, des sentiments, des désirs qu'il méconnaît ou refuse en lui.
4. Bruner Roland, psychanalyste, membre de l'IPM et membre fondateur de la Société française de coaching, *Le psychanalyste et l'entreprise*, éditions Syros, Paris, 1995.

dans une position de référence, sinon le client coaché croirait qu'il y a quelqu'un qui sait à sa place et qui peut répondre à sa question.

Bien entendu, ce travail en commun nécessite un accord entre les parties. Cela recouvre la demande, point très important dans la conduite du coaching car mal entendue et mal comprise par le coach. Le client peut se retrouver perdu dans sa véritable demande.

À partir de l'offre de coaching, une dynamique singulière s'enclenche, qui va permettre au client, au fil des entretiens, de préciser sa quête, son positionnement, les enjeux d'un conflit au sein duquel il est partie prenante, par exemple. Dans cette vacillation, le coaché s'empare de l'offre de l'espace de travail donnée par le coach. Le coaché mis au travail[1] commence à faire émerger la vraie question qui le préoccupe. «*C'est parce qu'il y a du transfert que le coaché arrive à faire une demande de coaching au praticien. Il n'y a donc dans le coaching ni de relation "neutre" ni de relation "objective"*», dit Roland Bruner, psychanalyste.

Au fur et à mesure des séances, la demande supposée formulée au coach se formalise par ses questions (l'un de ses modes d'intervention). L'état d'esprit du client se modifie au fur et à mesure des séances de coaching.

B. L'accès à soi-même

Cet appui sur le transfert permet au coaché d'avoir accès à lui-même et de mieux se connaître, de se risquer à interroger sa réalité intérieure et de comprendre comment elle s'imbrique dans son propre enjeu professionnel.

Le transfert ne doit pas être analysé comme dans la cure psychanalytique. Dans le coaching, le transfert représente ce sur quoi le client s'appuie à son insu. C'est ce qui le met au travail.

Du côté du coach, cela suppose qu'il doit tenir sa position. C'est finalement accepter le transfert «effrayant» qui s'abat sur lui et qui agit d'une façon plus ou moins consciente, pas toujours tout de suite.

L'inconscient n'obéit à aucune logique. Il n'est pas dans la linéarité qui nous permettrait de l'épingler en typologie rassurante. Il est rusé, malin et se trouve et se retrouve au coin de la phrase, de l'attitude de tout un chacun. Le coach ne doit pas faire l'économie de réfléchir à sa pratique et aux retentissements sur son inconscient de celle-ci. Ainsi, cela suppose que du côté du coach, il doit supporter cet investissement singulier qui le dérange tout en assurant la fiabilité de ce travail.

1. Dans le cadre qui nous concerne, «mettre au travail» consiste en une attitude favorisant la mise en action de processus psychique chez l'autre, une activité qui produit du sens pour lui.

La première difficulté de ce travail tient au fait que le coach ignore au début ce qui va se jouer, malgré les observations qu'il pourra faire. Très souvent, nous constatons que le client tente de « provoquer » le coach pour que celui-ci passe « de l'autre côté » : que le coach parle, donne son avis, soit amené à poser une question au client, en quelque sorte essaye d'établir une autre relation, de compromettre le coach. Cette manœuvre met très clairement en péril le transfert. En effet, la tractation du client indique qu'il rejoue une scène à laquelle il est habitué dans sa toute-puissance et dont il sort triomphant. De ce fait, si le coach cède, le transfert se délite. Le coach lui montrerait ainsi qu'il lui ressemble sur certains points, infiltrant alors chez le client d'autres préoccupations, éloignées de l'objectif du travail.

TÉMOIGNAGE

Témoignage de coaché

« Je comprends, je reviens toujours là-dessus ! » ; « C'est déjà ce que je vous disais au début et, pourtant, je n'ai pas l'impression de tourner en rond. »

La seconde difficulté vient du fait que le coach n'a en aucune manière à faire référence à ses propres avis, expériences, ressentis. Tout ce qui le concerne dans sa propre vie doit être suspendu. Cela n'est pas simple car chacun, y compris le coach, a appris que pour se faire connaître et reconnaître il était important d'être pertinent, le plus souvent en démontrant son savoir, son pedigree, son expertise. Il se révèle alors très facile de céder à de telles sirènes ! Le travail de coaching est-il là pour rassurer le coach, restaurer l'image qu'il se fait de lui-même ? Le client tente souvent de provoquer, de « balader » le coach sur des thématiques qui n'ont pas place dans une séance de coaching (« *Connaissez-vous Espelette ? Avez-vous vu le musée des arts premiers ? Vous connaissez Frida Kahlo ? Que feriez-vous si vous aviez un fils qui fume, mais vous avez des enfants ?* »).

Si nous parlons, répondons en tant que coach, nous entrons dans une discussion de salon. Nous touchons et jouons sur notre fibre d'utilité au monde et d'aide à l'autre ou encore du faire-valoir. Ce n'est ni le lieu, ni la place de jouer ce rôle.

« *Il faut se méfier de ce qu'on pense être bien pour l'autre, tentation toujours présente dans le contre-transfert*[1]. »

1. Bruner Roland, *op. cit.*

Le coaching, c'est la suspension momentanée de la propre vie du coach, une sorte de nudité apparente, lisse, qui permet le travail, le rudoie, brave les stéréotypes et impose sa fiabilité. Ces éléments constituent le socle du travail de coaching. Le client va alors peu à peu cheminer dans le cadre institué par son coach.

Empruntons à Edgard Morin[1] ce qu'il étudie sous le vocable de « dualité intérieure » et qui se rapproche de ce qui se passe dans cette relation de parole avec le client: « *Le Je s'objective en un Moi quand il s'envisage, et il opère automatiquement une boucle réflexive qui, ayant posé le Moi distinct du Je, le réidentifie au Je. Cette aptitude à l'auto-objectivation permet à chacun de dialoguer mentalement avec soi-même.* »

SÉQUENCE PERSONNELLE

- **Comment définirais-je le transfert?**
- **Est-ce que je conçois qu'il y en ait un dans une séance de coaching?**
- **Lorsque j'ai fait un travail personnel, qu'est-ce que j'en ai compris?**
- **Est-ce qu'analyser le contre-transfert me demande un effort?**
- **Est-ce que je peux me surprendre à démasquer ce qui se joue et avoir à le dire?**
- **Est-ce que suspendre mes propres opinions me coûte?**

II. LE SILENCE ET LE LIEN

A. La parole cette inconnue

Dans une séance de coaching, l'entretien de face à face est construit par une asymétrie entre le coach, qui tient la position avec la conscience du « jeu » du transfert et son écoute, et le coaché, qui suit ses propres pensées et les exprime. Le client coaché sera souvent tenté de remettre en cause la nécessité même de l'asymétrie des positions. Un peu comme si l'enjeu consistait peu à peu à « faire parler le coach », en quelque sorte à le remettre comme les autres dans le registre du conseil. Le coach tiendra compte de cette logique sans pour autant réagir. Le coach, sans se renier, se tait. Il a une apparente inconsistance qui, parfois, déclenche des réactions d'attaque… « *Bien sûr, vous n'allez pas vous engager ni me répondre.* » Le travail du coaché n'est ni du bavardage ni une préparation préalable sur le propos qui le préoccupe.

1. Morin Edgar, *op. cit.*

C'est d'ailleurs mieux, en tant que coach, d'être présent dans une scène de naissance de la parole inconnue, non préparée ; ce que parler veut dire est alors de l'ordre de la non-maîtrise, chargée d'émotions, de sentiments, de réminiscences, de recomposition d'une séquence de réunion ou autre.

La parole de circonstance n'opère plus. La situation de coaching réflexif introduit la parole dans un phénomène qui « oblige » le coaché à mobiliser toute son énergie, toutes ses ressources, toute sa présence pour occuper sa place. Les paroles peuvent être continues ou discontinues, peu importe. Mais lorsque le silence s'invite, il est rare qu'il ne soit pas vécu comme un obstacle. En dedans de soi-même, le coaché produit et vit une impossibilité d'aller plus loin. Le silence invité au débotté agit comme un trouble-fête. L'activité, en elle-même, les obligations, le statut de « chef » n'ont que peu ou pas de rapport avec ce qui a motivé l'arrêt de l'enchaînement des phrases et l'impossibilité de reprendre. Le silence devient conscience d'une absence ressentie comme la privation d'un bien-être. Le coach assiste en direct à l'émergence d'une caractéristique de la personnalité qui apparaît comme non unifiée. Le savoir technique du coaché se délite dans ce face-à-face ténu. C'est une béance dans son existence qu'il regarde. Il trébuche sur les banalités du discours pour ensuite accéder à ce que parler veut dire.

Dans l'entreprise, il est difficile de prononcer des paroles vraies, spontanées ou impliquées tant les échanges sont modélisés, calculés, voire politisés... En coaching, cette situation nouvelle place le client en situation d'ambiguïté, de malaise. Une partie de lui-même souhaite se prémunir, garder la maîtrise et préfère éviter l'aventure du silence ; l'autre partie, candidate à l'aventure, cherche la stimulation portée par la fameuse demande de coaching et dont il pressent très confusément que la réponse se trouve dans cet au-delà du silence.

Le silence peut manifester une sorte de pouvoir sur l'autre, pour le mettre dans l'embarras. C'est celui-là même qui est utilisé en entreprise. « *L'impératif de silence répond à la fois à un idéal psychologique dominé par la maîtrise de soi et un modèle de conduite sociale gouverné par la prudence... faire du silence un espace de maîtrise et de calcul qui met à l'abri de l'autre ; jouer enfin de* ***l'art de se taire*** *pour saisir autrui, s'en emparer et le dominer.*[1] »

Ce silence, institué en rapport de force, permet au coaché, du moins c'est ce qu'il croit, « d'obliger » le coach à se dévoiler. Le coach a conscience de ce phénomène manipulatoire ; son intervention sera donc stratégique. Si le coach rompt le silence, il est décrédibilisé. « *Vous voyez bien que je suis*

1. Dinouart Abbé, *L'art de se taire*, petite collection Atopia, Jérôme Million édition, 2006.

arrivé à vous faire parler![1] » En outre, le coach sait aussi que s'il répond à la demande, il fait taire le coaché.

B. Le silence invité

Le silence peut avoir du sens, mais le coach se garde cependant de faire la moindre interprétation. Le silence est un repos de la parole. Le coaché peut s'arrêter brusquement sans motif apparent à nos yeux, mais par l'action très probable d'un mouvement psychique qui le stoppe. La réflexion est parfois à ce prix. Le silence peut s'inviter d'une manière sereine et sera producteur d'un temps suspendu, ultérieurement productif d'une parole mature pour le coaché.

Mais le silence peut aussi, dans sa façon de s'imposer, insinuer le risque ou la peur. Risque d'apparaître sans protection aux yeux du coach. Peur de devoir travailler sans filet. Peur des affects, peur de plusieurs choses, justifiées ou non, suivant la fragilité et la réceptivité dont le coaché est fabriqué. Peur de parler, de se découvrir, peur d'un jugement de valeur, de s'entendre, peur du vide... Pour le coaché, casser le silence par une pirouette, c'est capturer au vol le destin en marche, c'est remettre une cuirasse par une intervention : parler, plaisanter, dire quelque chose d'insignifiant, sourire, rire, soutenir le regard. C'est déjouer les projections dont il peut avoir peur. C'est battre en brèche l'ambiance persécutrice que peut générer le silence, insupportable (pour lui).

C. La signature de sa propre existence

Bien maîtrisé, le silence permet une pureté. Il renvoie en écho les mouvements internes, notamment les émotions. Il y a un échange entre soi et soi autour de sa propre écoute, sans panique (ou presque)... S'entendre, c'est parfois prendre conscience de ses propres éléments, parfois dérangeants ou que l'on n'a pas forcément envie de prendre en compte. Dans l'écoute des émotions, le silence peut être réciproque dans la relation coach/coché. L'écoute interne se diffuse au niveau des émotions, des sensations, du langage, de l'imaginaire, des projections, du discours tout simplement. Chacun ne vit pas dans « sa » bulle ; cela signifie que le silence signe un temps d'arrêt porteur de sens. Ce dernier va s'ancrer de façon à télescoper des idées impensées et non formulées jusque-là, et qui émergent grâce à la synergie créée par le plein du silence. Ce silence s'organise dans un système coach/coaché/paroles et pensées/contexte/environnement. Le lien va se manifester par surprise et s'imposer comme interprétation, représentation ou bien encore comme sens possible.

1. Témoignage d'un client qui illustre nos propos.

Les sentiments et les émotions vont servir de levier, le partenaire principal de cette découverte étant joué par le silence. Ce dernier ne doit pas être rejeté ou comblé, mais véritablement utilisé pour parvenir à un autre niveau d'abstraction, à une autre représentation de la problématique essentielle.

La parole dite au long des entretiens, sortie de l'attente du silence, est en quelque sorte la signature de sa propre existence.

Socrate soutient que la réalité de la conversation est une forme de vie de l'Athénien libre: «*Elle* (la parole) *devenait maintenant, comme moyen de la démarche socratique, quelque chose d'autre. C'est la chose nécessaire, de par sa nature même, pour la vérité comme telle qui n'apparaît à l'individu qu'avec l'individu.*[1] »

Ainsi, ce mouvement, de la parole et du silence, qui ouvre aux habitudes, aux acquis, réinterroge les schémas intégrés. Le coaching devient un modèle d'apprentissage différent et qui ne se confond pas avec la connaissance. La capacité à pouvoir se changer est un élément primordial dans cette approche. Se changer soi-même, c'est pouvoir miser sur une possibilité d'adopter sans contrainte des comportements qui s'ajustent mieux à sa façon de voir la vie, aux motivations personnelles et aux valeurs.

Nous sommes dans un schéma intégratif de données qui sont de l'ordre de la compréhension du sens de ses actes, de sa vie. C'est relier les éléments épars de son histoire de vie personnelle et professionnelle pour leur donner du sens.

Toute organisation suscite des défenses, des résistances, parfois identiques, qui font obstacle au changement et à l'apprentissage. Si elle parvient à réduire ces défenses routinières, elle devient formatrice. Les personnes ont accès à la transformation. Ils vont faire quelque chose à partir des nouveaux éléments. Ses membres sont alors capables d'apprendre et de prendre des décisions de façon plus efficace, de questionner, voire de modifier la logique qui guide leurs actes[2].

Argyris et Schön soulignent qu'un changement de valeur, de comportement et de leadership présuppose que l'auteur du changement a déjà défini sa perception des choses et l'a mise en doute avant de l'éprouver. Dans cette réflexion, les auteurs soulignent la confrontation de l'expérientiel, de l'éthique et de la responsabilité.

1. Jaspers, *Les grands philosophes*, collection 10/18, Paris, 1966.
2. Chris Argyris, *Savoir pour agir. Surmonter les obstacles à l'apprentissage organisationnel*, InterÉditions, Paris, 1995.

Le silence et le lien

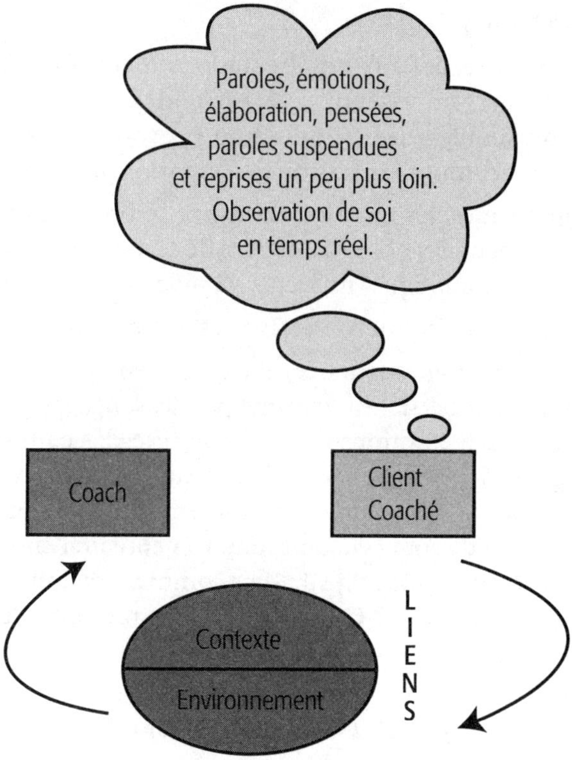

SÉQUENCE PERSONNELLE

- Qu'est-ce que le silence représente pour moi? Quelles images me viennent à l'esprit?
- Qu'est-ce que je ressens en présence de quelqu'un de silencieux? Quels sont mes sentiments, mes émotions?…
- Puis-je donner plusieurs exemples de silences que j'ai ressentis positivement et négativement? Qu'est-ce que je remarque?
- À quoi me renvoie le silence dans la solitude personnelle (seul chez soi par exemple)?
- Qu'est-ce que je fais? À quoi me pousse le silence?
- Dans mon histoire de vie, est-ce qu'il y a des silences dont je me souviens?
- Est-ce que j'aime m'isoler dans un groupe?

III. LA TRAVERSÉE DES ÉMOTIONS

A. Histoires sans paroles?

Les émotions sont reliées aux représentations mentales qu'elles connotent selon la nature du ressenti: colère, rire, frustration, etc. Elles ont comme support biologique et localisation neuronale: le système limbique. Les sentiments sont l'expression de l'émotion au niveau psychique.

Lors de traumatismes, les émotions peuvent se libérer par rupture des représentations mentales et se manifester de façon bruyante psychiquement et sur le plan somatique (infarctus du myocarde, émotion violente).

Ainsi, l'expression des émotions protège la santé psychique et somatique.

Une séance de coaching est animée, elle ne ressemble en rien à quelque chose de tranquille. Le coaché s'exprime par des langages verbaux et non verbaux, beaucoup d'émotions dites et non dites l'accompagnent dans son expression. Le langage non verbal est beaucoup plus explicite que le langage verbal, qui peut déguiser le sentiment ou l'émotion. Le langage verbal rationalise le discours encombrant. Cependant, l'émotion ne peut pas être absente du discours réflexif. Mais comment définir une émotion? Qu'est-ce qui la déclenche? Quelles fonctions remplit-elle dans notre économie psychique?

Souvent, dans les entreprises, les émotions dérangent car elles font surgir des éléments personnels sensibles. Comme si, en dehors de la situation professionnelle, la personne était un robot, dépourvu d'émotions. Dépourvu de perturbations?

Au siècle de Platon, les émotions étaient considérées comme des troubles. Vivons-nous encore avec de telles idées? L'entreprise, du moins en France, n'a l'habitude ni de nommer l'émotion ni de la reconnaître comme telle. Pourtant, combien de décisions, de réunions, de coup de téléphone ont lieu sous le coup de l'émotion? Quand les émotions prennent le dessus, l'intelligence semble perdre de sa rationalité. C'est probablement pour cette raison que de nombreux stages en développement personnel proposent le thème des émotions comme ouverture vers les autres. Leur rôle est maintenant reconnu et positif. Antonio Damasio[1] en fait même plus profondément un facteur essentiel du dynamisme vital de l'individu. Il a démontré par des cas cliniques l'interaction entre les émotions et la pensée. Certains degrés d'émotivité ont été reconnus et varient d'une personne à l'autre, exerçant un impact plus ou moins important sur chacun.

1. Damasio Antonio, *Le sentiment même de soi, corps, émotion, conscience*, Odile Jacob, 1999.

L'émotion est un phénomène à prendre en compte en séance de coaching car elle occupe une place centrale complexe. L'identification des émotions n'est pas un gage de régulation ou de bien vivre. Il n'est pas plus aisé d'en tirer des conclusions.

Non maîtrisées, les émotions peuvent être à l'origine de perturbations importantes, mais elles jouent aussi des rôles régulateurs très positifs. Nous pouvons exprimer nos émotions et les partager : « *Je suis désolé, je commence mon cours mais je suis triste, je viens de perdre un être cher.* » Chacun peut réprimer une émotion qui le taraude : « *Je réprime* [ma colère] *mon envie de lui dire ce que je pense de son comportement envers le président.* » Chacun peut tenter d'apparaître sans émotion : « *Madame, je suis consultant en profit. Je suis un tueur, je n'ai aucun état d'âme* » ou encore le coach peut avoir à faire à des personnes qui ne savent pas nommer ce qu'elles ressentent : « *C'est de la peur ce que je vous raconte ?* »

Lorsque les émotions se manifestent de façon adéquate, elles participent à la vie émotionnelle de la personne et peuvent la guider. En coaching, lorsque les personnes acceptent l'expérience de l'émotion, il se produit un changement interne, une reconnexion salvatrice qui met à distance la maîtrise jusque-là présente. L'expérience de l'émotion stimule le contact social et la communication sociale.

De nombreux travaux ont vu le jour depuis plus d'une décennie pour comprendre cette relation entre les émotions et le cerveau, ainsi que la « programmation » sur le comportement social. L'intérêt pour l'intelligence émotionnelle (IE) est né. On se souvient des grands titres dans la presse[1] à propos de QE (quotient émotionnel) et du QI (quotient intellectuel), devenus concurrents. En 1995, Goleman[2] affirmait que les prédictions que permettait de faire le QE allaient avoir un impact sur l'orientation, les succès académiques, le travail... Ces recherches ont bouleversé quelques certitudes et remis à l'ouvrage de nombreux chercheurs. Le concept d'intelligence était vu sous un autre angle, le QE permettait une évolution alors que le QI était figé. Le succès a été fulgurant aux États-Unis et le courant est arrivé en France, rencontrant le courant cognitiviste en plein essor donnant un nouvel horizon aux recherches, thérapies... Ce champ, toujours d'actualité en 2007, produit beaucoup de recherches et d'applications pratiques transdisciplinaires.

---

1. *Time Magazine* fait sa couverture sous le titre « *What's your EQ?* » (Quel est votre coefficient émotionnel) par la journaliste Nancy Gibbs, 1995.
2. Daniel Goleman, psychologue et journaliste scientifique, a écrit des articles au sujet de la recherche sur le cerveau et le comportement pour le *New-York Times*, et a aussi mené ses propres recherches. *L'intelligence émotionnelle, accepter ses émotions pour développer une intelligence nouvelle*, J'ai lu, 1998.

Changement dans les relations entre un individu et son environnement

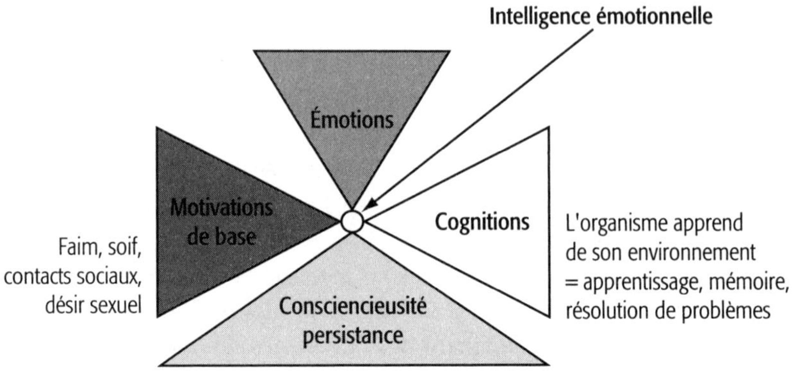

Figure des émotions comprenant les éléments de la théorie de Mayer, Salowey et Caruso (2000)

Chaque auteur, en fonction de son approche, donne une lecture particulière des mécanismes de base qui interagissent les uns avec les autres, se combinant dans une structure plus large pour créer la personnalité. L'*intelligence émotionnelle* serait à un point d'intersection dynamique des émotions et des cognitions, favorisant le raisonnement et la remise en cause. Une sorte d'interrogation personnelle qui ne demanderait pas trop d'effort et dont il est facile de voir une certaine correspondance avec le coaching réflexif, mobilisateur lui aussi de schémas cognitifs et de l'émotion. Reuven Bar-On[1] souligne, en 2002, que l'amélioration est toujours possible *via* une formation et une thérapie. Pour lui, l'alliance de l'intelligence émotionnelle et de l'intelligence cognitive participe à l'intelligence générale.

B. Les langages multiples

Notre propos n'est pas, ici, d'approfondir ce thème, aussi intéressant soit-il[2].

Nous ne pouvions cependant faire l'impasse sur ces nouvelles recherches, qui témoignent d'un progrès dans la recherche sur le fonctionnement du cerveau et la connaissance de l'homme. Ces études (grâce à Antonio Damasio) alliées à celles du champ psychanalytique sont à la recherche

1. Directeur de l'Institut des intelligences appliquées du Danemark et expert-conseil auprès d'organisations en Israël, Bar-On a mis au point une des premières mesures de l'intelligence émotionnelle en utilisant l'expression « quotient émotionnel ».
2. On me pardonnera la simplicité de l'expression et la simplification de la théorie, mais mon propos ne s'adresse pas à des spécialistes des neurosciences.

d'une crédibilité et d'une scientificité commune[1]. Les débats sont nombreux, ardus et sarcastiques tant le sujet est sensible et remet en cause ce que l'on tenait pour vrai.

Daniel Goleman développe un modèle de l'intelligence émotionnelle qui isole quatre concepts représentant des compétences potentielles qui ne demandent qu'à se développer si elles sont stimulées. Ces modèles vont encore bouleverser le fonctionnement des entreprises, ainsi que leur gestion sociale et leur approche des ressources humaines avec leurs partenaires, fournisseurs, intérimaires, clients et salariés. En effet, l'adaptation ne restera pas un vain mot, et ce d'autant plus qu'elle sera nécessaire pour éviter d'être dépassé par ces mêmes évolutions et qu'elle permettra d'éviter des situations de chômage.

L'entreprise a pour impératif de s'occuper différemment de ses collaborateurs.

Modèle de l'intelligence émotionnelle de Goleman

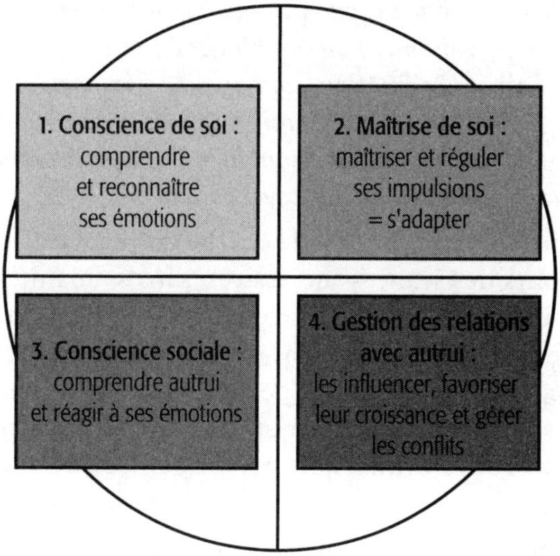

C. La logique des émotions

Après ce petit détour explicatif, qui laisse entrevoir pour les années à venir d'autres approches, nous constatons aussi qu'entamer le sujet des émotions est bouleversant et peut servir notre compréhension dans la relation du coaching.

Reconnaître l'émotion constitue un chamboulement, qui trouve sa place en situation de coaching.

1. Voir à ce propos Jean-Benjamin Stora, *La neuro-psychanalyse*, Que sais-je n° 3775, 2006.

Rougissement, pâleur, arrêt brusque de la conversation, bégaiement, transpiration, besoin subit de bouger… constituent de véritables signes visibles de l'émotion : en ce sens, le coach conserve ces données précieuses dans ses notes d'observation : quelque chose a réveillé et perturbé l'état de paisibilité du coaché. Le coach prend acte de cette manifestation et aide à la compréhension de la parole. Ce surgissement brusque de ce qui était contenu donne un sens aux personnes dont le comportement diffère sur le plan personnel et professionnel. Le lien se fait alors. Ces comportements donnent parfois l'impression qu'il s'agit d'une révélation : «*Mais… mais je croyais que cela appartenait à ma vie privée et je vous en parle… Je le peux, c'est confidentiel entre vous et moi… Comment le mariage de ma fille me replonge brusquement dans mes études et le sujet qui nous occupe ? Oui, vous savez…*[1]»

Et Angelo Soares d'écrire : «*Nous avons cru pendant longtemps qu'il était possible de laisser nos émotions à la porte des organisations. Enracinée dans la culture occidentale, cette vision voit une opposition entre émotion et raison et prescrit l'apprivoisement ou l'oubli des émotions pour être efficace et productif au travail… Les émotions sont aussi très importantes dans la communication intrapersonnelle en nous rapportant au stade du système psychosomatique ; ainsi, quand elles sont bien évaluées, les émotions peuvent être des indicateurs valides de l'état psychosocial.*[2]»

Dans le coaching, les liens que fait le coaché entre les différents éléments se créent au cours des séances successives, sans se manifester. Les émotions sont les fils conducteurs qui créent ces liens. Occupant la mémoire du corps et de l'esprit, elles jaillissent même quand elles ne sont pas invitées car elles répondent à la logique de l'affect, et non à celle du rationnel. En coaching, accepter de se laisser surprendre par des émotions, c'est entrer dans sa propre dimension personnelle et découvrir un autre monde.

Dans les entreprises, les idées doivent être socialement acceptables. «*Par exemple, maintes fois au travail, il faut sourire même si on n'en a pas envie.*[3]» Bien que la passion soit revendiquée, son expression n'a pas place dans l'entreprise : les loups doivent se comporter comme des moutons. Pas d'exaltation. Emmuré dans sa conformité, le coaché peine à se

1. Témoignage d'un client.
2. Soares Angelo, professeur associé à l'université du Québec à Montréal, *Au cœur des services : les larmes au travail,* collection Pistes vol 2 n° 2 Montréal.
3. Soares Angelo, «Tears at Work : Gender, Interaction, and Emotional Labour in the Service Sector», Washington, 95 th Annual Meeting of the American Sociological Association. l. (2000).

libérer, ce qui implique une certaine impression de lenteur du processus de coaching.

L'entretien met en lumière de larges vues descriptives sur la dernière recherche technique, sur les conflits bâtis entre les collaborateurs, mais rien sur le coaché lui-même. Il semble imperméable et, pourtant, le coaché a choisi de suivre un coaching. La mise au travail sera une véritable «épreuve» pour les deux parties. Celles-ci se retrouveront dans le pouvoir de travailler ensemble.

D'autres facteurs sont également susceptibles de désarmer le coach: l'impossibilité du coaché de définir ce qui se passe en lui et qui ne sait pas nommer l'émotion. Ce processus est nommé l'alexithymie.

Le professeur Sifneos (université Harvard), créateur du mot alexithymie, n'hésitait pas à la présenter comme la personnalité de notre temps, indiquant par là que l'ensemble des traits la définissant correspondait «*au profil social courant des individus…*[1]». Les «alexithymiques» n'arrivent pas à décrire leurs émotions et ne savent pas les distinguer. Ils se fondent également dans un conformisme social marqué, ils sont dits «normopathes». Le manager évolue dans une organisation appelée le «palais de cristal» où tous les autres hommes sont identiques à lui, n'extériorisant aucune émotion[2].

Est-ce à dire que culturellement les émotions s'émoussent? Cela relève-t-il d'un questionnement sociétal ou individuel? Est-ce à dire que certaines personnes arriveraient à avoir des émotions à certains moments, dans la vie privée par exemple, et pas à d'autres? Faut-il comprendre que les personnalités seraient clivées, capables de basculer d'un registre à l'autre? Non. Nous n'en sommes pas là. Mais les changements psychosociologiques importants dans notre XXIe siècle conduisent certaines personnes à raisonner autrement et à investir l'entreprise d'une façon différente par rapport aux conflits ouverts relatifs aux valeurs, aux conflits psychiques et intrapsychiques, qui ont des répercussions sur la place de l'homme, sur son fonctionnement au travail et sur le sens donné à sa vie. Certaines pathologies psychiques et psychosomatiques se déclarent aujourd'hui sur le lieu de travail. Cela devient une préoccupation réelle et sérieuse, les recherches sur la santé au travail sont en augmentation. Jean-Louis Pedi-

---

1. D'après les travaux de Sifneos.
2. Voir à ce propos la fiche de lecture de Pascale Hortefeux de l'université Paris Dauphine 2003 qui retrace la problématique abordée chap. 5 par Manfred Ketz de Vries professeur néerlandais de gestion des ressources, *Leaders fous et imposteurs*, éditions Eska 2000.

nielli[1] va dans le sens de ces préoccupations : il décrit les particularités de ces personnes qui, assumant un travail en lien avec des responsabilités valorisantes et puissantes, semblent « handicapées » des émotions. Jean-Louis Pedinielli dénombre quatre particularités :

1. L'incapacité à exprimer verbalement les émotions ou les sentiments.
2. La limitation de la vie imaginaire.
3. La tendance à recourir à l'action pour éviter de résoudre les conflits.
4. La description détaillée des faits, des événements, des symptômes physiques.

« *L'alexithymie,* écrit Jean-Louis Pedinielli, *est une forme particulière de fermeture au sens des événements internes (émotionnels) comme externes, fermeture dont le mécanisme et les effets sont totalement différents de ceux de la névrose et de la psychose.* » Le champ psychosomatique est le terrain privilégié des investigations puisque ce qui est indicible se redéploie par des chemins difficilement maîtrisables dans le corps.

SÉQUENCE PERSONNELLE

- Comment est-ce que j'arrive à me dégager d'un mouvement d'humeur ? Est-ce que je l'identifie bien ou est-ce que je l'attribue à l'autre : « c'est lui qui m'a mis en colère... » ?
- Est-ce que je me sens sous l'influence de ma réceptivité, donc de mes émotions ? Mon humeur et mes décisions peuvent-elles en dépendre ?
- Est-ce que je me sens souvent responsable, voire coupable ?
- Est-ce que j'arrive à déminer ce qui me tracasse ? Est-ce que j'arrive à poser clairement les choses ? À réfléchir et analyser la situation interne ?
- Est-ce que j'endosse la responsabilité de tout ce qui est dit ?
- Qu'ai-je mis en place pour me ressourcer ?

IV. LA PLAINTE ET LA DEMANDE

A. La « deux-mande »

Un responsable est un généraliste qui situe sa fonction entre l'économique, les ressources humaines et l'opérationnel. La complexité de ces savoir-faire entraîne le besoin d'un spécialiste qui pourra saisir ces différents savoir-

1. Pedinielli Jean-Louis, *Psychosomatique et alexithymie*, PUF, Paris, 1992.

faire pour «l'assister». Le responsable, dans sa fonction, pense qu'il a besoin d'une aide même s'il a des réticences à reconnaître ses difficultés. Il a la crainte d'être manipulé, d'être conditionné, analysé pour être plus productif mais, d'une manière concomitante, il a également la perception d'une aide possible dans ses problèmes. Le responsable n'a pas l'habitude de conduire le changement complexe seul. Le coaching est transverse; c'est peut-être pour cela qu'il est si actuel dans les problématiques managériales.

«*Il devient habituel que l'accélération du changement se fasse d'une façon brutale et agressive et mette les personnes et les groupes sociaux dans une évolution qui n'est pas toujours positive sur le plan humain. L'homme s'adapte comme il peut alors qu'il conviendrait qu'il adapte.*

Finalement, l'homme est assez démuni et dans l'incapacité d'adapter le changement à ses propres exigences de vie. Il est souvent confronté au fait accompli ou bien à une situation qu'il n'a plus qu'à subir.[1]»

Même si la demande du tout premier entretien (ou prise de contact commercial), première approche avant la signature d'un contrat, est importante, nous n'en parlerons pas. Pour nous, ici, la première rencontre constitue celle de la vraie première rencontre en entretien de face à face. Celle qui porte tout son sens par «l'atmosphère» ou «l'alchimie» de ces premiers instants. Ou celle qui ne le porte pas d'ailleurs. En toile de fond, se trament les perspectives et les objectifs évoqués lors de la rencontre contractuelle.

Le responsable ne débute généralement un coaching que lorsqu'il a déjà tenté d'autres solutions. Sa demande porte surtout sur une difficulté professionnelle. Il évoque ce qu'il ne sait pas résoudre. Il l'exprime ainsi: «*Je ne sais pas comment résoudre mon problème professionnel, je ne sais plus comment faire, comment installer la confiance dans mes équipes après trois rachats, le groupe X propose des licenciements… j'avais donné ma parole.*»

Le coaching débute toujours par une demande, chargée affectivement, derrière laquelle se cache une plainte relative aux émotions de colère induite par l'institution-bourreau qui a rendu le coaché malhabile et parfois impuissant. Le coaché se présente alors ceint d'une petite «aura» de victime. Cela révèle bien à quel point la demande initiale peut en cacher bien d'autres, inconscientes celles-là.

De fait, simple en apparence, la demande est souvent multiple: elle est masquée par une autre demande moins «avouable» ou moins présente à

1. Fouchard Raymond, *La psychologie dans l'entreprise*, collection Devenir en exercice, n° hors série, édition *Le Journal des psychologues*, 1989.

l'esprit à ce moment-là. Le coach est conscient de cette double demande, implicite et explicite.

B. Occuper la place par la plainte

La demande professionnelle masque une autre demande, plus « affective » celle-là, véritable message jamais vraiment dit parce qu'enfoui, mais vraie « demande d'amour »[1]. Face à cette situation, le coach doit demeurer neutre : il va écouter et instaurer la relation, la confiance, mais ne doit répondre ni à la demande ni à la plainte. Le coaching n'est pas une relation d'aide, il n'apporte pas de solution. La référence n'est pas sociale.

La demande première est souvent « adoucie » par du bavardage, articulé autour d'un discours convenu, ordinaire et convivial et de quelques éléments, qui ressortent d'une réalité tout autre. Il permet cependant d'établir le contact. C'est en cela qu'il a une utilité. La relation à l'autre s'inscrit dans le récit de quelque chose qui s'est passé. Les faits sont racontés sans stratégie particulière. Cette deuxième approche sort du bavardage et le recouvre.

La plainte ouvre parfois une séance, par exemple quand le coaché dit que le coaching n'avance pas ; si le coach cède à la tentation de répondre, nous glissons dans du bavardage. Dans ce cadre, le coach ne pense qu'à lui. Il se justifie de quelque chose, une culpabilité éventuelle ? Le coach est renvoyé à ses propres résistances, ses propres positions névrotiques...

Ainsi, la plainte est une demande qui s'inscrit dans le discours du coaché comme un autre élément. Cependant, n'oublions pas que le transfert opère, et ce depuis le début, depuis le choix même du coach, et qu'il évolue au fil des séances. Ce n'est pas un hasard si la demande s'oriente dans un sens ou dans un autre et si la plainte en fait partie. Le coaché organise son discours en fonction de ce qui l'habite parfois à partir d'un « trop-plein ».

La culture du coaching se met en opposition avec le discours courant. La parole dont ose s'emparer le responsable coaché le convoque en tant que sujet et le fait réagir comme tel dans le mouvement de la demande-plainte qui s'étiole pour s'attarder à la situation problématique qu'il n'avait pas perçue comme telle. C'est à ce moment, quand les questions se posent au coaché, qu'il cerne son questionnement. Le client entre dans le processus pour élaborer ses réponses à lui. Il se les approprie et les intègre à son propre fonctionnement. Le coach, dans ce cadre, n'a eu qu'un rôle (qui est un art) de catalyseur.

1. Dans le cadre du coaching, à comprendre comme un besoin de soutien et de compréhension inconditionnelle et de partage d'une certaine proximité. Besoins liés, aussi, aux besoins d'affection de nos enfances.

Figure de la construction de la demande

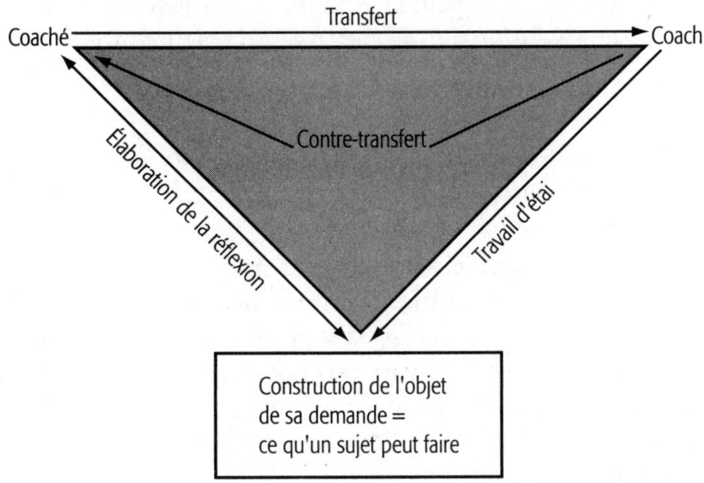

Nous définissons «l'objet» comme la situation du travail actuelle qui cause une préoccupation au coaché dans le cadre de son activité.

Elle inclut la responsabilité, la capacité à agir, la pensée et l'institution.

La demande se bâtit dans la construction de cet objet, c'est-à-dire dans la réponse qu'il va donner à sa vraie question. Il la trouvera plus tard.

La demande de coaching fait partie des demandes recevables au cœur de l'entreprise car les responsabilités professionnelles sont importantes et il faut tenir compte de nombreux paramètres.

C. Le rôle de catalyseur du coach

Le coaching va drainer le discours de l'autre, c'est-à-dire qu'il est nécessaire pour le coach de se déprendre du discours du coaché pour comprendre ce que le coaché demande. Le coach doit toujours être dans une distance «méta» pour accompagner son coaché. Dans cette dynamique de face à face, pendant que la demande se construit, le coach peut se poser des questions sur sa propre pratique, son utilité, son efficacité. Être coach n'est pas simple, l'écoute est une vraie compétence.

Le coach se heurte à sa propre difficulté d'être, ce qui le renvoie à sa finitude: exister aujourd'hui dans sa fonction de coach pour ne plus exister demain. Malgré sa personnalité, il doit accepter son inconsistance dans la séance, mais aussi son passage «éphémère» dans la vie professionnelle de son client.

Si A et B communiquent ensemble, ils sont en situation d'interlocution. Dans le coaching, la demande «unique» est centrée sur B (B étant le coaché), la réponse également, ce qui entraîne un certain déséquilibre de la communication. Le coach peut bien souvent se trouver déstabilisé : il n'a pourtant comme solution que de conserver sa posture professionnelle.

La demande exprimée par le coaché fait bien appel à l'idée de l'attente, voire du vide.

C'est « *un instant de vide et, par ce vide, se met en place le mode de réflexion mais sur une expectative qui laisse à la solution du problème le temps d'apparaître sous un autre jour* »[1].

Drôle de couple, donc, au sein duquel, en dehors des salutations cordiales du début, se forme cette entité commune de travail. L'un est là pour l'autre en tant que sujet. Le coach est supposé être capable d'entendre ce que dit l'autre, l'étranger, lui favoriser la perception et la saisie de l'incongru dans la trajectoire de sa logique contrariée. La demande ne se recueille pas, ne progresse pas d'une façon éthérée qui laisserait croire que coach et coaché sont de purs esprits.

La demande émerge dans le contexte où deux corps[2] travaillent ensemble. Ainsi, les corps s'installent, tout en se ménageant un espace de confort.

Le rôle du coach va être de créer des conditions qui vont permettre à son client de se maintenir malgré les turpitudes des paroles et des découvertes. De tenir le sentier de sa demande.

Pour que ce travail de la demande se cisèle, se cristallise, puisqu'il est étroitement lié à la recherche de sa réponse, la posture des corps est entraînée dans une pression. Nous sommes là pour qu'une réponse s'organise. La pression n'est pas le rapprochement des corps, mais une attitude corporelle qui va se synchroniser pour contribuer à la relation langagière.

Le corps du coach est tendu à l'autre. Nous pouvons dire, en s'inspirant de Roustang que, le coach institue une tension relationnelle qui met le client sous tension, sous mobilisation, sous une accumulation de forces.

Le client pris dans cette synergie se sert de la « tension » comme levier, dont le point d'appui serait le problème. Le client parle de son problème sans l'avoir identifié comme tel. Ce sont bien des va-et-vient incessants de pensée qui vont permettre au coaché d'élaborer sa propre réponse.

Ce n'est qu'à la fin du coaching que le coaché comprend le parcours qu'il a suivi. « *Le coaching ça fatigue.*[3] » Oui, psychiquement, l'investissement est tel que la production d'énergie est réelle physiquement car l'intério-

---

1. Roustang François, *La fin de la plainte*, éditions Odile Jacob.
2. Les corps sont ici à entendre comme présence physique et non pas comme scène de séduction.
3. Témoignage d'un client. À entendre que le travail d'élaboration consomme de l'énergie.

rité somatique est aussi touchée par les processus cognitifs en place pour mener à bien les éléments possibles de transformation.

SÉQUENCE PERSONNELLE

- Qu'est-ce qu'une plainte pour vous? Est-ce un mode d'expression banal?
- Que signifie pour vous «pleurer sur soi»?
- Pensez-vous vous plaindre souvent? Qu'est-ce que cela vous procure comme effets, comme bénéfices?
- Des raisons de vous plaindre apparaissent-elles souvent dans votre histoire? Quelles sont ces raisons? Y êtes-vous sensible encore aujourd'hui?
- Quelle est votre attitude vis-à-vis d'un ami qui se plaint de ne pas avoir trouvé de compagne/compagnon?
- Dans une séance de coaching, arrivez-vous à dégager, pour vous en tant que coach, la plainte de la demande?
- Pensez-vous être de ces personnes à qui tout le monde se confie?

V. LA PUISSANCE EMPÊCHÉE

A. Objectif lune

«Les hommes ont voulu la lune, ils ont eu la lune. Souvenez-vous, c'était hier… La technique avait permis de passer du rêve à la réalité… Le mythe de la technique!… Les hommes ont toujours cru à la Trinité du progrès technique, économique et social… L'objet technique apparaît ainsi comme une sorte de prothèse ayant pour fonction de combler un manque… Procurant ce sentiment d'omniscience et d'omnipotence… plaçant l'homme en rivalité avec le Dieu créateur[1]*…»* Le responsable est dans le cercle «fermé» de l'entreprise où il peut tout imaginer. Il assume ses responsabilités, conçoit des projets, prend des décisions… Le travail qu'il a à accomplir en séance de coaching réflexif commence souvent par un temps entre parenthèses, comme pour se ressourcer de l'activité.

Le coaché a besoin de temps pour dépasser le simple langage de la cordialité et laisser tomber ses résistances. Il est vrai que le manager se détache difficilement de ses préoccupations professionnelles dans lesquelles il est

1. Bruner Roland, *op. cit.*

véritablement absorbé. Il se trouve donc dans une situation de pensée plurielle au risque de rejeter ses priorités personnelles.

Le coaching lui permet justement de faire un arrêt, mais pas de façon passive. Il tente de mobiliser sa pensée. «*Nous ne sommes jamais réductibles à nos connaissances ou à notre mode de vie. Notre moi demeure toujours plus ou moins "flottant" à distance de cet ensemble de gestes – travail, habitudes – qui nous collent à la peau. Dans cet écart se trouve la possibilité de bouger, d'oublier notre quotidien pour partager les expériences humaines de personnages en apparence terriblement lointains. Délaissant l'environnement immédiat, notre moi flottant part naviguer*[1]*...* »

Pour sortir du système de l'entreprise, et de sa façon de penser, le coaché doit retrouver sa propre pensée et identifier son fonctionnement personnel. Il s'agit presque d'un processus d'excavation car cela demande temps, précaution et prudence. Il ne s'agit en aucun cas de précipiter le coaché, de le mettre sous pression pour qu'il dise: «*Je ne sais pas ce que vous voulez me faire dire*», sous peine de le capturer dans le pouvoir supposé du coach. Le coaché a besoin de retrouver les traces de sa vie intérieure avec lesquelles il doit se réconcilier, traces qu'il peut supporter dans l'émergence de sa conscience nouvelle. Amener quelqu'un à prendre conscience des choses, ce n'est pas le brusquer, le violenter ou le plonger dans la culpabilité ou encore dans l'apologie de l'ego... Il s'agit de travailler sur la mémoire des actes professionnels et non de modifier le comportement. Il opère un travail d'auto-observation didactique sur son agir professionnel: l'agir réflexif.

Parler, ce n'est pas seulement échanger des informations, exprimer un problème, c'est aussi s'instituer comme sujet. C'est la dimension créatrice de la parole qui importe ici. Dans le libre jeu de la rencontre coach/coaché, dans la recherche parfois tâtonnante de son objet, le «je» émerge du chaos.

L'absence de rivalité entre le coach et le client coaché dresse le décor d'une autre nature que celui de l'entreprise, où le pouvoir, la politique influent en permanence sur les relations: «jouer A contre B» tactiquement par exemple. Ici, le client coaché se retrouve dans une situation où il expose son impuissance à arriver à ses fins avec un schéma – sa stratégie – qu'il s'était construit plus ou moins brut.

---

1. Pavel Thomas, professeur de l'université de Chicago, *Comment écouter la littérature*, Fayard, «Leçons inaugurales», mai 2006, n° 185.

S'appuyant sur «l'habituelle» absence de réaction au schéma connu, le coaché n'avait pas vu surgir les réactions de lutte, de colère… En comprenant qu'il s'est fourvoyé en tant que manager, à imposer sa volonté coûte que coûte, il accepte le risque d'ouvrir une porte parfois close ou entrouverte, qui le conduit à l'acceptation de ces renoncements nécessaires. De son côté, face au coaché que nous pourrions considérer en mauvaise posture puisque sa toute-puissance statutaire est mise en échec, le coach renonce à tout expliquer et à tout conduire. Il n'autorise ni le fantasme de l'identification à lui-même, ni celui de la toute-puissance magique. Cette attitude de lâcher prise provoque le coaché dans ses agissements professionnels. Le coach entre dans l'inconsistance. Quel que soit ce que le coaché pense de lui, cela n'a ni d'importance ni de prise sur lui. Il maintient sa position. De son côté, le manager admet qu'il peut abandonner les velléités de contrôle des comportements ou des individus en lieu et place de la performance de l'organisation et que cela ne lui enlève en rien ni son charisme ni son autorité.

Le coaché renonce à une certaine vision du monde sur laquelle il s'appuyait. Ce n'est pas facile car «*l'objet technique ça fait jouir, jouissance de la pulsion d'emprise, jouissance narcissique d'un réel maîtrisé… jouissance de soi et des autres. Jouissance de la toute-puissance*»[1]. En prenant conscience de ses limites face à la réalité, «*je passe à autre chose… je me redéploie, je m'invente autre chose*»[2].

Le discours est ici maîtrisé. Un nouveau projet se fait jour dans son esprit. C'est un résumé rapide. Cependant, il est nécessaire de témoigner à propos du moment de la découverte, c'est-à-dire de ce temps où la rencontre de la vérité brûle, et insupportable autrement que dans le mouvement de la colère. Puis la colère se calme: c'est l'acceptation, le renoncement ou le deuil du soi tout-puissant. En renonçant à sa toute-puissance, il intègre l'idée qu'il peut réagir autrement sans se perdre lui-même.

B. Le spectacle continue: être acteur

La position du manager en entreprise est complexe à plus d'un titre. D'abord parce que sa fiche de définition de poste est rapidement caduque (les avancées technologiques et humaines sont si rapides qu'elle doit être revue plusieurs fois par an); ensuite, parce que la complexité managériale s'intensifie.

1. Bruner Roland, *op. cit.*
2. Témoignage d'un client expliquant qu'il ne pouvait décidément pas modifier la société selon ses propres idées.

Cela implique pour le manager d'être un acteur à part entière d'un système qui exige un ajustement temporel répété pour maintenir la cohérence du travail et lutter contre l'entropie qui endort et distord le fonctionnement de l'entreprise. L'entreprise peut alors aller à sa perte.

Un manager garant du système pourrait suivre ces quelques attitudes (non exhaustives) :

- Le cadre dirigeant ou le top manager assume des responsabilités dont il doit répondre en assurant la bonne marche de l'entreprise, face aux groupes et équipes en situation de travail, mais aussi face à ses actionnaires. C'est la composante visionnaire et anticipatrice de l'avenir qui est capitale.
- Il est acteur car il endosse un rôle de communicateur. Il est le point d'orgue du climat social. Il vit dans un monde où la mesure du temps et de la conviction réside dans l'instant. Il s'agit de la composante d'animation.
- Prendre en compte son agir professionnel permet au coaché de renforcer sa base identitaire et son confort en situation de communication.
- Ses volontés stratégiques dominent sa responsabilité de mener l'entreprise dans le sens de son idéal et d'anticiper sur le jeu du marché. Il augmente l'influence du futur sur le présent. C'est la composante entrepreneuriale.
- Son appartenance à l'entreprise ne le rend pas toujours libre de ses pensées et actions. Il soutient un système auquel il appartient.
- Il a le pouvoir de choisir judicieusement entre la mainmise, le renoncement, le désenchantement, le compromis et la percée de son ambition sociale.
- Quand il n'obtient pas ce qu'il veut, il fait preuve d'esprit créateur, ce qui permet de résoudre le problème ou le conflit.

C. Le leadership

Quand le coach est dans la vigilance, c'est le plus souvent pour faire prendre conscience des choses difficiles auxquelles son client doit renoncer. Ce renoncement nécessaire confronte directement le coaché à ses échecs, à ce qu'il n'a pas su ou pu réaliser ou aux décisions qu'il n'a pas voulu prendre. Lui aussi, le manager, peut se trouver en échec. Échec qu'il met pourtant à distance, qu'il dénie, qu'il banalise.

TÉMOIGNAGE

Témoignage d'un coaché

«Dans l'entreprise, l'hypothèse de l'échec est intégrée... On se plante... On prend toujours le risque que ça peut ne pas marcher.»

Ce discours rationnel, calibré, s'altère dans la prise de conscience du jaillissement de l'impuissance. L'émotion et les sentiments sont intenses. Le recueil de la parole du coaché permet d'accueillir l'homme nu.

Le comportement adopté d'une manière calculée dans le cadre de travail permet au dirigeant de se protéger des trop grandes tensions qui le harcèlent dans sa propre hiérarchie: le roi ne doit pas se prendre pour le roi. Ce qui l'en protège réside bien dans la fonction du bouffon du roi qui a la capacité de dire ce que personne n'oserait dire. Le coaching permet cela par la distanciation et la réflexion sur l'action conduite. Le bouffon protège donc le roi au sens où il l'empêche d'exercer un pouvoir paranoïaque et tyrannique.

«*Je suis encore un fou du roi. Mais non plus celui qui fait le pitre pour amuser son monarque, mais je me consacre à l'autre mission du fou celle de dénoncer. Le fou est la conscience de son roi.*[1]»

Ainsi, ce que le manager est capable d'exprimer, une fois sorti symboliquement de son carcan organisationnel, le sauve. Sa dynamique d'entraîneur, de créateur peut alors reprendre sa place initiale. Sa force, son désir d'entreprendre, de construire et de faire avancer les choses demeurent et le préservent intérieurement. S'il arrive à réaliser ce compromis de funambule, il sauvegarde sa motivation de faire de sa vie une œuvre, c'est-à-dire d'influer sur le cours des choses et d'être force de proposition. C'est la position humaine du dirigeant à laquelle il tient fort heureusement.

«*Le travail c'est du désir aussi... la mécanique psychologique, le propre même du désir est d'aller vers quelque chose... et l'élément le plus favorable au désir de travail, c'est le projet. Parce que le projet permet de travailler ensemble...*[2]»

1. Tremblay Rémi, *Les forces du moi*, éditions Transcontinental, 2004, Montréal.
2. Guinchard Rolland, psychologue clinicien et consultant, *Entreprise et carrières* n° 803, 27 mars 2006.

Les responsabilités du responsable

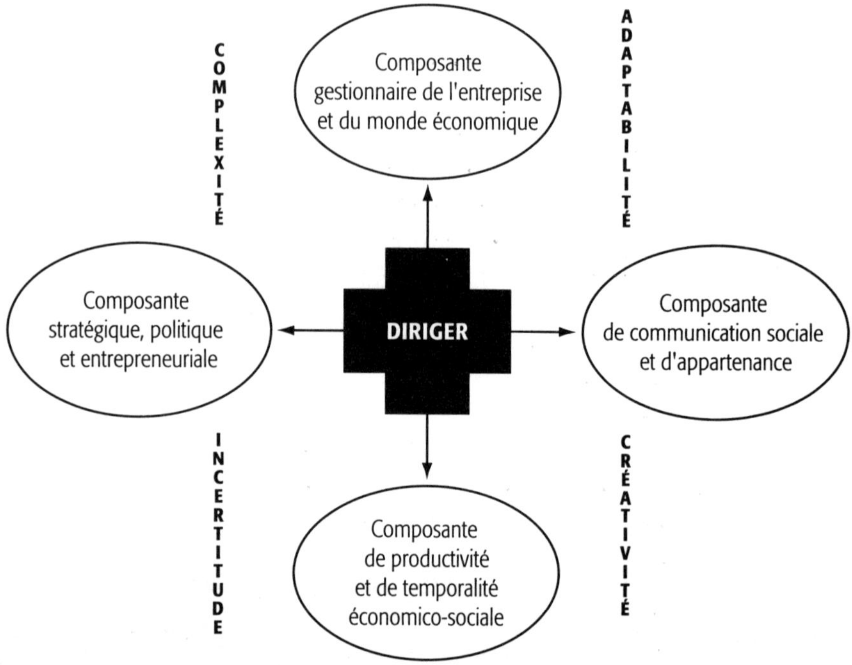

Nous constatons une emprise importante des organisations sur la personnalité du leader et voyons les facteurs de complexité avec lesquels il doit jongler tout en sauvegardant son intégrité psychologique. Pendant les séances, le coaching isole le coaché des exigences de son entreprise. Il chemine en dehors de la temporalité instituée tout en y étant encore.

Lorsque le coaché accède à son « vrai » leadership, nous comprenons qu'il s'est automodifié. Sa dynamique identitaire lui a permis d'élargir le spectre de ses nouvelles possibilités d'action, de dépasser son niveau d'accomplissement, de développer l'interrelation avec ses collaborateurs : le coaché peut ainsi réviser ses modèles traditionnels.

Cette mise au travail, difficile, parfois douloureuse, bouscule le client qui croyait en sa toute-puissance. Il capitule en quelque sorte sur ses certitudes, prend de la distance et devient critique à l'égard du monde. Il modère ses propos, notamment sur le fait que « *l'homme est la mesure de toutes choses et le moi est l'étalon grâce auquel le sujet mesure le monde. Mais il y a plus… la société contemporaine a pour monarque un moi magnifique, un "moi soleil"; avec pour religion le culte de l'ego…*[1] »

1. Bruner Roland, *op. cit.*

Ce travail est une véritable épreuve. D'ailleurs, la clinique montre bien cette ambivalence, ce va-et-vient psychique traduit en paroles pendant plusieurs séances qui affirme, se rétracte pour continuer ensuite à progresser, à comprendre, revoir son leadership.

L'expérience de la relation singulière créée avec le coach au moyen de la parole (et relative à des situations professionnelles) a permis au coaché d'avoir *«accès à un plaisir, celui de la matérialité des activités et de la posture de leadership»*[1].

SÉQUENCE PERSONNELLE

- Avez-vous des souvenirs durant lesquels vous imaginiez que rien n'allait vous résister?
- Dans votre histoire, avez-vous eu la conviction que, face à un échec (quel qu'il soit), si vous vous en étiez occupé, vous n'auriez pas échoué?
- Quelle différence faites-vous entre le pouvoir et la toute-puissance?
- En entretien, pensez-vous souvent détenir la solution au problème exposé?
- Face à quelqu'un qui tente de vous impressionner par ses réalisations, ses activités, que faites-vous?
- Dans un entretien, qui parle le plus? Vous ou votre coaché?
- Quelle est la personne à laquelle vous aimeriez le plus ressembler?

1. Nous empruntons cette formule au témoignage d'un client.

Chapitre 5

QUELQUES CLINS D'ŒIL CLINIQUES : ÉTUDES DE CAS

Afin d'illustrer la pratique du coaching, nous avons opté pour la retranscription succincte de quelques exemples, de cas puisés dans notre propre expérience avant les années 2000. Les personnes, les lieux et les secteurs ont été changés pour préserver la confidentialité. Ces « cas » ont pour but de vous permettre de vous rendre compte de certaines problématiques et thématiques en jeu dans une situation de coaching.

I. MONSIEUR LÉOPOLD

A. Exposé de la situation de coaching

Après une première expérience professionnelle de six ans en tant que consultant en informatique de réseau dans un grand cabinet parisien, Monsieur Léopold, 42 ans, a pris la direction d'un organisme de formation aux activités diversifiées vers le secteur social. Les premières années dans cet organisme ont été très plaisantes auprès d'une équipe de professionnels experts très autonomes et responsables envers la clientèle. En déménageant dans une grande ville de province, M. Léopold a pu apprécier un autre cadre de vie, plus agréable et plus calme. Il lui semblait également s'être rapproché du métier de son épouse, assistante sociale. Il a pris le temps de suivre de nombreuses formations à la fois managériales et en développement personnel. Il a étoffé l'équipe. Puis il a procédé seul aux recrutements, a répondu seul aux appels d'offres, a aménagé les horaires de son équipe…

Certaines personnes de l'équipe sont parties devant le changement managérial. Le climat est alors devenu plus lourd. Les directives prises en réunion étaient confiées la plupart du temps à l'un ou l'autre des consultants. M. Léopold a avoué *« être piqué par la mouche du pouvoir »* et que, finalement, cela lui convenait. Dans sa vie personnelle, M. Léopold a eu un troisième enfant, apparemment peu attendu. Sur le plan professionnel, M. Léopold s'est de plus en plus dégagé de l'accompagnement d'équipe, du projet de développement, a tenté de gérer son équipe d'une main de fer, proche du harcèlement. Il a ensuite opté pour un laisser-aller, ponctué de colères, de bouderies…

Ses problèmes personnels n'ont plus été qu'un secret de polichinelle. Il buvait dans son bureau en cachette, avant les réunions, pour « *tenir le coup* ». Chacun a joué au thérapeute plus ou moins pervers en l'écoutant à la dérive. Le climat institutionnel est devenu déplorable.

B. Extraits de séances

Un ami de M. Léopold, qui travaillait dans une multinationale, lui a indiqué que le coaching était recommandé dans des situations de fatigue et de non-productivité. C'est donc dans cette perspective que M. Léopold a décidé de suivre un coaching. Malgré la méthode que je lui avais proposée, M. Léopold ne parlait que de ses problèmes personnels, jouant la victime professionnelle sur un mode paranoïaque. Toutes les critiques qu'il s'adressait n'étaient ni dans la ligne de la didactique, ni même orientées vers l'analyse des comportements professionnels.

C. Résultats partiels

J'ai suggéré l'idée que le coaching pourrait se faire dans un second temps, car ce qu'il donnait à voir en l'état actuel relevait d'une souffrance personnelle qui avait besoin d'être traitée. Je l'ai informé sur les types de « traitements » qui s'offraient à lui.

Il n'a pas suivi de cure de désintoxication, mais a suivi une thérapie.

Il a embauché quelqu'un pour le seconder.

II. MONSIEUR BILLY

A. Exposé de la situation de coaching

Monsieur Billy, ingénieur en matériaux spatiaux depuis huit ans, a la réputation d'être un expert, reconnu par le monde scientifique. Il travaille dans un laboratoire européen de recherche. Il est en même temps responsable de son service, sans collaborateur « fixe ». Il est brillant et le directeur des ressources humaines ne cache pas qu'il faut le conserver à tout prix, malgré les « problèmes » qu'il a avec les collaborateurs et les hiérarchiques des autres services (colère, mauvaise humeur, rétention d'informations, remarques désobligeantes, comptes rendus en retard, refus de participer aux réunions...).

Je le rencontre par l'intermédiaire de la DRH qui a bloqué sa demande de formation en « affirmation personnelle ». La DRH a eu un entretien avec Monsieur Billy et l'a convaincu de l'intérêt du coaching plutôt qu'un stage d'affirmation personnelle.

B. Extraits de séances

Monsieur Billy se montre au début méfiant, laissant échapper des craintes de non-confidentialité, de manipulation et d'atteinte à la vie privée. Il avoue avoir accepté le coaching pour ne pas se faire mal voir, une fois de plus. Il restera toujours sur le qui-vive en me disant que les syndicats étaient prévenus. Malgré tout, il veut bien « *jouer le jeu* ».

M. Billy évoque rapidement la « *stupidité* » de son hiérarchique, sa méfiance à son égard. M. Billy dit que tout le monde se plaint de son attitude d'exigence et de non-diplomatie avec la hiérarchie ; les collaborateurs ne veulent pas rester et partent en pleurs.

M. Billy en arrive très rapidement à fustiger certaines habitudes dans son service, qu'il ressent comme insupportables : univers multiculturel, suivre les réunions en anglais, rendre des rapports en anglais, ce qui pour lui relève « *d'un abus* » ; « *On est en France tout de même* ». Il reproche à sa hiérarchie de lui faire parvenir des gens incompétents et non motivés.

Les premières séances de coaching sont restées centrées sur cette plainte à l'égard des autres. Puis les récriminations se sont davantage portées sur le chef. M. Billy souligne que, à son âge, il est idiot d'avoir peur de son hiérarchique et ce d'autant que le hiérarchique a l'âge de son père. Il émet le souhait de lui parler, mais refuse de le faire seul. Il dit avoir peur. Il organise cependant un rendez-vous avec son chef le jour et à l'heure de sa séance de coaching (j'ai consenti à l'accompagner). M. Billy arrive à exprimer ses griefs et ses attentes, son chef également. Ils sont d'accord sur plusieurs principes de fonctionnement : se dire bonjour et au revoir ; faire le point dix minutes tous les deux jours, utiliser le mail pour les informations courantes ; déjeuner ensemble à la cantine une fois par mois avec le reste de l'équipe du département recherche ; participer aux réunions ; remettre les documents dans les délais.

M. Billy se sent plus détendu, il reconnaît que la communication, aussi simple soit-elle, est difficile pour lui. Il dit se sentir à l'aise, préférer travailler seul, avoir besoin d'isolement pour retrouver de l'énergie et penser tranquillement dans son coin. Tout ce qui est bruyant le dérange et il reconnaît qu'il a déjà vécu cette situation dans son école d'ingénieur, au sein de laquelle il ne faisait partie d'aucun groupe. Il estime se sentir envieux des gens à l'aise en société.

Il comprend que le travail d'équipe ne peut pas fonctionner selon son propre désir. Il admet que la communication joue un rôle important dans la vie professionnelle et dit vouloir faire un effort pour intégrer l'équipe, et ce à la suite de l'échange qu'il a eu avec son hiérarchique.

C. Résultats partiels

M. Billy a beaucoup résisté avant de se livrer, beaucoup résisté pour se regarder en face et admettre son fonctionnement. La rencontre, en ma présence, avec son chef lui a servi de levier d'assurance. Il a renforcé son identité professionnelle pour assumer sa fonction.

Il a demandé à choisir ou à participer au recrutement de ses stagiaires.

Il a participé régulièrement aux réunions et s'est imposé de participer au repas à la cantine...

Un an après le coaching, il a intégré deux ingénieurs dans son service pour l'aider.

III. MONSIEUR THÉODORE

A. Exposé de la situation de coaching

M. Théodore est un manager brillant et ambitieux, diplômé d'une grande école de commerce. Il a su mettre à profit ce qu'il a appris et a rapidement été promu, essentiellement pour ses qualités inventives, sa propension à proposer rapidement des projets et son aisance relationnelle.

Lors de sa demande de coaching, il vient d'être embauché dans une importante société de porcelaine du centre de la France. Il doit être le bras droit du PDG, lequel mène son entreprise et son monde avec les méthodes paternalistes qu'il a hérité de son père et de son grand-père. Le président a l'habitude de prendre ses décisions seul et ne supporte pas qu'on lui résiste. Il n'hésite pas à hurler, à complimenter ou à se heurter avec ses employés si les nouveaux venus n'adoptent pas le style de la « maison ». M. Théodore arrive dans cette atmosphère de turnover et de « dirigisme » qui commence à poser problème aux employés et cadres.

B. Extraits de séances

M. Théodore axe sa demande sur son malaise personnel, ressenti en séance de travail avec le PDG. Les nombreux heurts et colères qui les opposent, stimulants au début, l'épuisent aujourd'hui. Il doute de son efficacité, qui ne lui avait jamais fait défaut jusqu'à présent. Il digère mal, remâche sa colère, ne comprend pas que sa convivialité heurte. Il se demande s'il ne va pas quitter l'entreprise.

Les premières séances de coaching ont été orientées vers un travail d'émergence des attitudes réciproques et de son attitude personnelle envers le président. M. Théodore a passé en revue la manière dont il veut s'imposer, dont il utilise les mots et son langage non verbal. Il se sent infantilisé dans la relation avec le PDG.

M. Théodore prend peu à peu conscience de son sentiment de rivalité, ses manières de vouloir influencer le PDG par ses propres performances précédentes.

Il a fini par comprendre ultérieurement comment il pouvait changer son attitude envers le PDG, en changeant ses propres manières de faire. L'infantilisation qu'il ressentait, a-t-il dit, était un produit de sa propre histoire; il a pris conscience qu'il n'avait pas à répondre avec un comportement d'enfant. Il peut s'affirmer sereinement, en restant sûr de lui, en s'estimant, tout en étant respectueux de son supérieur.

Il a pensé adopter dans les dialogues une attitude plus distanciée («*peut-être suis-je perçu comme envahissant*»), développer davantage d'écoute en se mettant plus à la place de son président.

M. Théodore reconnaît que son «aplomb» et sa précipitation à toujours vouloir être au premier plan cachaient quelques failles personnelles: il avait besoin de se montrer pour exister. Il a donc décidé de se concerter davantage avec ses collaborateurs afin d'atteindre ses objectifs de façon plus acceptable.

C. Résultats partiels

M. Théodore s'est investi d'une façon spontanée et sincère dans le processus de coaching et s'est montré rapidement réceptif à la méthode. Il a décidé de rester dans l'entreprise malgré les offres faites par des «chasseurs de tête».

M. Théodore a changé ses comportements à l'égard de ses collaborateurs, exprime davantage des opinions, se montre moins tranchant et écoute davantage son PDG. Il travaille son image de responsable, en adéquation avec l'image qu'il voulait donner de lui et le leadership qu'il voulait développer.

Il a obtenu, l'année suivante, la responsabilité de monter une filiale dans un autre pays dont il serait le directeur.

IV. MADAME CINDY

A. Exposé de la situation de coaching

Mme Cindy a hérité à l'âge de 20 ans, de sa grand-mère, la fabrique de papier qu'elle dirige dans l'Est de la France depuis les années soixante. Par ailleurs, féministe avant l'heure, elle a toujours eu une politique encourageant les femmes à être actives malgré le fait d'avoir des enfants à élever. Ayant elle-même quatre enfants, elle est devenue connue et respectée, menant ses équipes durement : « *Une vraie patronne, gentille mais redoutée.* » Pour asseoir ses valeurs et ses convictions, elle a soutenu en 1962 la création de l'association des veuves et orphelins de guerre, d'abord au niveau de son entreprise puis au niveau de la ville, du département, de la région et au niveau national.

Aujourd'hui, son entreprise lui appartient toujours, mais Mme Cindy a dû s'associer avec un partenaire allemand, ce qui au premier abord était assez difficile à accepter. L'entreprise est finalement prospère et les emplois sauvés.

Son activité a brusquement changé lorsqu'elle a été à la fois réélue PDG de son usine et élue présidente de l'association France des veuves et orphelins. Elle a tout accepté sans hésiter.

B. Extraits de séances

Mme Cindy connaît bien l'historique de son usine et les histoires de vie que s'y rattachent. Elle reconnaît avoir régné en maître incontesté.

Le coaching qu'elle demande repose sur un sentiment d'incompétence face à ce double rôle : elle admet volontiers être embarrassée par ces deux rôles extrêmement exposés aux commentaires du public. Elle ressent cela comme une « mission » de la vie, très flatteuse pour elle, et se sent capable de transformer l'association. Comment faire pour accepter la critique, assurer une présence politique, ne pas se faire manipuler ? Elle se retrouve dans des rôles de performances, dans la nécessité d'être en représentation constante, d'arriver à délivrer le bon message dans des situations sous pression. Elle a pris conscience qu'il était nécessaire d'agir plus lentement. Plus posément. Mme Cindy a décidé de concentrer ses efforts sur le fait d'accroître sa curiosité parce qu'elle ne sait pas tout ; sur sa flexibilité et son aisance relationnelle en parlant de problèmes sérieux à toutes sortes de gens, elle ne peut diriger et orchestrer seule ses responsabilités. Elle a favorisé une certaine proximité avec les personnes, leur demandant des nouvelles de leurs enfants, de leurs projets... Elle a audacieusement initié le contact avec des gens auprès desquels elle n'aurait jamais cru pouvoir le faire. Chaque jour, son carnet d'adresses s'étoffe. Elle est aujourd'hui connue pour sa créativité diplomatique et son attitude pleine de ressources. Vers la fin du coaching, une autre question émerge: «*Est-ce que je fais mon travail avec plaisir ou comme un robot. Est-ce que cela a du sens de courir partout à mon âge?*»

C. Résultats partiels

Mme Cindy a compris son rôle professionnel et social, s'est mise en situation d'apprentissage et s'est remise en cause. Le partenariat l'a confrontée au deuil et à ses propres valeurs.

Mme Cindy, après s'être occupée un an de la présidence de l'association et de l'usine, a décidé de céder l'usine à son partenaire et de développer l'association pour des raisons personnelles et sociales.

V. MADAME SIDONIE

A. Exposé de la situation

Mme Sidonie est adjointe du président d'une société de production de cosmétiques depuis maintenant vingt ans. Elle maîtrise parfaitement la culture de l'entreprise et, surtout, toutes les phases de la production. Les produits les plus précieux n'ont plus de secrets pour elle. C'est donc tout naturellement qu'elle pense prendre la succession du président qui se retire pour des raisons de santé. C'est alors que quelqu'un dont elle n'avait jamais entendu parler prend la place.

B. Extraits de séances

Mme Sidonie se trouve en état de choc et entre dans une déception proche de la dépression. Elle demande un coaching pour chercher à comprendre son «incrédulité» face à la politique du groupe. Son premier mouvement est celui du découragement, mais aussi de la vengeance. Elle décrit ce qui lui arrive comme une trahison. Elle pense qu'elle va être écartée de son emploi actuel. Après plusieurs séances, elle dit ne pas bien se rendre compte combien la parole était importante. Elle évite les raisons trop irrationnelles de sa mise à l'écart.

À bien connaître le contexte, elle pense s'être laissée un peu porter par la vague, n'étant pas assez proactive. On ne la voyait pas comme leader.

De même, étant bien connue dans la société, elle ne pouvait pas, selon elle, avoir la même autorité que quelqu'un d'extérieur. Elle a aussi négligé son image : « *J'étais devenue transparente.* »

C. Résultats partiels

Mme Sidonie ne quitta ni son entreprise, ni son poste. Elle est davantage présente dans les réunions, soigne son profil de leader en faisant des propositions et des projets. Elle visite davantage les succursales, reçoit beaucoup de demandes de conseil de son président, qui lui confie des missions. Elle se qualifie aujourd'hui d'éminence grise et de coach de son président.

VI. MADAME ARISTIDE

A. Exposé de la situation

Mme Aristide est directrice générale adjointe dans la fonction publique territoriale; elle occupe le poste depuis huit ans. Elle en connaît bien les rouages complexes entre les différents acteurs. Elle maîtrise également assez bien la culture de l'institution, accueille toujours avec enthousiasme les stagiaires, essaye de leur transmettre sa passion des projets à concevoir, de faire exécuter et suivre le travail sur le long terme. Elle apprécie son poste pour la polycompétence qu'il requiert. En revanche, de nature discrète, elle éprouve de la difficulté à s'imposer et à prendre la parole en public.

B. Extraits de séances

Mme Aristide demande un coaching pour deux raisons : elle souhaite changer de fonction et une mission de déléguée européenne lui a été imposée pour représenter les collectivités territoriales.

Elle dit s'en sentir incapable, qu'elle va balbutier, qu'elle n'aime pas changer ses habitudes et qu'elle n'aime pas se faire valoir. Elle éprouve une grande fatigue, ne se sent pas motivée.

Le travail du coaching lui permet de faire émerger, malgré un grand dynamisme, une affirmation personnelle vacillante et une confiance en soi relative. Elle dit de sa vie qu'elle n'est pas balisée par un savoir-faire particulier mais le ressent comme éclaté.

Ce constat la pousse à entreprendre un bilan de compétences pour asseoir ses savoirs et avoir confiance en elle.

La confiance personnelle est abordée plusieurs fois et, notamment, par le biais de ses études qu'elle a dû conquérir envers et contre tout. Elle fait le lien entre cet épisode de vie et sa difficulté à s'affirmer et à prendre la parole. Elle prend conscience aussi de ses peurs cachées de honte, de ne pas être à la hauteur… et comprend également la raison de sa « *non-ambition* » déguisée. Elle comprend qu'elle a besoin de se protéger.

Elle a trouvé une stratégie pour s'apprivoiser et participe aux réunions de parents d'élèves où elle s'oblige à prendre la parole. À son travail, elle participe à toutes les réunions et s'astreint à prendre la parole, en argumentant sur n'importe quel sujet.

Le quatrième mois de coaching, elle accepte de contribuer à la rencontre européenne, se sent capable de participer à un sujet, d'approuver l'idée d'un autre, de demander à ce qu'un commentaire soit répété, de défendre tranquillement certains points et de remercier les gens.

C. Résultats partiels

Mme Aristide a compris que son caractère réservé n'était pas toujours choisi et qu'elle pouvait aussi elle-même changer les choses, être davantage extravertie, sans honte, que ses compétences étaient spécifiques et que l'on n'avait pas fait appel à elle comme « *bouche-trou* ».

Elle a demandé à se former à l'anglais professionnel, notamment à la prise de parole en public.

VII. QUAND LE COACHÉ TROUVE SON HUMANITÉ DE SUJET

C'est probablement le questionnement personnel qui rapproche les démarches de psychothérapie et de coaching. Ces deux démarches ne sont pas neutres, elles laissent une empreinte sur la manière d'agir, de penser et de se penser au monde en tant que sujet. Elles impliquent une démarche volontaire.

Cet accès de soi à soi n'est pas aisé dans un monde d'entreprise où tout semble fonctionner facilement. Comment le client coaché va-t-il s'approprier cet accès? Comment le monde de l'entreprise va-t-il le lui permettre? Pour le coaché, la question est délicate: comment conquérir une distanciation en restant à l'intérieur de l'entreprise? Comment acquérir la position « méta » distanciée alors que son groupe d'appartenance est l'entreprise. Il peut craindre de perdre le pouvoir de tirer les ficelles, ficelles qui le lient à son groupe d'appartenance. Souvent, les liens qu'il a tissés, la réputation qu'il a, lui ont coûté cher. Son indépendance de penser doit-elle être suivie d'un prix à payer?

Ne devra-t-il pas se risquer à se sentir, d'une certaine manière, encore plus seul et nu dans cet engagement qui le sépare à tout jamais, si l'on peut dire, de l'automatisme de penser?

Dans l'entreprise, quand le coaché arrive à s'observer, à repérer et à constater ses attitudes déviantes et qu'il arrive par-là même à rectifier ses actes ou à se distancier, on peut dire qu'il s'est approprié une compétence d'auto-observation. Il devient plus autonome, davantage en cohérence avec les aspects de sa vie, comprend et fait des liens entre ses divers engagements et projets.

Ce travail s'opère sur le long terme car le coaché doit apprivoiser une partie inconnue de lui mais maintenant «ouverte» et mobilisée: la dimension de l'inconscient. Jamais il ne la nommera en ces termes, mais il va s'approcher de livres, d'une littérature qui lui dévoilent des explications théoriques de son vécu personnel. À lui d'établir, par la suite, des connexions. En situation professionnelle, le coaché sera davantage à l'écoute de ses émotions en lien avec la dimension de son leadership. Grâce au «questionnement» suscité par le coach, le coaché va progressivement se créer de nouveaux modes de représentation du monde qui vont l'initier à accepter les autres comme différents de lui et différents dans leurs réactions. Par-là même, ses compétences de dirigeant, de leader ou de manager vont être plus claires: il saura mieux définir et affirmer sa professionnalité au cœur de l'institution. Il se voit dans un cheminement d'acceptation d'être ce qu'il est, hors du «jeu» organisationnel: «*Un être de conscience, de doute, d'affect, de même condition que ceux qu'il encadre. Un être éthique et responsable devant les autres, qu'il peut contribuer à humaniser ou déshumaniser.*[1]»

En ayant changé sa vision du monde, le coaché est capable de formaliser les situations, de les analyser, de les transposer en compétences transférables et de se passer des services du coach. Trouver son humanité, c'est entrer en congruence avec ses multipersonnalités, les unifier en un «je» réconcilié. Le coaché est davantage conscient de sa multiplicité intérieure qu'il tend à unifier et non plus à isoler en démons retors.

1. Jarda R., Sépulcure T., «Coaching sur les sentiers de la gloire», *Courrier Cadres* n° 1556, 20004.

Chapitre 6

COACH : UN MÉTIER DE L'IMPOSSIBLE

I. LE COACH ET L'EMPRISE DES IDÉOLOGIES EN PLACE

A. Le coaching : la pertinence du style d'intervention

« *Aujourd'hui plus que jamais, la cible du nouveau métier de responsable est visible dans l'entreprise, et ce qu'on attend de lui est complexe. On ne lui demande plus, comme par le passé, d'être un "chef" ; on exige de lui qu'il soit un véritable manager, c'est-à-dire un leader, un animateur d'équipe, un décideur. Il s'agit pour lui non pas seulement d'acquérir de nouvelles compétences mais d'opérer un véritable changement de comportement.*[1] »

Le coaching est un mode de consultation qui présente l'intervention comme un processus de transformation dont les résultats visés par le client ne sont pas toujours ceux qu'il atteint. Il existe un aménagement de surprise. Cependant, le contrôle, l'évaluation du déroulement des processus ont toujours été maîtrisés. Le coach a pour pleine et entière responsabilité de s'assurer que le processus dans son ensemble produit ce qu'il doit produire dans le cadre de la situation professionnelle de coaching.

Peut-on, dans cette perspective, poser l'importance du style personnel d'exercice du coaching et de la pertinence du contenu ? Qu'y a-t-il de plus important : le style ou le contenu ? Le contenu est nécessaire, mais le style l'est tout autant : ils sont indissociablement liés. Cependant, nous soutenons aujourd'hui, au regard de nos pratiques, que le style reste le plus

1. Boizet Fatima, « L'appui une forme d'accompagnement », *Éducation permanente/EDF-GDF-SEP*, 2002.

apprécié, même si le contenu est lui aussi indispensable. Cela n'est pas facile à définir car un style est fréquemment malaisé à quantifier et à décrire. C'est cependant ce qui fait toute la différence dans les prestations. Cela veut dire aussi que, dans sa conduite personnelle, dans son éthique, le coach doit maintenir sa posture y compris dans les situations délicates. Cela traduit une attitude responsable autant sur le contenu que sur le style. Cette alliance constitue un pouvoir, défini par l'autorité que l'on a sur soi en lien avec l'impact que cela permet sur les autres :

1. Tenir une position juste.
2. Se maintenir dans un comportement cohérent.
3. Utiliser sa pertinence interrelationnelle.

Lors de réunions de présentation du coaching, certains parlent de façon très théorique et avec un langage marketing.

Il est intéressant de noter que le manager n'arrivera pas à manager sans style personnel. Sans s'être frotté aux configurations d'une équipe. Le management est une terre inconnue même pour quelqu'un de hautement diplômé. C'est l'épreuve de la réalité dans une équipe qui lui fera comprendre ses points positifs et ceux à améliorer et qui le confrontera à ses compétences.

Le futur cadre doit éprouver ses propres limites communicationnelles et ses propres compétences d'autorité. Celles-ci font ou déferont son succès dans les conduites de projets. Aujourd'hui, les consultations de coaching concernent beaucoup des problématiques relationnelles dans les services.

Marier la pertinence et son propre style avec la pertinence de ses compétences et du contenu des formations ne semble pas quelque chose de toujours partagé ou de facile à atteindre sereinement. Comment, en tant que manager, posséder les critères de réussite du « savoir bien manager » ?

La société Fedex's system évalue ses leaders selon neuf éléments[1] :

1. **Le charisme**. Il confère un grand sens professionnel dans un respect mutuel des uns et des autres.
2. **La considération individuelle**. Les coaches, les conseils et les formateurs ont besoin des responsables dans une écoute active et bienveillante. Les coaches doivent se mettre en capacité d'adopter une attitude pour aider les managers.
3. **La stimulation intellectuelle**. Amener les autres à réfléchir même sur des opinions opposées. Communiquer pour repenser la logique des choses.

1. D. A. Benton, présidente de la Research and Consulting Firm Benton Management Ressources Inc., Colorado, USA.

4. **Le courage**. Être d'accord pour appliquer spontanément des idées parfois impopulaires. Éviter les confrontations. Faire ce qu'il faut pour défendre les intérêts du groupe et des employés, même si cela demande un effort personnel.
5. **La crédibilité**. Prendre des responsabilités pour conduire des actions et accepter les responsabilités en cas d'erreurs, obéir à la stratégie définie. Être autonome.
6. **La flexibilité**. En fonction des changements, s'adapter, changer de stratégie.
7. **L'intégrité**. Se conformer aux règles éthiques et ne pas abuser des privilèges du management.
8. **L'esprit de décision**. Atteindre les objectifs. Utiliser les expériences passées pour mieux s'orienter et décider.
9. **Le respect des autres.** Encourager les efforts et l'esprit d'appartenance

Par l'intermédiaire de cette charte de bons principes, les managers doivent prendre conscience de la nécessité d'améliorer leur style de comportement managérial au sein de leurs équipes. L'entreprise définit cette démarche comme cruciale et pense que ceux qui n'adhèrent pas à ces propos sont probablement des subordonnés ou bien qu'ils se trouvent dans une position inadéquate !

B. La place de l'homme au travail

Le management respectueux, éthique, ainsi qu'il devrait l'être, est effiloché dans bien des entreprises au niveau mondial. Le responsable doit jongler avec des impératifs qui le dépassent parfois, et touchant à la stratégie politique des actionnaires mais aussi aux idéologies en place. Le responsable se doit de composer avec ces éléments.

Les sociétés démocratiques se déstructurent socialement, face aux mensonges totalitaires; pour qui a une certaine exigence morale, ne vaut-il pas mieux se fier à la solidité de la loi, référence fiable? Aujourd'hui, les derniers scandales déstabilisent la bourse (vecteur économique), mais aussi les salariés qui n'en sont plus à la lutte des classes mais à la lutte pour leur propre survie, qu'ils savent aléatoire tant leur outil de travail est menacé.

Le thème de la justice organisationnelle au travail apparaît comme un thème récurrent dans les congrès scientifiques récents[1], trahissant l'augmentation des préoccupations explicites des salariés à propos des règlements, passe-droit… Cela veut dire que les salariés expriment leur point

1. Congrès de psychologie du travail en langue française, juillet 2006.

de vue sur la manière dont ils sont traités ainsi que l'impact donné sur leur investissement au travail, de façon individuelle et en équipe. Aujourd'hui, si les feux de la rampe sont dirigés vers les salariés avec les bilans de compétences, la validation des acquis, la formation tout au long de la vie[1], il n'en demeure pas moins que les évaluations répétées vont de plus en plus dans le sens d'un contrôle systématique pour rejoindre une conformité explicite ou encore se conformer aux standards d'éthique et de moralité préexistants.

On aboutirait presque à cela même si l'on voulait éloigner le collaborateur qui ne recherche pas systématiquement à prendre des responsabilités. Quelques-uns, désabusés, ne font que ce qu'on leur dit de faire. Ni plus ni moins. Le sens de leur vie au travail ne repose plus sur des intérêts dans le travail, mais est emprunt de la nécessité de nourrir la famille. La motivation, les responsabilités, les initiatives chères aux responsables leur posent un problème pour l'adhésion des équipes aux projets dont ils sont porteurs. L'investissement dans le travail est sous haute surveillance, parce qu'il y a une obligation de produire coûte que coûte. La justice organisationnelle, le climat de travail sont étroitement corrélés et aboutissent, quand ils sont pris en compte, à des comportements différents. C'est-à-dire que, quand un sentiment d'injustice persiste, l'ambiance de travail se dégrade et la motivation baisse ; les salariés comparent leur contribution par rapport à leur rétribution.

C. Garder le cap

Le coach intervient souvent dans une entreprise où les problèmes complexes émanent de différents points d'achoppement. Les demandes qui recouvrent les domaines de compétences interpersonnelles et des compétences politiques, comme facteurs conditionnant la performance, sont assez fréquentes. Probablement car cela touche les systèmes de valeur et les motivations managériales.

« *Les tactiques politiques constituent une forme spécifique de tactiques d'influence visant, dans une situation caractérisée par une lutte de pouvoir, la promotion des intérêts du groupe ou de l'individu qu'il représente… cela peut être aussi des jeux politiques.*[2] » Face à ces situations, le coach se maintient comme un catalyseur. Il prend le rôle d'une personne flexible, qui

1. La formation tout au long de la vie : loi de janvier 2002
2. Foucher Roland, université du Québec en Ouataouais et Stéphanie Jean, UQAM à Montréal, « Les habiletés politiques : définition et mesure », communication 126, congrès de psychologie du travail en langue française, juillet 2006.

écoute, entend, observe et redéploie des éléments pluriels qui vont secouer le coaché. Il accepte inconditionnellement ce qui se dit, mais en favorisant par sa présence physique et intellectuelle la capture du sens par son client. Le coach se trouve en position sensible dans la mesure où les contextes de l'entreprise changent. Il doit plus que jamais maintenir la disparité car sinon il serait digéré par le système et lui ressemblerait. Se placer en position méta lui permet de garder sa position de catalyseur.

« *Un catalyseur est une substance qui, sans subir elle-même aucune transformation, provoque l'accélération d'une réaction chimique lorsqu'elle est mise en présence des ingrédients qui sont en réaction… on pourrait critiquer l'élément qui dit sans subir aucune transformation, car le consultant évolue, lui aussi, à travers l'intervention qu'il fait.*[1] »

II. L'ÉCONOMIE PERSONNELLE DU COACH

A. L'écoute

Plusieurs variables interagissent sur l'économie psychique personnelle du coach. Dans un premier temps, nous revenons brièvement sur l'écoute du coach, formation à part entière. Écouter et entendre ce qui se dit et ne se dit pas ne relève pas de l'amateurisme. Pourtant, cela semble si simple. L'écoute entraîne l'adhésion de l'engagement. Cela implique que le coach aura connu l'introspection, la psychothérapie, au moins pour éviter de mettre le client dans sa «*boîte à interprétation*».

L'écoute est bien une compétence professionnelle pointue qui ne s'improvise pas. Le coach doit porter son écoute vers l'univers du coaché, l'apprivoiser afin d'être pertinent dans ses comportements professionnels d'intervention.

«*Par une écoute engagée, je me concentre entièrement sur les engagements du coaché. Autrement dit, je me fais le gardien de ses engagements. Le potentiel de cette personne me devient accessible en quelque sorte… En tant que coach, il faut être à l'écoute des paroles mais aussi des silences. J'écoute ce que raconte la personne que je coache pour saisir dans ses opinions et ses expériences ce qui l'empêche peut-être d'atteindre ses objectifs. J'écoute aussi ses demandes et ses promesses, pour déceler des indices d'action. Et je suis à l'écoute des déclarations et des "peut-être" par lesquels les coachés se créent et se recréent.*[2] »

1. Payette Maurice (sous la dir. de), *Profession: consultant*, Presses de l'université de Montréal, Collection intervenir, 3e édition.
2. Rick Fullerton, Ph, D. enseigne à l'université de Dalhousie, Canada. Son approche du coaching lui vient de Jim Selman, leader dans l'évolution du coaching en gestion et en leadership.

B. La disparité

Deuxièmement, le coach est confronté à l'accompagnement. Le mode d'accompagnement ne se fait pas par un mimétisme quelconque. La relation se fonde sur la disparité entre coach et coaché et n'a aucun rapport avec la maïeutique. Ce mode d'accompagnement n'en est pas moins «épuisant» car il place le coach dans une situation consciente d'instabilité. Rien n'est définitif.

La relation duelle est une relation en tension: elle fédère et monopolise tout un «protocole» inconscient chez le client qui n'a de cesse de réduire cette disparité pour se sentir justement à égalité avec le coach, ce qui est impossible et casserait la dynamique de progression si un tel cas devenait possible. La résistance psychique du coach est considérable car la tentation pour répondre à une question est toujours possible. Laisser croire au coaché que nous sommes ignorants par notre non-réponse n'est pas chose aisée, cela nous réduit à sembler être inconsistant. Rien.

La présence du coach dans la relation permet au coaché de découvrir et d'assumer un autre pan de lui-même, ainsi que les limites de sa capacité à manipuler. De fait, cette découverte permet au coaché de vivre des transformations personnelles et professionnelles.

C. La santé psychique au travail

Personne aujourd'hui ne saurait parler du travail en tant que mode d'intégration sociale car il n'existe plus comme tel.

Une partie de l'économie psychique du coach est supportée en fonction du climat organisationnel dans lequel il intervient. Si, il y a une quinzaine d'années, on pouvait ne pas en parler, ce n'est plus possible aujourd'hui. La santé psychique au travail devient une thématique à part entière, notamment dans le cas de managers souffrant, en détresse ou ayant des traits de personnalité potentiellement fragiles. Les dysfonctionnements des équipes de direction des entreprises sont sources de préoccupations pour de nombreux présidents directeurs généraux. Voilà qui semble assez logique quand on connaît l'impact sur les équipes des collaborateurs ainsi que sur la performance de l'entreprise.

Le bien-être est lié à la santé psychique, aux expériences positives et à une satisfaction globale de sa vie en général. Le comportement extraverti est recommandé dans des échanges et des relations interpersonnelles altruistes, entreprenantes et coopératrices. La capacité à gérer les frustrations est très importante. La détresse ou le mal-être au travail se traduit par une autodévalorisation, une irritabilité, une anxiété, voire une agressivité, une somatisation ainsi qu'un certain désengagement social.

Les collaborateurs de ces managers réagissent très différemment selon leur prédisposition personnelle, leur définition personnelle de ce qu'est «un chef», leur histoire, leur capacité à se comporter avec les troubles de l'autre. Certains traits de personnalité passent inaperçus et, au fur et à mesure du temps, la pathologie progresse, les symptômes prennent sens. Une simple bouderie sans salutation de début de journée n'est pas agréable, mais n'apparaît pas comme un symptôme. Tout au plus va-t-on qualifier le manager de «lunatique»... Quelques mois plus tard, ces mêmes comportements évoqueront l'instabilité émotionnelle, la colère clastique (immotivée), des tendances paranoïdes...

Quand un coach arrive dans ce contexte, son premier entretien de contact assez «convenu» avec le futur coaché ne va pas toujours lui permettre de déceler des troubles. Sa position en sera par la suite caduque car «le malaise» ne sera pas évoqué, parlé, et le coach doit se contenter de la demande de coaching, de rien d'autre.

Pour le coach, le risque de ne pouvoir mener à terme le coaching est grand; et si cela relevait d'autre chose que du coaching et bien plus d'une prise en charge personnelle en thérapie?

La position du coach doit être professionnelle, il doit faire intervenir sa posture déontologique relative au fait de savoir si, actuellement, celui qui se nomme coach a toutes les raisons de pouvoir faire son travail ou de savoir si cette posture de coach l'habilite à réorienter diplomatiquement le coaché vers un autre accompagnement.

Notre expérience montre qu'en situation de coaching réflexif le manager qui se sent dans un état pathologique ou de malaise («*je n'y arrive plus à tous les niveaux*») ne supporte pas les séances de coaching trop compromettantes. Il abandonne. Parfois, un travail se fait spécialement autour de la fonction exécutive de management, les effets se font sentir dans le rééquilibrage du stress et, en se sentant épaulé, le coaché croit qu'il va mieux. Il est dans une reconquête du calme et d'une distanciation des points d'accrochage. Le travail du coach est un vrai travail d'équilibriste qui doit pouvoir «dire» sans mettre en péril la personne. Il doit rester dans sa position et ne pas évoluer vers la thérapie. Ce serait une imposture.

Nous présupposons qu'un coach qui a une formation en psychologie clinique sera mieux «équipé» dans ses connaissances et son réflexe pragmatique, plutôt que quelqu'un qui est loin de se figurer ce que peut être l'irruption d'une crise d'angoisse par exemple.

Parler, adresser une parole de «soutien» à l'autre semble anodin. Cela peut pourtant déclencher un orage. «*Le risque, vu de l'extérieur, n'était pas grand.*

Mais par contre, à l'intérieur de Vera, ce que ces mots pourraient provoquer... cette déflagration silencieuse, ce bouillonnement furieux, ces acres fumées, ces coulées incandescentes... jamais je n'ai osé volontairement déclencher cela.[1] »

Cette situation est possible. Si la situation psychique est détectable dès la première rencontre et révèle une pathologie ou une sévérité des troubles, cela empêche le coaching. Si ce n'est pas le cas, nous nous plaçons dans l'engagement. Ces dirigeants ou managers ne sont pas « fous » complètement ou, en tout cas, ils sont intuitifs et préfèrent « se » prescrire un coaching plutôt qu'une thérapie car ils aspirent à un apaisement. Placés sous le déni (consciemment ou inconsciemment), ils se font croire à eux-mêmes qu'ils ne sont pas malades. Mieux vaut ne pas jouer à l'apprenti sorcier.

Marc Corbière[2], professeur à l'université de Sherbrooke, constatait que plus les fonctions occupées étaient élevées, plus les personnes arrivaient à se maintenir en emploi. Ces personnes ont acquis des systèmes de défense et d'accommodation, efficaces principalement sur des arrangements d'horaires, qui ne prêtent que peu de commentaires compte tenu de la fonction occupée et indépendante. Une valorisation du travail effectué ainsi que des feed-back sur ce travail les gardent en exercice, car ils arrivent encore à faire croire par des délégations qu'ils font leur travail. Ils manœuvrent aussi en informant leur hiérarchie de leur « petits problèmes », ce qui a pour effet de les couvrir et de les laisser à leur poste. Les rumeurs qui vont courir n'alerteront pas les hiérarchies puisqu'elles croient savoir.

Les responsables souffrant de troubles psychiques engendrent et provoquent inévitablement des « soucis » dans leur management, conséquences négatives sur tous les personnels. Les liens avec leur équipe se dissolvent et les collaborateurs entrent dans une course effrénée au « sauve qui peut ». La dramatique crise de l'emploi soumet beaucoup de salariés à des situations de maltraitance psychologique car ils ne peuvent partir aisément. Ce dernier point ne veut pas dire que la maltraitance psychologique n'existe pas dans les situations de plein emploi. Ne faisons pas d'amalgame.

D. La supervision comme acte professionnel

Le troisième point d'économie personnelle du coach sera de se ménager du temps et un espace de supervision, qu'il s'agisse d'un groupe ou d'un individu. La supervision est un acte professionnel.

1. Sarraute Nathalie, *Enfance*, Folio, 1983.
2. **www.usherbrooke.ca/wdp** ou **www.caprit.ca**, « Le maintien en emploi de personnes souffrant d'une maladie mentale », communication au Congrès de psychologie du travail en langue française, 2006.

«La supervision est un processus s'appuyant sur la réflexion et l'intégration. Pour qu'un travail de maturation puisse avoir lieu, la supervision se déroule sur une durée déterminée et elle est rythmée par des séances ayant lieu de façon régulière.[1]» La Société française de coaching[2] définit la supervision dans son Code de déontologie: *«article 1-3. Supervision établie: l'exercice professionnel du coaching nécessite une supervision.»*

Beaucoup de coaches ont compris cette démarche qui consiste à comprendre ce qui se joue en soi, mais aussi à penser sa pratique et ses propres actes. La supervision n'est pas un acte anodin, elle est une décision personnelle. La supervision permet de se ressourcer avec un apport de connaissances nouvelles, mais aussi d'une façon tout à fait pragmatique dans la compréhension de ce qui se joue dans la façon d'exercer le coaching. Être dérangé dans sa pratique n'est pas confortable.

«La supervision prend du sens lorsque le supervisé développe ses interventions professionnelles, renforce sa conscience de lui-même, de ses actes, de ses responsabilités, de son engagement, de sa volonté de coopérer et de sa capacité à créer des liens interpersonnels.[3]»

Le superviseur (coach ou thérapeute connaissant l'entreprise) doit être indépendant et non membre de l'école à laquelle il est affilié. Le coach doit se sentir libre de choisir son superviseur. Beaucoup d'associations proposent une supervision aux coaches qu'ils ont formés avec un membre fondateur de cette même association: ils se retrouvent en situation de public captif. Cette démarche est antidéontologique.

«La supervision stimule le développement professionnel et personnel et amène le supervisé à s'interroger sur ses attitudes, ses paroles, ses perceptions, ses émotions et ses actions.[4]» Elle vise à développer la lucidité; elle aide à prendre de la distance et donc à mieux gérer des situations complexes. Elle favorise l'intégration de l'expérience et l'intégration des apports théoriques.

La fonction de superviseur doit garantir le secret professionnel. Les séances doivent se dérouler d'une manière régulière et le superviseur doit avoir été formé à la supervision. Une fois encore, la relation ne doit pas être une relation de pouvoir, mais une relation entre pairs.

---

1. Association romande des superviseurs, **http://www.sbs-aspas.ch/francais/publications_f.htm**.
2. **www.sfcoach.org/sfcoach/**, voir en annexes.
3. Association romande des superviseurs.
4. Association romande des superviseurs.

III. L'INCERTITUDE PERMANENTE

A. La maîtrise

Le quatorzième Dalaï Lama déclare dans une de ses rencontres avec les Européens: « *La conscience de l'impermanence, couplée avec la prise en compte de l'énorme potentiel de l'existence humaine, nous confère un sens de l'urgence.* »

Certitude ou incertitude. Une seule certitude existe: la mort. Ici ou là-bas, cependant, sa signification n'est pas la même. L'incertitude économique permanente de la vie quotidienne au travail fait de chacun de nous un homme installé, l'effort de maîtrise nous permettant de nous leurrer un peu plus grâce au travail fait dans l'urgence, ce qui est le plus souvent notre cas. Le coaching réflexif infléchit le temps, hisse le coaché dans cette délicate position de funambule. Ce fil tendu et ténu, au-dessus du vide, entre les deux protagonistes permet de soutenir le coach et le coaché, chacun porté par sa propre incertitude, mais sous le signe de la confiance dans la relation. « *La relation est dans l'essence qui la compose une alchimie dont personne n'a la réponse du pourquoi ça marche... le manager et son coach, étrange couple.*[1] » C'est probablement une première étape dans l'acceptation de l'incertitude. Se donner le temps et la confiance nécessaire pour croître du côté de « l'Être » grâce au langage.

La façon dont le client s'exprime, ce qu'il dit ou garde sous silence, sont pour le coach autant d'indices de la « structure d'interprétation » du client et du langage à utiliser pour le rejoindre vraiment. En outre, le coach doit choisir le langage qui incitera le coaché à établir les nouvelles distinctions qui soutiendront ses progrès. « *Les métaphores, les questions et les exercices d'observation de soi comptent parmi les moyens qui permettent d'établir ces distinctions.*[2] »

Comment le coach peut-il remplir sa fonction puisqu'il doit mettre entre parenthèses sa connaissance et son savoir? La position est difficile car ce n'est que dans l'après-coup, c'est-à-dire quand le coaching se termine, que tout prend sens et qu'il peut, si besoin, se rassurer. « *Être en état de non-savoir est déstabilisant. Nous avons quitté le confortable et le familier pour nous retrouver en situation incertaine, privés de notre sécurité familière. Comment allons-nous réagir? En retraitant vers le connu et le familier ou en avançant vers l'inconnu et le possible? Être en état de non-savoir, ce*

1. Bruner Roland, psychanalyste, 6e journée nationale de l'Institut psychanalyse et management, 1996, Nantes.
2. Divine Laura, consultante, formatrice et coach, gouvernement du Canada.

n'est pas nier la valeur de nos connaissances, de notre expérience et de notre expertise, mais les utiliser autrement.[1] »

La théorie comme bagage dérape devant l'inconnu, le comportement inopiné. Elle n'est pas un garde-fou, à l'inverse de ce qui se passe dans l'enseignement. Le coach est seul dans la relation avec le coaché. Cette relation est à chaque fois comme une feuille blanche où le contenu est à inventer dans le moment présent.

Cette relation est une prise de risque, une incertitude permanente à gérer à chaque séance. C'est courir le risque de perdre la maîtrise, et ce quelle que soit la technique mise en place.

Il n'y a pas de mise en scène médiatisée par un outil qui pourrait désigner la transformation avec sécurité et certitude... Prenons le cas des coachings très pragmatiques : le coaché s'entraîne régulièrement à passer devant les caméras pour arriver à produire son discours de façon charismatique, qui plus est en anglais. Face à ce « dépouillement », le coaché est perplexe et interloqué, perd ses marques ; ce qui le conduit à se penser différemment. Sous un nouvel angle de vue.

« Notre expertise est toujours là, mais en arrière-plan – disponible, mais en réserve. En nous retenant de fournir à notre interlocuteur une réponse à sa question ou la solution de son problème, nous favorisons en fait de grands progrès. Nous lui donnons la possibilité de se perfectionner et de s'exprimer, d'élargir sa réflexion ou son jugement jusqu'au point de "rupture", qui entraîne un moment d'intuition ou l'émergence de sa vraie question.[2] »

B. Le professionnalisme du coach

En 1925, Freud déclarait que : « *Éduquer, gouverner et soigner sont des métiers impossibles.* » Impossibles quant à la mesure des résultats ? Les résultats seuls ne sont pas suffisants pour signifier que le métier est « impossible », c'est-à-dire périlleux, risqué dans le rapport à l'autre, la satisfaction n'est jamais acquise, ni le repos. Mais c'est aussi la possibilité que ce métier existe.

Impossible tant le métier tenu par le coach est sans cesse en posture de déséquilibre face aux forces en présence : concurrence, personnalité du coach, renommée du cabinet, de l'entreprise, niveau du hiérarchique, argent, pressions en tout genre... Tout cela place le coach dans l'incertitude et l'inconfort.

1. Gordon Collins, *Coaching Network*, site Web de Connexion Coaching, 2003.
2. Gordon Collins, op. cit.

Cependant, dans cette incertitude, abordons le professionnalisme du coach, qui marque un arrêt à ce que l'on pourrait croire un édifice vacillant et décrédibilisant de l'intervention de coaching.

L'engagement signe une intervention qui repose sur l'identité professionnelle du coach et lui permet probablement d'exercer ce métier avec constance, tout en acceptant l'incertitude. Le coach est un homme debout malgré la difficulté.

L'engagement représente une identité psychosociale au sens de la théorie psychosociale définie par Zavalloni et Louis Guérin (1984, 1987, 1988). L'identité est comme une construction motivée reflétant un projet individuel et une vision du monde. « *L'identité professionnelle passe nécessairement par la structuration des compétences sociales des acteurs et les relations qui s'établissent avec le groupe de travail.*[1] » Descombes analyse le commentaire de Castoriasis sur les trois professions impossibles de Freud : « *Elles ont en commun de viser à transformer quelqu'un donc de lui faire subir un changement qui ne saurait se produire si lui-même ne l'opère pas. Il faut donc que le patient (acteur) de ce changement en soit aussi l'agent*[2] ».

Sociologiquement, on peut faire l'hypothèse que les professions impossibles, les métiers dont l'objet est la relation, sont appelés à se généraliser dans nos sociétés où la maîtrise des « compétences sociales » est au cœur de la socialisation.

Les éléments structuraux propres à l'identité professionnelle du coach s'ordonnent autour de plusieurs composantes réalisant une adéquation entre la personnalité et la pratique du métier[3].

À RETENIR

À notre sens, la connaissance de la dimension psychique est souvent banalisée par les consultants. La confusion peut s'installer très rapidement et faire glisser un professionnel dans un domaine mal maîtrisé, ce qui est dommageable pour le client et pour le consultant. Ce mouvement vers l'autre, la cordialité des rapports de travail ne constituent pas une démarche de coaching.

1. Costalat Anne-Marie, « La représentation professionnelle du formateur : le lien crisique, le lien tremplin, le lien scénique », *L'Orientation scolaire et professionnelle*, p. 273-299, 1995.
2. Descombes analyse le commentaire de Castoriasis in Ehrenberg Alain et collectif, « Agir de soi-même », *L'Europe plurielle*, coll. Esprit, 2005.
3. Voir également le texte d'Hélène Cardu, « Engagement et identité : la représentation identitaire professionnelle du cadre d'entreprise », *L'orientation scolaire et professionnelle*, mars 1998, vol 27/n° 1.

Composantes de l'identité professionnelle du coach

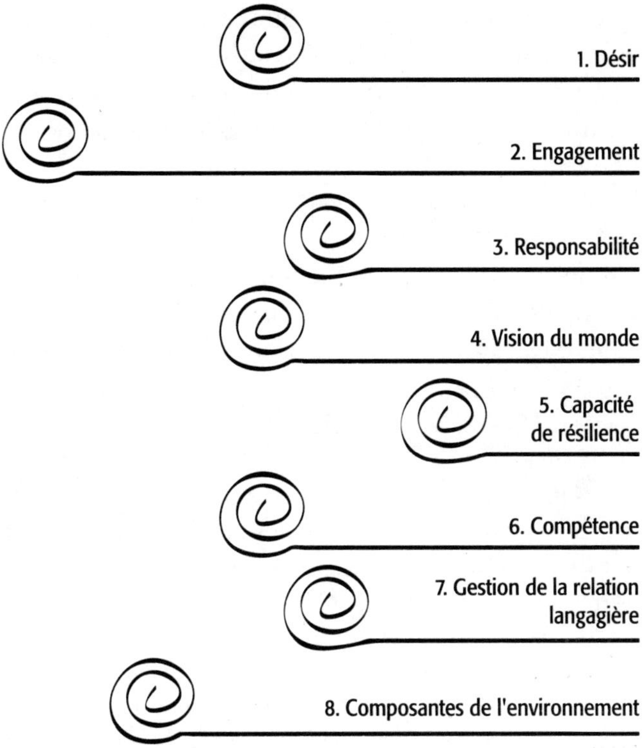

C. La politique et le politique

« Les organisations essaient de diriger la vie de leurs collaborateurs. Les entreprises modernes adoptent des structures d'organisation, c'est-à-dire des structures de pouvoir, qui favorisent un certain degré d'identification de l'individu à l'organisation et sa mobilisation. Aujourd'hui, plus que jamais, il y a un envahissement grandissant, même si l'on constate un retrait de la part de ceux qui ont mieux compris ces tentatives un peu totalitaires et même si une sorte de dissociation est en train de se produire (les gens fonctionnent d'une certaine façon dans l'organisation et en même temps développent leur propre culture).[1] »

L'incertitude se réaffirme après les changements, car l'homme se veut la plupart du temps sujet et invente une échappatoire pour se ménager une vie même si elle doit être clivée (entre ce qui se passe dans l'entreprise et à l'extérieur). Activité qui a du sens et le maintient hors de l'eau. Ce clivage

1. Volckrick Élisabeth, parlant du livre de Enriquez, *Les jeux du pouvoir et du désir dans l'entreprise*, Desclée de Brouwer, Paris, 1997.

est, à notre avis, très préoccupant car en plus de questionner l'engagement du salarié dans l'entreprise, il pose le rôle du sujet humain dans la création du lien organisationnel et social, ainsi que celui de sa santé psychique, de son besoin de cohérence, dans des projets auxquels s'ancrer. La question du sujet dépasse inévitablement la place à laquelle il est assigné.

L'entreprise doit être replacée dans le contexte du social pour continuer à jouer son rôle d'insertion, d'adaptation et que l'homme trouve sa place de travailleur, sans pour autant écarter «*le champ politique dans lequel s'inscrivent les décisions et les actes*»[1].

Certaines entreprises, résistant ou développant une conscience de la mutation et des exigences incessantes, choisissent alors le coaching comme moyen d'exploration et de soutien pour des acteurs du changement.

Toutefois, le coaching peut devenir une manipulation politique: normer, rendre capable d'adhérer aux programmes préétablis… Politique au sens où cela touche à l'accomplissement de l'économie, de la productivité et du social. Le coaching est un service qui obéit à une logique donnée. Il semble, compte tenu de sa persistance et de son développement, que le phénomène de mode n'existe plus au profit des idéologies politiques qui soutiennent une politique d'accompagnement de leurs cadres et dirigeants. Ainsi, davantage proches des instances politiques et idéologiques, les responsables produiront mieux et davantage en conformité avec ce qui est attendu. Cela pose la question du rapport aux hommes et à la société actuelle qui dissipe le lien social, rompt la créativité. Fabriquons-nous la cordialité stratégique, dont parle Christophe Dejours[2], pour que les hommes puissent échanger? Ainsi, jusqu'où peut aller le coach dans le soutien des idéologies?

Le coaching allie le politique, qui régule les institutions industrielles, et la politique, qui définit dans une idéologie donnée ce qui est dessiné par un État. Le coaching réflexif n'est pas destiné à suradapter les individus aux besoins des organisations, avec le risque de les instrumentaliser.

IV. LE DÉFI MALGRÉ TOUT: ICI JE ME TIENS

A. Oser, entreprendre et continuer

«Notre siècle a totalement transformé le statut de l'homme; celui-ci est désormais un membre d'un ensemble qui le dépasse, et dont il ne peut s'échapper. Il vit dans un monde où la technique prend de plus en plus

1. Élisabeth Volckrick, *op. cit.*
2. Professeur de psychologie au Conservatoire des Arts et Métiers de Paris, psychanalyste et psychiatre, directeur du laboratoire de psychologie du travail.

d'importance, et où le politique s'impose sans possibilité d'écart ou de fuite.[1] » Pour changer, il est nécessaire, en démocratie, que l'homme ait les moyens de se construire, soutenu en cela par une volonté politique non manipulatrice. Est-ce possible? Que pouvons-nous prétendre, sinon donner un sens à l'aliénation?

La place de coach est une place de bienveillance où, dans l'idéologie dominante, le professionnel devra garder à l'esprit que l'idéologie doit servir les êtres vivants et les systèmes d'amélioration individuels et collectifs. Le coach ne doit pas se rendre complice d'un système où lui-même peut se trouver «embrigadé». Le coach doit savoir pour qui il travaille, c'est-à-dire savoir se distancier des enjeux de l'entreprise. Dans le coaching réflexif, le coach est engagé dans un coaching au service de l'homme d'entreprise qui, à partir de ce qu'il va comprendre de lui, va se changer. Le coaching ne va pas se plier au système qui exige et qui fait du coach un manipulateur. La position du coach est sans cesse sollicitée à la fois dans le contact avec le coaché mais aussi avec l'entreprise. Le coach accompagne avec «dignité».

Maela Paul[2] définit l'accompagnement d'une manière telle que nous pourrions attribuer cette citation au coaching: «*L'idée d'accompagnement ne peut pas éviter d'être entre le fer et l'enclume, à savoir entre le souci de l'autre quel que soit le nom qu'on lui donne et les instances du pouvoir qui l'utilisent à leurs propres fins.*»

L'engagement nomme la capacité du coach à risquer son investissement personnel, à assumer la responsabilité de ses propres actes professionnels et personnels. Oser renoncer au leurre social dont on peut être affublé. Probablement, aussi, adopter ce comportement d'affirmation sereine. C'est enfin permettre à l'autre de garder sa cohérence interne dans une histoire falsifiée par divers facteurs d'ordre personnel, professionnel, social, économique et politique.

Lorsque le coach occupe sa position, il sollicite le coaché à prendre sa position personnelle dans ce cadre particulier des raisons pour lesquelles il est venu en séance de coaching. Occuper sa position personnelle pour qu'il puisse être en condition positive pour travailler, c'est se défaire de certains préjugés bien ancrés. Ce type de positionnement n'est pas aisé. Il requiert un long travail d'exploration des méandres personnels pour arriver à occuper son propre corps et son psychisme. Avoir une présence sans laquelle le travail du responsable (coaché) ne pourrait se faire, faute de

---

1. Arendt Hannah, *Condition de l'homme moderne*, Agora, 1988.
2. Maela Paul, *L'accompagnement: une posture professionnelle spécifique*, L'Harmattan, Savoir et formation, 2004.

quoi il s'enfoncerait dans des limbes. Le travail ne peut se faire sans la résistance naturelle du coach qui tient la position. C'est un défi en soi, pour soi, pour l'autre. Défi sans arrogance, défi de surmonter l'effort, d'être soi-même en évolution. Oser, entreprendre et continuer. Pareil à un lotus, s'enraciner, les pieds dans la vase, croître, aveugle dans l'eau obscure, se frayer un chemin sans douter du résultat.

Le travail de coaching est un voyage sans retour. Une fois cette compétence d'auto-observation intégrée, ce mouvement vers soi se retrouvera dans des actes de la vie quotidienne en entreprise, sans cesse en évolution.

«Achever de naître au monde et à soi-même. Ne pas achever avant l'heure de vivre, de penser, d'imaginer, de créer. Aider les autres à avoir une vie achevée. Sacrifier avec élégance, avec sobriété, avec humour aux exigences contraires des principes de plaisir et de réalité, de répétition et de différenciation, de constance et de changement. Marier le masculin et le féminin dans l'esprit, l'immobilité et le mouvement dans le corps. Tolérer l'angoisse et la joie, la haine et le rire. Maintenir l'amour dans l'écart entre l'abandon à l'autre et l'abandon de l'autre. Déjouer les séductions, les perversions, les ruses de la pulsion de mort. Retourner le négatif contre lui-même. Nier, trancher, s'arracher, transgresser pour progresser.

Envelopper, déplier, déployer, dérouler, s'enrouler, s'emboîter, pour exister, pour coexister. Pour donner indéfiniment, de notre humaine finitude, une forme jamais définitive.[1] »

B. Occuper sa fonction

À RETENIR

Le coach assure une cohérence dans la relation et oppose une résistance à répondre aux questions récurrentes et insistantes que le coaché pose. Si le coaché se met dans le défi de faire parler son coach, il perd son temps. «*Bien sûr vous n'allez pas encore me répondre!*» Sans être rigide le coach se maintient dans une position ouverte et régulière où le coaché n'arrivera pas à le faire parler, mais rencontrera en miroir sa propre façon de faire.

Le défi, malgré tout, c'est être là, réconcilié avec soi-même, constitué de ses modèles et contre-modèles qui ont laissé leurs empreintes, et qui font du coach ce qu'il est advenu pour choisir un métier de l'impossible.

1. Anzieu Didier (1923-1999), psychanalyste, fondateur en 1962 du Centre d'études françaises pour la formation et la recherche active en psychologie.

Se tenir là, c'est accepter l'hostilité, le renoncement de certaines de ses propres tendances narcissiques, de ses connaissances.

C'est ployer et se fondre dans l'inconnu, se redresser avec souplesse.

C'est supporter l'exigence sociale, continuer à apprendre et porter des éléments qui appartiennent au coaché sans en souffrir et en faire quelque chose. Utiliser psychiquement les éléments recueillis pour avancer et faire avancer. Savoir se mettre à l'écart pour endosser la responsabilité d'accompagnement.

Fondement de la fonction du coach

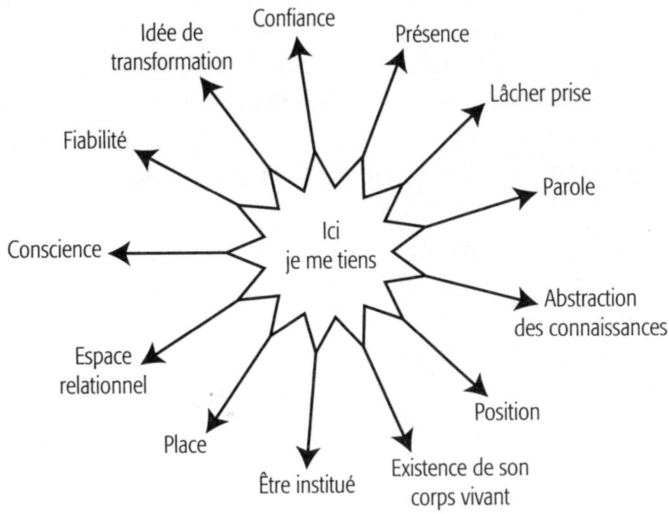

«Ici je me tiens.» C'est être vivant dans son intégralité physique et psychique, en toute conscience et toute simplicité. C'est à la fois être soi et occuper sa fonction de coach. Dans *«ici, je me tiens»*, il y a une association complète entre la logique du rôle social construit, l'identité personnelle et professionnelle du coach.

Nous posons ces trois composantes comme indissociables. Le coach, n'est coach que face à son coaché, dans le cadre du coaching.

L'entité «se tenir là» traduit aussi le chemin de vie du coach, sa résistance de vie. Il s'est réaménagé par un travail personnel dans la réalité et dans l'idéal qui l'anime. Ce cheminement intérieur est comme une philosophie personnelle, qui a un impact sur son comportement, sa personnalité, sur sa façon de penser et d'agir dans le travail et hors travail. Peu à peu, le coach s'est modifié, comme un voyageur qui effectue un long voyage à la manière du héros de Michel Butor[1] et qui n'aborde plus la vie de la même façon.

1. Butor Michel, *La modification*, Folio, 1957.

C. La justesse de son « être là »

« Préférer sa propre fin à sa déchéance, qui n'y souscrirait quand l'échéance est abstraite ? Mais sur l'obstacle, souvent l'animal se rebelle. Vivre, ah vivre ! Peu importe comment !... J'ai appris de cet homme jouisseur, follement épris des choses de la vie, que l'on peut apprivoiser sa mort, la regarder en face et y mettre de l'élégance, oui de l'élégance... A. connaissait la paix de ceux pour lesquels il n'y a ni Dieu ni Diable... il a mis à la porte l'aumônier de l'hôpital. Après nous avons ri. Il a ri jusqu'à la fin. Jusqu'à la fin.[1] »

« *Ici je me tiens* », c'est se départir des artifices conformistes pour exister simplement, tout simplement et pleinement. C'est chercher sans cesse à réduire le monde des apparences à celui de la cohérence. Se méfier de l'arrogance trompeuse, de ce narcissisme qui consiste à se croire complet, de refuser la suffisance qui n'entretient que le leurre de soi-même : « *Il n'y a pas de référent absolu, il n'y a pas de vérité... On peut se raconter des histoires et s'en convaincre.*[2] »

« *Simplement* », c'est trouver l'essence de son existence – parfois le chemin de toute une vie. C'est vivre de plain pied dans la société. C'est s'immerger dans la vie des entreprises, des fusions rachats, des réussites et des souffrances. C'est se risquer, à la réussite comme à l'échec. C'est aussi accepter que tout ne puisse pas être résolu, qu'il y a des choses à ne pas toucher.

En tenant ces propos, nous pouvons convenir qu'ils n'appartiennent pas en propre aux coaches, mais à toute personne qui, dans l'accompagnement, a une réelle préoccupation de l'altérité. « *L'introduction de l'éthique et la spiritualité dans le monde du travail, l'une plus raisonnée, l'autre plus transcendante, pourrait répondre à un besoin fondamental des êtres humains : un besoin de sens, un besoin d'intégration, un besoin d'enracinement, un besoin de transcendance.*[3] »

Dans le coaching réflexif, « *Ici je me tiens* » est une unité de cohérence de vie personnelle et professionnelle de progrès, sans cesse alimentée. C'est tenir sa fonction par l'intensité de sa présence dans la plénitude et la justesse de son « être-là »[4].

---

1. Giroud Françoise, *Leçons particulières*, Le livre de poche, 1990.
2. Nous citons un responsable.
3. Pauchant Thierry, « Le management éthique et spirituel », *Fides*, Presses HEC, 2000.
4. C'est avec des mots proches que François Roustang dans son livre, *La fin de la plainte*, chapitre « je suis un corps », cherche à cerner la fonction de thérapeute.

Conclusion

« Debout les gars, réveillez-vous, on va au bout du monde…[1] »

« Si je pouvais enfin parler mon dialecte dans un monde de dialectes, je m'apercevrai qu'il n'est pas la seule « langue », mais bien un dialecte parmi d'autres. Si je proclame mon système de valeurs – religieuse, esthétique, politique, ethnique – dans ce monde de cultures multiples, je prendrai clairement conscience de l'historicité, de la contingence, de l'étroitesse de tous les systèmes, et du mien en premier lieu.[2] »

La réflexion générale qu'entraîne la mondialisation n'a sans doute pas incorporé la masse des faits et des informations importantes, avec ses conséquences encore inconnues ou difficilement prévisibles.

En France, les bouleversements relatifs à l'emploi, la retraite, mais aussi aux valeurs, aux logiques d'apprentissage, aux fusions et rachats font inévitablement l'histoire des générations futures. Et pourtant, beaucoup d'entre nous ne comprenons pas les enjeux actuels ni l'actualité. Nombreux sont des aveugles en errance.

Arc-boutés à notre histoire, nous voguons, bon gré, mal gré, sur le courant qui nous porte d'outre-Atlantique au Nord européen. Et puis, il y a la croyance en notre hégémonie. Notre rang national… l'influence de la France sur le reste du monde. De quoi pavaner. Aujourd'hui, cependant, la réalité est autre : mensonges et déni de la réalité nous ont rattrapés. Nous ne serons plus jamais comme avant…

Nous nous prenions, comme d'autres, pour le nombril du monde. Mais le nombril a bougé. D'autres, les inconnus de l'Est, de la Chine, de l'Inde le revendiquent sous une inquiétante pression et *via* une stratégie vive et habile, mais non moins efficace. Certains se déploient en réseau, d'autres sont favorables à des méthodes à la hussarde, d'autres encore émergent de terres que l'on n'avait jamais prises au sérieux.

Ainsi, quels que nous soyons, nous abordons les mêmes sujets, affrontons les mêmes préoccupations : seul change le point de vue. C'est dérangeant.

1. Chanson d'Hugues Auffray au XXe siècle.
2. Lyotard J. F., *La condition postmoderne*, Les Éditions de Minuit, collection « critique », 1999, p. 11.

Les méthodes d'antan, obsolètes pour certaines, trouvent là leurs limites. Le monde lui aussi a changé, le monde s'est transformé, le monde mute. Les hommes essayent de se maintenir dans ces entrelacs parfois contradictoires.

Les modèles entrepreneuriaux d'il y a vingt ans nécessitent une remise à neuf. La postmodernité l'exige. Les problématiques du XXIe siècle engagent la technique, les compétences mais aussi les hommes, salariés, collaborateurs, managers et dirigeants.

Aujourd'hui, la maturité managériale acquise est frappée de plein fouet par les grands rugissants de la complexité dynamique. Le savoir-devenir est la compétence nodale.

Nous vivons tous les jours dans l'actualité du changement. Nous vivons un changement de modèle organisationnel fondé sur le contrôle et la maîtrise à un modèle d'engagement interne et d'apprentissage. L'image de l'entreprise dans sa dimension actuelle est bouleversée et malmenée.

Les salariés sont satisfaits de travailler, mais se plaignent de leur entreprise.

Le facteur de réalisation de soi au travail se décatit. L'entreprise a intérêt à se rassembler autour de son premier capital qui, bien plus qu'une ressource humaine, en constitue l'essence même: l'homme.

Cette réalité est bien comprise par les sphères du pouvoir qui doivent s'employer à créer des conditions éclairées autour de la compétence personnelle, capable de transmettre un nouvel apprentissage réflexif. Les managers ont besoin de conquérir un espace-temps pour penser et se réapproprier leur cohérence en faisant la part des choses.

Loin de tout résoudre, le coaching n'est pas tout, il n'est pas la vie. Le coaching existe car le travail est dans un environnement changeant. Le coaching implique un changement de nos comportements, voire de nos conduites, par la reconnaissance de nos pratiques professionnelles inadéquates ou erronées aujourd'hui. Ces deux mouvements sont liés, la prise de conscience de nos fonctionnements nous pousse à réorienter nos comportements. Le coaching se rapproche d'une liberté personnelle et professionnelle. Il implique directement l'humain et son activité.

Le coaching réflexif, loin d'être une mode, est la formation que le dirigeant pourra s'offrir non pas pour appendre à mieux se conformer, mais pour pouvoir compter sur lui-même, acquérir le réflexe didactique et réflexif de l'analyse de sa propre expérience, pour devenir lui-même son propre coach et celui de son équipe.

Seul, il le sera toujours. S'approprier cette méthode de connaissance de soi professionnelle, c'est comme acquérir un «groupe électrogène», pour s'éclairer, s'éclairer toujours plus loin. Répondre à ses ambitions personnelles sans trahir son entreprise et pouvoir négocier, grandir en restant digne: un homme debout.

Le coaching réflexif n'est pas un modèle de conformité sociale, mais un mode d'adaptation à la complexité par l'homme lui-même. Le coaching réflexif ne peut en rien être un nouveau contrôle social. L'institution est pérenne, car elle utilise des personnes interchangeables, mais le mouvement interne du sujet lui permet d'agir avec ses caractéristiques personnelles, d'être reconnu comme différent: un sujet de création. Ainsi, le mouvement du sujet ouvre le temps de ce qui n'est pas encore né.

Le modèle de la réflexivité dans l'activité professionnelle implique une réalité en construction et une conscience de soi capable de se changer pour mieux vivre et en meilleure concordance avec les exigences du travail. Il y a une interpolation entre l'existence pour soi et une existence pour le collectif qui tient compte de l'autonomie du manager et de sa responsabilité dans l'entreprise. Pendant que le sujet pense, il active la réflexivité qui entraîne une dynamique pour l'action. Avec les différents éléments analysés, dans l'action, le manager se distancie du problème à traiter, il modifie l'installation du changement avec davantage d'autonomie.

Comme le dit Ehrenberg[1]: «*Devenir autonome, n'est pas se poser (seulement) comme sujet, c'est acquérir une capacité à l'activité délibérée. C'est abandonner la magie de l'autofondation au profit d'une référence plus prosaïque: l'apprentissage. Ce qui lie l'esprit objectif et l'esprit subjectif se formule comme suit: ce qui se présente hors de l'individu sous la forme de modèles préétablis et des usages institués se présente dans l'individu sous la forme d'aptitudes acquises d'abord par l'apprentissage, ensuite seulement par la formation de soi-même.*»

1. Ehrenberg, in ouvrage collectif, *L'Europe plurielle*, collection Esprit, juillet 2005.

Lexique

Accompagnement – Fonction qui, dans une équipe pédagogique, consiste à suivre un stagiaire et à cheminer avec lui durant une période plus ou moins brève afin d'échanger à propos de son action, d'y réfléchir ensemble et de l'évaluer.

Acteur – Implication active de la personne qui réfléchit et fait des investigations personnelles sans tout attendre du consultant.

AFPA – Association de formation professionnelle pour adultes.

Alexithymie – Impossibilité de reconnaître et de nommer les émotions.

Analyse transactionnelle – Méthode d'analyse des relations interhumaines (1956) proposées par Éric Berne, son fondateur. Elle comprend deux aspects. Le premier consiste à décoder les relations duelles en partant du postulat qu'il existe, en chaque individu, un parent, un enfant, un adulte. Le second consiste à mettre en lumière les scénarios répétitifs qui structurent les interactions au sein d'un système transactionnel (couple, famille, petit groupe professionnel par exemple).

ANPE – Agence nationale pour l'emploi.

Autodidactie – Éducation systématique de l'adulte par lui-même à l'aide des différents instruments de la connaissance.

Bilan de compétences – Accomplir un point sur sa pratique personnelle et professionnelle pour définir un projet professionnel ou/et de formation.

Booster – Anglicisme qui signifie entraîner avec enthousiasme, encourager, pousser, aller de l'avant (par exemple, booster sa carrière).

Certification – Assurance donnée par écrit pour garantir une réussite à un examen ou à un engagement.

Clinique ou démarche clinique – Ensemble de données obtenues par l'observation directe du patient ou d'une personne.

Coach – Consultant ou accompagnateur qui suit des champions ou des personnes travaillant en entreprise afin de les stimuler pour les faire progresser.

Composante synergétique – Se réfère à des principes de physique, notamment celui de l'énergie. Dans ce contexte, nous gardons le principe d'énergie lié à des interactions entre les éléments qui produisent une transformation, une émulation ou encore un changement.

Contractualisation – Ensemble d'éléments sur lesquels les protagonistes se sont entendus pour élaborer un document sur lequel est stipulé leur accord.

Contre-transfert – Expression qui désigne les réactions transférentielles de l'analyste, ou ici du coach, dans un certain rapport au transfert du patient, ici le coaché.

COTOREP – Commission technique d'orientation et de reclassement professionnel. La COTOREP est compétente à l'égard des adultes handicapés âgés de 20 ans et plus.

Crédibilité – Qui mérite d'être cru et reconnu comme un bon professionnel, par exemple.

Démagogie – Attitude faite pour plaire, qui flatte ou/et manipule les foules pour gagner et exploiter leur faveur.

Demande – Élaboration symptomatique du désir inconscient dont l'expression est parfois déguisée dans la réalité quotidienne.

Démarche – Manière de conduire un raisonnement, de conduire un projet ou une action.

Déontologie – Ensemble de règles appropriées à suivre dans une profession donnée (*voir annexes*).

Désir – La psychologie classique le distingue non seulement de la volonté, mais de tout un ensemble de notions connexes telles que l'instinct, le besoin, la tendance, l'envie, etc. Dans l'usage qu'en fait Freud, le désir est entendu dans sa dimension inconsciente. Le rêve peut être vu comme la « réalisation » symbolique d'un désir refoulé.

Deuil – Le deuil concerne les processus mis en œuvre dans la réaction à la perte d'une personne aimée. Aujourd'hui fortement utilisé à la suite d'autres événements, comme la perte d'un emploi, d'un projet, le deuil est relié à la perte. Il met en jeu des mécanismes inconscients et conscients attachés à la séparation et dont l'analyse de la signification est fondamentale. Le travail du deuil consiste à retirer tout l'investissement de la libido de l'objet perdu.

Développement personnel – Outil qui aide à développer son potentiel propre et enrichir sa personnalité.

DGEFP – Délégation générale à l'emploi et à la formation professionnelle. Celle-ci gère un budget dont l'ampleur traduit le caractère prioritaire de la politique pour l'emploi et la formation professionnelle continue.
www.cohesionsociale.gouv.fr

Didactique – Qui vise à instruire de façon à progresser avec logique et réflexion.

Directif (entretien) – Entretien en face à face conduit avec une méthode précise, qui vise à avoir une réponse à une question posée avec un objectif donné.

Disparité – Contraste, dissemblance. Dans le cadre du coaching, la disparité signe la différence de position.

Distorsion – Déformation, déséquilibre entre plusieurs facteurs.

DRH – Directeur des ressources humaines.

Dynamique psychique – Notion qui s'attache à la fois à l'inconscient, à l'ensemble de la vie psychique et à la nature des mécanismes mis en jeu.

Économie psychique – L'énergie pulsionnelle (énergie, pulsion) obéit à une économie qui rend compte de sa valeur quantitative (accroissement, diminution, équivalence), des rapports de circulation et d'échange et, enfin, de sa répartition.

Écoute bienveillante – L'écoute bienveillante est une écoute sans jugement, qui essaye d'être neutre, qui accepte ce qui se dit sans y mettre une pensée personnelle de la part du coach ou du thérapeute. Ce dernier suspend ce qui est en lui. Cela ne veut pas dire qu'il ne s'implique pas dans la relation duale.

Ego (autre nom du Moi) – Le Moi, concept inventé par Freud, est l'une des trois instances de l'appareil psychique, avec le Surmoi et le Ça.

Émotion – Réaction affective en général intense qui entraîne des troubles neurovégétatifs (pâleur, rougeurs, tremblements...).

Empathie – Terme employé par Carl Rogers qui la définit comme une perception « du cadre de référence interne d'une autre personne avec les composantes émotionnelles et les significations qui s'y attachent, comme si l'on était l'autre personne, mais sans jamais perdre la condition du comme si ».

Entreprise – Organisation de production de biens ou de services, industrielle, agricole, financière, publique ou privée.

Épistémologie/épistémologique – Étude critique des sciences, destinées à déterminer leur structure logique, leur valeur et leur portée. Ne pas confondre avec « *epistemology* », terme anglais qui désigne la théorie de la connaissance, d'inspiration anglo-saxonne, axée sur plusieurs interrogations autour du savoir : son contenu, son utilité, ses limites et les raisons qui poussent les individus à l'acquérir et à s'en servir.

Éthique – Science de la morale, ligne de conduite.

Étiologie – Études des causes des maladies.

Extraversion – Personne qui vit d'une façon spontanée facilement, qui s'exprime aisément et a un intérêt important pour le monde extérieur.

Fantasme – Image mentale ou représentation imaginaire qui désigne, en psychologie classique, le produit d'une activité intérieure, consciente ou subconsciente, se distinguant de la perception de la réalité ou s'opposant à elle. La définition qui se rapproche de la conception d'un inconscient est celle qui y mêle la satisfaction inconsciente d'un désir.
Désigne également la manière dont le sujet se représente à lui-même son histoire ou l'histoire de ses origines.

GRETA de l'Éducation nationale – Groupement d'établissements publics locaux d'enseignement qui fédèrent leurs ressources humaines et matérielles pour organiser des actions de formation.

Harcèlement moral – Heinz Leymann est le père de la notion de harcèlement moral au travail. N'étant pas francophone, il utilisait le terme de «*mobbing*». Selon lui, «*le concept de* mobbing *définit l'enchaînement, sur une assez longue période, de propos et d'agissements hostiles, exprimés ou manifestés par une ou plusieurs personnes envers une tierce personne (la cible)*».

Holding – Terme employé par Donald Woods Winnicott (1896-1971), psychanalyste anglais qui joua un rôle majeur au sein de la société britannique de psychanalyse et père fondateur de la psychanalyse des enfants. Le «*holding*» signifie un soutien autant psychique que moral par la mère dans la croissance de l'enfant.

Idéologie – Ensemble des idées, des croyances et des doctrines propres à une époque, à une société ou à une classe.

Imaginaire – Production d'idées, de fantasmes qui nous habitent. Fait appel aux mots, aux images, au symbolique.

Implication – Consiste à s'engager dans l'action et à en assumer les conséquences, la responsabilité.

Inconscient – Notion impossible à cerner en quelques lignes et dont l'usage est philosophique et psychanalytique:

- L'inconscient peut d'abord s'entendre comme l'ensemble des phénomènes physiologiques (instinctifs et réflexes) qui définissent le corps par rapport à un cogito et à une conscience.
- L'inconscient peut se définir comme inconscient d'une volonté ou d'une puissance.
- On peut également parler d'un inconscient de la perception.
- Freud découvre l'inconscient au titre d'inconscient du désir. L'inconscient constitue la spécificité théorique et technique. Pour Freud, est inconscient «*tout processus psychique dont l'existence nous est démontrée*

par ses manifestations mais dont, par ailleurs, nous ignorons tout, bien qu'il se déroule en nous».

Institution – Ensemble des formes ou structures sociales, telles qu'elles sont établies par la loi ou la coutume.

Instrumentaliser – Tenter de manipuler les hommes pour les considérer comme dépourvus d'humanité, mais pourvus d'une certaine façon d'être se rapprochant des instruments. Dans notre contexte, il s'agit des consultants qui utilisent des outils diversifiés ou non pour pratiquer le coaching.

Intelligence émotionnelle – L'intelligence émotionnelle se développe dans l'enfance lorsque l'enfant grandit dans son milieu familial. L'expérience lui confère des compétences qui se révéleront plus tard adéquates ou non dans le cadre du travail qui, paradoxalement ne veut pas d'émotions, pourtant toujours l'apanage de l'humain.

Intrapsychique – Freud construit un modèle explicatif du psychisme, qui repose sur une détermination des phénomènes psychiques inconscients et d'une organisation intrapsychique des conflits par exemple.

Introversion – Caractéristique des personnes qui ont une vie psychique tournée vers leurs pensées ou leur monde interne.

ISO – L'organisation internationale de normalisation (ou ISO) est un organisme de normalisation international composé de représentants d'organisations nationales de normalisation d'environ 150 pays. Cette organisation produit des normes internationales dans les domaines industriels et commerciaux appelées normes ISO.

Je – Principe auquel l'individu attribue ses états et ses actes. Ce qui fait qu'il est responsable de ce qu'il est, de ce qu'il fait et qu'il répond de ses actes.

Justice organisationnelle – Concept nord-américain, aujourd'hui utilisé dans les entreprises européennes et qui traduit les comportements (positifs ou négatifs) développés par les salariés à l'égard de leur travail et les sentiments de confiance qu'ils accordent à leur entreprise.

Langage – Il s'élabore à la fois dans les «structures de surface», comportements, postures, gestuels, verbalisations, qui expriment ce que l'individu éprouve ou produit dans son monde interne, et les structures profondes où se construisent ses raisonnements, ses émotions, ses sentiments au contact de son identité profonde.

Leadership – Compétence de diriger, guider ou jouer de son influence sur les autres personnes. Tête de position dans un parti, un groupe ou une entreprise.

Mauvais objet – L'objet est à entendre comme corrélatif de la personne totale (références psychologiques) : lorsque l'on entend parler de mauvais objet, c'est une personne perçue ou fantasmée comme mauvaise. L'enfant à qui l'on refuse quelque chose nous perçoit comme un mauvais objet, dans les moments plus positifs comme bon objet.

Mondialisation – Extension d'éléments particuliers à un pays, par exemple, qui s'étend à toute la planète.

Mutation – Changement profond qui peut être une source de bénéfice ou de variation ou encore avoir des effets neutres ou imprévus.

Narcissisme – Fait référence au mythe de Narcisse, peut être défini très succinctement comme relation d'amour entre le sujet et sa propre image, jusqu'à la captation de soi par cette image.

Neurosciences – Discipline scientifique qui étudie les rapports entre le cerveau et le psychisme.

Névrose – Troubles divers qui empêchent de conduire une vie d'une façon « normale ».

Objet – Terme qui désigne, en psychanalyse, ce qui est psychiquement investi. *Voir aussi Mauvais objet.*

Organisation apprenante (ou organisation qualifiante) – Organisation qui apprend de son expérience et tire les bénéfices des compétences qu'elle acquiert.

Performance – Terme employé fréquemment dans le sens anglais de « réalisation » dans l'action. Une performance est observable et évaluable.

Pervers – Terme actuellement beaucoup utilisé en entreprise pour désigner une personne intelligente qui va manipuler à son profit des personnes souvent sous sa responsabilité. L'objet de sa jouissance est la souffrance de l'autre.

Pluralité – Existence de choses, de personnes, d'idées, de cultures en grand nombre et non de manière unique.

Position d'acteur – Personne qui, dans un processus d'accompagnement, va être au centre de ses choix et décisions malgré les pressions de l'environnement.

Procédure – Une méthode précise pour réaliser, étape par étape, correctement quelque chose.

Processus – Démarche d'organisation ou de production d'une action ou d'une information. Un processus s'inscrit dans une durée et peut s'élaborer par étapes ; il aboutit à un résultat.

Professionnalité – Éléments qui composent une trajectoire professionnelle (compétences, motivations, valeurs, centres d'intérêt...) auxquels la personne donne du sens au regard de sa biographie et qui font d'elle un sujet unique de son histoire professionnelle dans la vie.

Programmation neurolinguistique – Connue sous le sigle PNL, thèse américaine (Grindler et Bandler, École de Palo Alto) selon laquelle l'homme dispose de programmes interchangeables, comme un ordinateur. Chaque être humain aurait des scénarios (ou disquettes) et ses modes de perceptions favoris (visuel, gustatif, kinésique). Ces programmes sont décodés par le mouvement des yeux et le choix des mots (sémantique).

Projet professionnel – Ce que l'on propose de faire à un moment donné. Le projet professionnel est tout ce par quoi (volonté, motivation, capacité, stratégies, plan d'action) l'homme tend à modifier ses actions ou lui-même dans un sens donné.

Projection – Terme qui évoque un mécanisme ou un processus de passage d'un intérieur et un extérieur. Dans un sens psychanalytique, c'est un mécanisme de défense. Le sujet attribue à l'autre des pensées désagréables qu'il ne peut supporter en lui-même et il les ressent comme autant de reproches qui lui sont adressés venant de l'extérieur. Dans les situations normales, la projection se manifeste à l'intérieur des superstitions.

Psychanalyse – Découverte par Freud, elle peut être définie comme suit:

- une technique thérapeutique;
- une méthode d'investigation des processus inconscients;
- une théorie de la vie psychique.

Psychanalyste – Personne qui exerce la psychanalyse, appartient à une école de psychanalyse, a été analysée et a suivi une analyse didactique.

Psychose – Terme utilisé en psychiatrie clinique depuis le XIXe siècle, dans le sens général de la maladie mentale que l'on distingue, selon ses critères variables (degré de conscience, troubles du comportement, constructions délirantes...).

Psychosomatique – Approche psychologique du corps qui peut trouver des points d'appui qui fonctionnent au titre de symptôme ou de maladie.

Psychothérapeute – Celui qui exerce une activité de psychothérapie et, en général, est affilié à une école de psychothérapeutes.

Psychothérapie – Ce terme est composite, il renvoie à une action de soin (thérapie) et au psychisme (psycho). De façon générale, elle regroupe toute technique d'inspiration psychologique et clinique à visée thérapeutique, c'est-à-dire apportant un soulagement, une amélioration ou une résolution des symptômes du sujet. Pour cela, il faut qu'il y ait une rencontre entre un soignant (le psychothérapeute) et une personne désirant suivre une psychothérapie Elle n'est pas une psychanalyse au rabais, elle implique un ensemble de remodèlements techniques qui en assurent la spécificité.

Puissance (toute) – Notion développée par Mélanie Klein autour du fantasme de toute-puissance de l'enfant, lequel éprouve, à l'égard de ses fonctions vésicales et intestinales d'évacuation, un sentiment de toute-puissance qu'il applique par extension à ses pensées.

Pulsionnel – Un État pulsionnel est un état de tensions, de force dans l'organisme qui cherche à se soulager. Terme emprunté au vocabulaire de la psychanalyse freudienne.

Quotient intellectuel (QI) – Le QI désigne le résultat à un test psychométrique de mesure d'efficience mentale. C'est une mesure des facultés cognitives. La personnalité et la valeur d'un individu ne peuvent toutefois être classées ou réduites à ce seul aspect quantitatif.

Rebelle (état rebelle) – En analyse transactionnelle, son fondateur, Éric Berne, désigne «les états du Moi» comme occupant une place centrale dans le domaine de la connaissance de soi. L'état du Moi enfant est le domaine du senti, de l'émotion. C'est dans l'enfant que résident la joie et la tristesse, la soumission ou la révolte... Cet état du moi n'est pas assujetti à l'âge, mais aux circonstances.

Référence conceptuelle – Permet de se situer dans les différentes théories existantes et de pouvoir les citer, s'y référer.

Référentiel – Un référentiel d'emplois constitue l'ensemble des emplois répertoriés qui servent de comparatif et de système de références.

Réflexivité – À la fois une réflexion sur ses propres processus de pensée et une action réfléchissante comme pour un miroir. L'autoréflexivité insiste sur le fait que l'être humain est capable de se construire par des prises de conscience successives et peut-être de construire cette compétence volontairement.

Répétition (ou compulsion de répétition) – En psychopathologie, la répétition désigne un processus d'origine inconsciente par lequel le sujet se place dans des situations, répétant ainsi les expériences anciennes sans se souvenir du prototype.

Représentation sociale – Représentation mentale partagée, c'est-à-dire un mode de pensée, d'appréciation partagé par un groupe d'individus dans un contexte donné.

Sens – Traditionnellement, pour la philosophie, le sens renvoie à trois dimensions:

- le sens comme orientation: «Dans quel sens, dans quelle direction je vais?»

- le sens comme sensorialité: « Est-ce que je le sens ou pas? »
- le sens comme signification: « Qu'est-ce que cela veut dire, quel sens cela a-t-il? »

La recherche du sens renvoie à l'art de l'interprétation, on parle également d'herméneutique lorsqu'il s'agit, par exemple, de questionner un texte ancien.

Structure organisationnelle – La structure organisationnelle d'une entreprise définit le mode d'organisation entre les différentes unités qui composent l'entreprise et le choix de répartition des moyens humains et matériels mis en œuvre entre ces différentes unités.

Subjectivité – Caractère de ce qui appartient à un sujet. Au sens ordinaire, la subjectivité couvre l'ensemble des particularités psychologiques n'appartenant qu'à un sujet. Nous appréhendons les choses et les personnes avec subjectivité avant de faire un effort pour être objectif.

Sujet – L'homme a pu entrer dans l'ordre symbolique, comme sujet. Pour Lacan, l'intériorité du sujet est l'effet de la chaîne signifiante, de sa position dans les discours. Il renvoie à l'extériorité des rapports sociaux comme discours de l'autre.

Supervision – La supervision professionnelle individuelle est appropriée lorsqu'un professionnel désire ou doit réfléchir à ses interventions et son fonctionnement, particulièrement dans des situations où il a besoin d'une aide extérieure pour prendre conscience de ses difficultés.

Symptôme – Trouble qui signifie une manifestation ou une perturbation psychique ou somatique.

Test – Série de questions, problèmes ou tâches pratiques que quelqu'un doit réaliser selon des consignes précises.

Thérapie analytique – La psychothérapie analytique permet d'apporter une aide focalisée sur certains symptômes qui traduisent un conflit psychique. Pratiquée en face à face, elle est conduite par un psychothérapeute qui aide la personne à verbaliser et interpréter ce qu'il dit ou rêve à l'aide de la technique de la libre association d'idées. Elle vise à l'explicitation des conduites et des affects, avec pour but la disparition de ces conflits.

Thérapie cognitive – Application des théories sur l'acquisition des connaissances, cette thérapie cherche à guérir les symptômes en se basant sur des exercices pratiques. Elle agit sur les pensées du patient: par exemple, une peur excessive d'être contaminé par une maladie pourra être combattue par une information sur la maladie en question et l'appréciation de ses risques réels

Thérapie comportementale – Thérapie visant à régler les problèmes des patients par des exercices pratiques, au moyen de mises en situation et d'expositions graduées aux situations provoquant une anxiété. Ainsi, en cas d'arachnophobie, le patient devra commencer par imaginer une araignée, puis observer des images d'araignées, toucher un bocal contenant une araignée et, enfin, toucher l'araignée.

Thérapies émotionnelles et corporelles – Psychothérapie qui, à travers une modification de la conscience du corps, tend vers une modification des rapports du sujet avec lui-même et avec autrui (relaxation, massages, rééducation psychomotrice, etc.).

Thérapie systémique et familiale – Il existe plusieurs sortes de thérapies familiales. On s'adressera toujours à la famille entière et le thérapeute agira sur l'ensemble des relations familiales. La famille est considérée en tant que modèle d'un système.

Transfert – Terme développé par Freud et Ferenczi entre 1900 et 1909 désignant le processus par lequel le patient reporte sur son analyste des désirs inconscients qu'il éprouvait auparavant pour d'autres personnes. C'est en raison de ce processus que Freud a annoncé la nécessité absolue, pour le psychanalyste, de respecter la règle d'abstinence.

Transformation identitaire – La notion d'identité, lieu d'articulation de l'individuel et du social, du point de vue sociologique, définit l'identité comme les modalités d'appartenance de l'individu à un groupe, à une catégorie sociale, en fonction de son intégration à un système donné. Du point de vue psychanalytique, on définit l'identité par les caractéristiques qu'un individu reconnaît comme siennes (le soi) et auxquelles il accorde une valeur de reconnaissance. C'est une incorporation du social par l'individuel. Un troisième point de vue, intégrant d'une certaine façon les deux premiers, apporte un éclairage intéressant, c'est le point de vue psychosocial. L'identité est ici définie à partir d'une problématique de l'interaction intégrant, d'une part, les aspects individuels et les composantes psychologiques liées à la personnalité (le soi) et, d'autre part, les variables sociologiques reliées notamment à la notion de rôle social[1]. La transformation identitaire est cette complexité d'éléments permettant à la personne de changer ou se changer.

Typologie – L'étude et la classification d'éléments pour former des classifications. On parle souvent de typologie psychologique, qui regroupe un ensemble de

1. Bernard Fraysse, Docteur en sciences de l'éducation, Institut national des sciences appliquées de Toulouse.

traits ou critères permettant, par exemple, de classifier la personne par les comportements.

Vacuité – Il n'y a pas de plein sans vide, et pas de vide sans plein. Ce que nous pouvons appeler la vacuité dépasse très largement le dualisme du vide et du plein, étant en elle-même non seulement un concept, mais également une réalité physique, unique en elle-même, ne faisant appel à aucune définition relative. Néanmoins, selon le domaine dans laquelle on la considère, que ce soit dans le monde de la physique, des phénomènes, de la pensée ou de la conscience, sa signification doit être transposée dans le langage par des approches explicatives distinctes, bien que l'essence de sa compréhension intuitive soit commune, unique, indifférenciée, la nature de la vacuité[1].

Verbalisation – Activité orale de transposition des intentions et des émotions en mots.

Ces définitions sont inspirées de celles données dans le Dictionnaire de la formation et du développement personnel *de Lionel Béranger,* Le Petit Robert, *le* Dictionnaire de la psychanalyse *(Larousse), le* Vocabulaire de la psychanalyse *de Laplanche et Pontalis et le lexique du* Point *hors série n° 7 d'avril 2006, ainsi qu'issues de recherches Internet et de divers ouvrages susceptibles de se rapprocher le plus près possible de notre contexte.*

1. Dr Vincent Vuillemin, moine zen.

Annexes

I. CODES ET CHARTES DE DÉONTOLOGIE

A. Code de déontologie de l'Association européenne de psychothérapie

Adopté par l'assemblée générale de l'EAP le 20 mai 1995 à Zurich et traduit en français par le bureau de la Fédération française de psychothérapie (FFdP) à Paris, le 21 mars 1996.

Préambule

Tous les membres des sociétés nationales associées à l'EAP, ainsi que les membres individuels de ces dernières, sont tenus d'exercer leur profession avec un sens particulièrement aigu de leurs responsabilités vis-à-vis de leur propre personne, de leur travail thérapeutique et des personnes avec lesquelles une relation particulière est créée par le biais du traitement psychothérapeutique. Les sociétés nationales de l'EAP sont dans l'obligation de prêter une attention toute particulière aux questions de déontologie. Cela s'applique aux formateurs, aux membres et aux candidats des sociétés nationales en question.

Les règles de déontologie des sociétés nationales:

- Visent à protéger le patient/client contre les applications abusives de la psychothérapie par les praticiens ou les formateurs;
- Servent de règles de conduite à leurs membres;
- Servent de référence en cas de plainte.

1 – Champ d'application

Les règles de déontologie ci-dessous engagent toutes les sociétés nationales de l'EAP ainsi que leurs membres individuels. Chaque organisme membre de l'EAP doit avoir un code de déontologie propre, compatible avec celui de l'EAP.

2 – La profession de psychothérapeute

La profession de psychothérapeute est une discipline spécifique du domaine des sciences humaines. Elle implique un diagnostic et une stratégie globale et explicite de traitement des troubles psychologiques, sociaux et psychosomatiques. Les méthodes utilisées reposent sur des théories scientifiques de psychothérapie.

Par le biais d'une interaction entre un ou plusieurs patients/clients et un ou plusieurs psychothérapeutes, ce traitement a pour objectif de déclencher un processus thérapeutique permettant des changements et une évolution à long terme.

La profession de psychothérapeute se caractérise par l'implication du thérapeute dans la réalisation des objectifs précités.

Le psychothérapeute est tenu d'utiliser sa compétence dans le respect des valeurs et de la dignité de son patient/client au mieux des intérêts de ce dernier.

Code de déontologie du Praticien de la psychothérapie

0.0 Conditions préalables

0.1 Le présent code de déontologie s'applique à tout praticien de psychothérapie, membres du PSY'G.

0.2 Ce Praticien s'engage *ipso facto* à respecter ce code.

1.0 Définition de la psychothérapie

1.1 Le présent code de déontologie définit ainsi la psychothérapie. C'est la mise en œuvre de méthodes ou pratiques psychologiques, psychocorporelles, psychanalytiques s'effectuant dans le cadre d'une relation privilégiée entre un Praticien de la Psychothérapie (ou un groupe de Praticiens de la Psychothérapie) d'une part et un sujet (ou un groupe de sujets) d'autre part.

1.2 Cette mise en œuvre vise à permettre à ce sujet (ou au groupe de sujets):

- d'utiliser au maximum ses possibilités émotionnelles, créatives, relationnelles, intellectuelles, sensorielles et psychocorporelles afin de mieux les intégrer à une existence plus harmonieuse et satisfaisante;
- de développer une meilleure perception des rapports entre son monde intérieur et le monde extérieur;
- de comprendre sa souffrance et son mal à être en tant que manifestation d'une dysharmonie de ces rapports, que cette souffrance soit vécue sur le plan psychique ou sur le plan somatique, qu'elle se manifeste de façon diffuse ou sous forme de symptômes (comportementaux, psychosomatiques ou psychiques) localisés;
- d'éliminer ou d'alléger cette souffrance ou ce manque, notamment par le biais de méthodes de soins psychothérapiques;

– d'explorer son être en tant qu'individu unique et en tant que détenteur de facultés et caractéristiques propres à l'espèce humaine.

2.0 Définition du Praticien de la Psychothérapie

2.1 Le Praticien de la Psychothérapie est un professionnel qui met en œuvre la psychothérapie telle que définie aux articles 1.1 et 1.2 ci-dessus.

3.0 Indépendance idéologique

3.1 Si certains systèmes ou méthodes de Psychothérapie font référence à des concepts existentiels, métaphysiques, ontologiques, religieux, scientifiques ou politiques, le Praticien de la Psychothérapie ne peut en aucune manière se faire auprès du (des) sujet(s) l'agent d'un système idéologique, d'une confession religieuse, d'un parti politique…

4.0 Indépendance morale

4.1 Le Praticien de la Psychothérapie ne peut exercer ou favoriser aucune sorte de pression ou de contrainte sur un Sujet, fût-elle destinée à amener ce dernier à un traitement qu'il refuse bien qu'apparaissant nécessaire.

4.2 Le Praticien de la Psychothérapie peut toujours, pour des raisons personnelles, éthiques ou professionnelles, refuser d'entreprendre ou de poursuivre une psychothérapie avec un Sujet qui le souhaite néanmoins.

4.3 Dans ce cas, il tentera d'orienter le Sujet demandeur vers le Praticien ou l'institution lui paraissant apte à répondre à la demande ou aux besoins du Sujet.

4.4 Le Praticien de la Psychothérapie condamne l'utilisation des notions de normal et de pathologique à des fins répressives dans le domaine politique et/ou social.

5.0 Indépendance technique

5.1 La Praticien de la Psychothérapie doit assurer son indépendance dans la mise en œuvre de ses méthodes ou pratiques psychothérapiques.

5.2 Il ne laisse pas à des non-praticiens de la Psychothérapie le soin et la responsabilité du choix des méthodes ou pratiques qu'il met en œuvre.

5.3 Le praticien de la Psychothérapie ne doit pas accepter des conditions morales et matérielles de travail qui peuvent porter atteinte à son indépendance professionnelle ou entraver la qualité du processus psychothérapique, ou perturber la relation spécifique entre le Praticien de la Psychothérapie et le Sujet.

5.4 Si le Sujet informé refuse explicitement des consultations ou soins complémentaires que le Praticien de la Psychothérapie lui aura suggérés, ce dernier peut néanmoins entreprendre une psychothérapie avec ce Sujet.

5.5 Le Praticien de la Psychothérapie ne peut enjoindre autoritairement à un Sujet de cesser un traitement ou de renoncer à d'autres consultations, soins ou pratiques.

5.6 Néanmoins, s'il estime la méthode de Psychothérapie mise en œuvre par lui-même incompatible avec les consultations, soins ou pratiques en question, il peut le signaler au Sujet et interrompre éventuellement la relation psychothérapique.

6.0 Secret professionnel

6.1 Le Praticien de la Psychothérapie est strictement soumis à la règle du secret professionnel.

6.2 Ce devoir de non-divulgation de toute information acquise à l'occasion de l'activité professionnelle s'étend en particulier à l'entourage familial, aux médecins, auxiliaires médicaux, établissements soignants et administrations de tutelle de ces personnes ou institutions.

6.3 Ce devoir de non-divulgation de toute information, y compris l'identité du/des sujets, s'étend à toute administration publique ou privée.

6.4 Le Praticien de la Psychothérapie veille à prendre toutes précautions pour que les documents, notes, enregistrements (sonores, visuels ou autres), communications scientifiques, soient rédigés, présentés, classés de façon telle que le secret soit sauvegardé. Le Praticien de la Psychothérapie prendra les précautions toutes particulières lorsque de tels documents seront présentés à un public, notamment à des fins d'enregistrement.

6.5 Ce n'est que lorsque les nécessités de la thérapeutique exigent la collaboration avec des personnes donnant des soins au Sujet que le Praticien de la Psychothérapie pourra partager de telles informations concernant le Sujet, et avec l'accord express de ce dernier.

7.0 Compétences

7.1 Le Praticien de la Psychothérapie doit avoir une formation et une qualification professionnelles approfondies authentifiées par les organisations professionnelles représentatives de Praticiens de la

Psychothérapie. Cette formation comporte trois volets principaux: théorie, pratique, démarche psychothérapique personnelle.

7.2 Tout Praticien de la Psychothérapie doit s'informer des progrès concernant sa discipline et avoir conscience de la nécessité du développement de sa personne en tant qu'agent thérapeutique.

7.3 En particulier, le Praticien de la Psychothérapie prendra soin d'acquérir les compétences techniques et personnelles nécessaires à la mise en œuvre de méthodes nouvelles ou appliquées à des Sujets différents de ceux dont il a l'expérience.

7.4 Le Praticien de la Psychothérapie saura s'entourer d'avis professionnels concernant un Sujet si l'état de celui-ci et les limites de la compétence professionnelle du Praticien paraissent l'indiquer.

B. Charte de déontologie de la Société Française de coaching

Ce code est établi par la Société Française de coaching (la SFCoach®) exclusivement pour la pratique du coaching professionnel. Il est opposable à tout membre de la Société Française de coaching. Il vise à formuler des points de repère déontologiques, compte tenu des spécificités du coaching en tant que processus d'accompagnement d'une personne dans sa vie professionnelle. Ce code est donc l'expression d'une réflexion éthique; il s'agit de principes généraux. Leur application pratique requiert une capacité de discernement.

Titre I – Devoir du coach

Art. 1-1 Exercice du coaching

Le coach s'autorise en conscience à exercer cette fonction à partir de sa formation, de son expérience et de sa supervision initiale.

Art. 1-2 – Confidentialité

Le coach s'astreint au secret professionnel.

Art. 1-3 – Supervision établie

L'exercice professionnel du coaching nécessite une supervision. Les membres titulaires de la Société Française de coaching sont tenus de disposer d'un lieu de supervision, et d'y recourir à chaque fois que la situation l'exige.

Art. 1-4 – Respect des personnes

Conscient de sa position, le coach s'interdit d'exercer tout abus d'influence.

Art. 1-5 – Obligation de moyens

Le coach prend tous les moyens propres à permettre, dans le cadre de la demande du client, le développement professionnel et personnel du coaché, y compris en ayant recours, si besoin est, à un confrère.

Art. 1-6 – Refus de prise en charge

Le coach peut refuser une prise en charge de coaching pour des raisons propres à l'organisation, au demandeur ou à lui-même. Il indique dans ce cas l'un de ces confrères.

Titre II – Devoirs du coach vis-à-vis du coaché

Art. 2-1 – Lieu de coaching

Le coach se doit d'être attentif à la signification et aux effets du lieu de la séance de coaching.

Art. 2-2 – Responsabilité des décisions

Le coaching est une technique de développement professionnel et personnel. Le coach laisse de ce fait toute la responsabilité de ses décisions au coaché.

Art. 2-3 – Demande formulée

Toute demande de coaching, lorsqu'il y a prise en charge par une organisation, répond à deux niveaux de demande: l'une formulée par l'entreprise et l'autre par l'intéressé lui-même. Le coach valide la demande du coaché.

Art. 2-4 – Protection de la personne

Le coach adapte son intervention dans le respect des étapes de développement du coaché.

Titre III – Devoir du coach vis-à-vis de l'organisation

Art. 3-1 – Protection des organisations

Le coach est attentif au métier, aux usages, à la culture, au contexte et aux contraintes de l'organisation pour laquelle il travaille.

Art. 3-2 – Restitution au donneur d'ordres

Le coach ne peut rendre compte de son action au donneur d'ordres que dans les limites établies avec le coaché.

Art. 3-3 – Équilibre de l'ensemble du système

Le coaching s'exerce dans la synthèse des intérêts du coaché et de son organisation.

Titre IV – Devoir du coach vis-à-vis de ses confrères

Art. 4-1.1 – Les membres adhérents peuvent, dans toute communication professionnelle les concernant, faire état de leur «engagement écrit à respecter la déontologie de la Société Française de coaching».

Art. 4-1.2 – Selon leur agrément reçu, les autres membres ont le droit d'utiliser les appellations déposées ci-dessous dans toute communication professionnelle les concernant:

- Pour les membres associés: «Membre associé de la Société Française de coaching»;
- Pour les membres titulaires: «Membre titulaire de la SFCoach®» (logo déposé);
- Pour les membres fondateurs: «Membre fondateur de la SFCoach®» (logo déposé).

Art. 4-1.3 – Les droits ci-dessus sont conditionnés au versement effectif par le membre concerné de sa cotisation annuelle appelée.

Art. 4-2 – Obligation de réserve

Le coach se tient dans une attitude de réserve vis-à-vis de ses confrères

Titre V – Recours

Art. 5-1 – Recours auprès de la SFCoach®

Toute organisation ou personne peut recourir volontairement auprès de la Société Française de coaching en cas de manquement aux règles professionnelles élémentaires inscrites dans ce code ou de conflit avec un coach de la SFCoach®.

C. Charte coaching de Syntec Conseil en évolution professionnelle

Le coaching permet d'assurer un accompagnement personnalisé aux managers confrontés à la prise d'un nouveau poste ou encore à de nouvelles responsabilités, deux temps forts de leur parcours professionnel au cours duquel ils doivent assumer pleinement leur *leadership* ou développer leur potentiel. Aujourd'hui, le coaching a fait ses preuves, mais il est victime de son succès. L'accès à la profession étant libre, plus d'un millier de consultants s'intitulent «coach» en France et la presse à tendance à rebaptiser coaching toute mise en œuvre du changement dans les entreprises. C'est pour éviter la dérive d'une profession à l'activité sensible que le syndicat SYNTEC Conseil en évolution professionnelle a entrepris de définir cette prestation de service particulière qui fait partie de l'offre de ses adhérents. Il a publié une charte du coaching qui précise en dix points le cadre d'exercice et la déontologie du métier de coach. Par ailleurs, dans les cabinets membres de SYNTEC, les coaches sont recrutés au terme d'un processus d'habilitation strict, qui prend en compte la formation initiale (qui doit être de haut niveau), l'expérience (qui doit être double; en entreprise et dans le conseil), le professionnalisme en matière d'accompagnement des personnes, ainsi qu'une formation spécifique au coaching. De plus, les adhérents de SYNTEC Conseil n'assurent des missions de coaching que pour des entreprises et excluent toute autre mission en dehors de ce cadre.

1. Exercice du métier

Le coach s'autorise à exercer sa fonction à partir de sa formation et de son expérience validées par les dirigeants de son Cabinet pour les spécificités de ses interventions.

Il lui appartient de se développer en permanence dans ses domaines, son « aptitude » pour intervenir est appréciée par sa direction générale.

L'habilitation porte sur son niveau d'expérience dans le conseil ou le management, sa formation spécifique au coaching, et sa maîtrise de la relation de face à face.

2. Contrats

Le contrat commercial s'effectue entre l'entreprise et le cabinet, il précise les objectifs de la mission, la durée, le tarif et le périmètre de confidentialité.

Par ailleurs, un contrat moral s'établit en parallèle à partir dudit contrat, entre le coach et le coaché, et précise les objectifs de développement et résultats à atteindre ensemble.

3. Confidentialité/Restitution

Le coach s'astreint au secret professionnel pour tout le contenu de la démarche.

Les objectifs et les préconisations et ouvertures finales peuvent en revanche faire l'objet d'une restitution par le coaché selon des modalités à définir au démarrage de la mission.

4. Adhésion du coaché

Le coaching ne peut se concevoir qu'avec la réelle adhésion du coaché.

5. Refus d'une mission

Le consultant sera libre de refuser une mission en son âme et conscience.

6. Mise en œuvre

Le coach définit et prend tous les moyens propres à permettre, dans le cadre de la demande de son client, le développement professionnel du coaché et peut avoir recours à une expertise complémentaire.

7. Supervision

Tout coach de SYNTEC Conseil en évolution professionnelle s'engage à recourir régulièrement à un superviseur, c'est-à-dire un pair ou un tiers compétent. Le cabinet s'engage à lui fournir les moyens pour le faire.

8. Interruption de la mission

Dans le cas où le coach constaterait que les conditions de réussite de sa mission ne sont plus réunies, le coach s'autorise, en concertation avec l'entreprise, à interrompre la mission.

9. Éthique

Le consultant s'interdit tout abus d'influence et reste spécifiquement dans le champ défini par le contrat. En aucun cas, il ne fait ou ne décide à la place du coaché. La finalité du coaching consiste à rechercher la meilleure autonomie du coaché.

10. Recours

En cas de différend, la direction du cabinet signataire de la charte s'engage à recevoir le coaché en présence de son coach.

D. Code de déontologie des psychologues AEPU, ANOP, SFP – 25 mars 1996

Méthode de travail

À partir du document de juin 1995 rassemblant les contributions des différentes commissions et des envois complémentaires des mois suivants, nous avons construit la première étape de travail en rassemblant toutes les propositions présentées. Celui-ci devait répondre à un critère fédérateur en éliminant le maximum de mentions particulières à tel ou tel exercice professionnel tout en balayant aussi largement que possible les situations professionnelles diverses des psychologues. Il a fallu aussi éliminer le maximum de redondances ainsi que les impossibilités légales, et résoudre les contradictions internes aux propositions avancées.

La septième version du travail, qui a été présentée à la profession, par l'intermédiaire des associations professionnelles, des laboratoires de recherche et des départements universitaires de psychologie, sous l'intitulé « Rédaction provisoire » en décembre 1995.

Au fondement de cette démarche, il y a eu notre conviction qu'en l'état de la situation, il était important de présenter un Code où tous les psychologues puissent se reconnaître, quel que soit leur mode d'exercice.

Cette démarche a rencontré sa limite dans l'absence de réglementation de l'exercice professionnel ; de nombreux collègues l'ont pointé dans leur courrier, et ce n'est pas le Code qui peut, à lui seul, résoudre ce problème. Nous avons essayé de le contourner en rappelant chaque fois que possible les références à la loi commune (articles des Codes civil, pénal et de procédure concernant notamment la protection de la vie privée, des libertés, de l'assistance à personne en danger, etc.) qui s'appliquent tout aussi bien aux psychologues dans leur exercice professionnel et qu'il est de leur intérêt direct de connaître, d'autant plus qu'ils sont parfois contradictoires, voire paradoxaux.

Le 25 mars 1996
Le groupe rédactionnel
O. Bourguignon – G. Fourcher – L. Grégoire
M.-H. Lavallard – A. Létuvé – Cl. Navelet – A. Weil-Barais

Préambule

Le respect de la personne humaine dans sa dimension psychique est un droit inaliénable. Sa reconnaissance fonde l'action des psychologues.

Le présent Code de Déontologie est destiné à servir de règle professionnelle aux hommes et aux femmes qui ont le titre de psychologue, quels qui soient leur mode d'exercice et leur cadre professionnel, y compris leurs activités d'enseignement et de recherche.

Sa finalité est avant tout de protéger le public et les psychologues contre les mésusages de la psychologie et contre l'usage de méthodes et techniques se réclamant abusivement de la psychologie.

Les organisations professionnelles signataires du présent Code s'emploient à le faire connaître et respecter. Elles apportent, dans cette perspective, soutien et assistance à leurs membres. L'adhésion des psychologues à ces organisations implique leur engagement à respecter les dispositions du Code.

Titre II – L'exercice professionnel

Chapitre I: Le titre de psychologue et la définition de la profession

Article 1

L'usage du titre de psychologue est défini par la loi n° 85-772 du 25 juillet 1985 publiée au JO du 26 juillet 1995. Sont psychologues les personnes qui remplissent les conditions de qualification requises dans cette loi. Toute forme d'usurpation du titre est passible de poursuite.

Article 2

L'exercice professionnel de la psychologie requiert le titre et le statut de psychologue.

Article 3

La mission fondamentale du psychologue est de faire connaître et respecter la personne dans sa dimension psychique. Son activité porte sur la composante psychique des individus, considérés isolément ou collectivement.

Article 4

Le psychologue peut exercer différentes fonctions à titre libéral, salarié ou d'agent public. Il peut remplir différentes missions, qu'il distingue et fait distinguer, comme le conseil, l'enseignement de la psychologie, l'évaluation, l'expertise, la formation, psychothérapie, la recherche, etc. Ces missions peuvent s'exercer dans divers secteurs professionnels.

Chapitre II : Les conditions de l'exercice de la profession

Article 5

Le psychologue exerce dans les domaines liés à sa qualification, laquelle s'apprécie notamment par sa formation universitaire fondamentale et appliquée de haut niveau en psychologie, par des formations spécifiques, par son expérience pratique et ses travaux de recherche. Il détermine l'indication et procède à la réalisation d'actes qui relèvent de sa compétence.

Article 6

Le psychologue fait respecter la spécificité de son exercice et son autonomie technique. Il respecte celles des autres professionnels.

Article 7

Le psychologue accepte les missions qu'il estime compatibles avec ses compétences, sa technique, ses fonctions, et qui ne contreviennent ni aux dispositions du présent Code, ni aux dispositions légales en vigueur.

Article 8

Le fait pour un psychologue d'être lié dans son exercice professionnel par un contrat ou un statut à toute entreprise privée ou tout organisme public, ne modifie pas ses devoirs professionnels, et en particulier ses obligations concernant le secret professionnel et l'indépendance du choix de ses méthodes et de ses décisions. Il fait état du Code de Déontologie dans l'établissement de ses contrats et s'y réfère dans ses liens professionnels.

Article 15

Le psychologue dispose sur le lieu de son exercice professionnel d'une installation convenable, de locaux adéquats pour permettre le respect du secret professionnel, et de moyens techniques suffisants en rapport avec la nature de ses actes professionnels et des personnes qui le consultent.

Article 16

Dans le cas où le psychologue est empêché de poursuivre son intervention, il prend les mesures appropriées pour que la continuité de son action professionnelle soit assurée par un collègue avec l'accord des personnes concernées, et sous réserve que cette nouvelle intervention soit fondée et déontologiquement possible.

Chapitre III : Les modalités techniques de l'exercice professionnel

Article 17

La pratique du psychologue ne se réduit pas aux méthodes et aux techniques qu'il met en œuvre. Elle est indissociable d'une appréciation critique et d'une mise en perspective théorique de ces techniques.

Article 18

Les techniques utilisées par le psychologue pour l'évaluation, à des fins directes de diagnostic, d'orientation ou de sélection, doivent avoir été scientifiquement validées.

Article 19

Le psychologue est averti du caractère relatif de ses évaluations et interprétations. Il ne tire pas de conclusions réductrices ou définitives sur les aptitudes ou la personnalité des individus, notamment lorsque ces conclusions peuvent avoir une influence directe sur leur existence.

Article 20

Le psychologue connaît les dispositions légales et réglementaires issues de la loi du 6 janvier 1978 relative à l'informatique, aux fichiers et aux libertés. En conséquence, il recueille, traite, classe, archive et conserve les informations et données afférentes à son activité selon les dispositions en vigueur. Lorsque ces données sont utilisées à des fins d'enseignement, de recherche, de publication, ou de communication, elles sont impérativement traitées dans le respect absolu de l'anonymat, par la suppression de tout élément permettant l'identification directe ou indirecte des personnes concernées, ceci toujours en conformité avec les dispositions légales concernant les informations nominatives.

Chapitre IV : Les devoirs du psychologue envers ses collègues

Article 21

Le psychologue soutient ses collègues dans l'exercice de leur profession et dans l'application et la défense du présent Code. Il répond favorablement à leurs demandes de conseil et les aide dans les situations difficiles, notamment en contribuant à la résolution des problèmes déontologiques.

Article 22

Le psychologue respecte les conceptions et les pratiques de ses collègues pour autant qu'elles ne contreviennent pas aux principes généraux du présent Code ; ceci n'exclut pas la critique fondée.

Chapitre II : Conception de la formation

Article 30

Le psychologue enseignant la psychologie ne participe pas à des formations n'offrant pas de garanties sur le sérieux des finalités et des moyens. Les enseignements de psychologie destinés à la formation continue des psychologues ne peuvent concerner que des personnes ayant le titre de psychologue. Les enseignements de psychologie destinés à la formation de professionnels non-psychologues observent les mêmes règles déontologiques que celles énoncées aux articles 27, 28 et 32 du présent Code.

Article 31

Le psychologue enseignant la psychologie veille à ce que ses pratiques, de même que les exigences universitaires (mémoires de recherche, stages professionnels, recrutement de sujets, etc.), soient compatibles avec la déontologie professionnelle. Il traite les informations concernant les étudiants acquises à l'occasion des activités d'enseignement, de formation ou de stage, dans le respect des articles du Code concernant les personnes.

Article 32

Il est enseigné aux étudiants que les procédures psychologiques concernant l'évaluation des individus et des groupes requièrent la plus grande rigueur scientifique et éthique dans leur maniement (prudence, vérification) et leur utilisation (secret professionnel et devoir de réserve), et que les présentations de cas se font dans le respect de la liberté de consentir ou de refuser, de la dignité et du bien-être des personnes présentées.

Article 33

Les psychologues qui encadrent les stages, à l'Université et sur le terrain, veillent à ce que les stagiaires appliquent les dispositions du Code, notamment celles qui portent sur la confidentialité, le secret professionnel, le consentement éclairé. Ils s'opposent à ce que les stagiaires soient employés comme des professionnels non rémunérés. Ils ont pour mission de former professionnellement les étudiants, et non d'intervenir sur leur personnalité.

Article 34

Conformément aux dispositions légales, le psychologue enseignant la psychologie n'accepte aucune rémunération de la part d'une personne qui a droit à ses services au titre de sa fonction universitaire. Il n'exige pas des étudiants qu'ils suivent des formations extra-universitaires payantes ou non, pour l'obtention de leur diplôme. Il ne tient pas les étudiants pour des patients ou des clients. Il n'exige pas leur participation gratuite ou non, à ses autres activités, lorsqu'elles ne font pas explicitement partie du programme de formation dans lequel sont engagés les étudiants.

Article 35

La validation des connaissances acquises au cours de la formation initiale se fait selon des modalités officielles. Elle porte sur les disciplines enseignées à l'Université, sur les capacités critiques et d'autoévaluation des candidats, et elle requiert la référence aux exigences éthiques et aux règles déontologiques des psychologues.

II. EXTRAIT DU CODE DU TRAVAIL (RÉGLEMENTATION SUR LE BILAN DE COMPÉTENCES)

Ce qui est en *italique* correspond aux documents remis par les OPACIF ou les centres de bilan aux bénéficiaires d'un bilan de compétences.

Pour plus de précisions, consultez **www.legifrance.gouv.fr**, site public de la diffusion du droit.

Article L. 900-2

Loi n° 78-754 du 17/07/1978, *JO* du 18/07/1978

Loi n° 91-1405 du 31/12/1991 art. 16 I, *JO* du 4/01/1992

Ordonnance n° 2001-270 du 28/03/2001 art. 10 III, *JO* du 31/03/2001

Loi n° 2002-73 du 17/02/2002 art. 140, *JO* du 18/01/2002

Loi n° 2004-391 du 4/05/2004 art. 1, art. 3, *JO* du 5/05/2004

Loi n° 2006-1770 du 30/12/2006 art. 45, *JO* du 31/12/2006

Les types d'actions de formation qui entrent dans le champ d'application des dispositions relatives à la formation professionnelle continue, sont les suivants :

1° Les actions de préformation et de préparation à la vie professionnelle. Elles ont pour objet de permettre à toute personne, sans qualification professionnelle et sans contrat de travail, d'atteindre le niveau nécessaire pour suivre un stage de formation professionnelle proprement dit ou pour entrer directement dans la vie professionnelle ;

2° Les actions d'adaptation et de développement des compétences des salariés. Elles ont pour objet de favoriser l'adaptation des salariés à leur poste de travail, à l'évolution des emplois, ainsi que leur maintien dans l'emploi, et de participer au développement des compétences des salariés ;

3° Les actions de promotion. Elles ont pour objet de permettre à des travailleurs d'acquérir une qualification plus élevée ;

4° Les actions de prévention. Elles ont pour objet de réduire les risques d'inadaptation de qualification à l'évolution des techniques et des structures des entreprises, en préparant les travailleurs dont l'emploi est menacé à une mutation d'activité, soit dans le cadre, soit en dehors de leur entreprise;

5º Les actions de conversion. Elles ont pour objet de permettre à des travailleurs salariés dont le contrat de travail est rompu d'accéder à des emplois exigeant une qualification différente ou à des travailleurs non salariés d'accéder à de nouvelles activités professionnelles;

6º Les actions d'acquisition, d'entretien ou de perfectionnement des connaissances. Elles ont pour objet d'offrir aux travailleurs les moyens d'accéder à la culture, de maintenir ou de parfaire leur qualification et leur niveau culturel ainsi que d'assumer des responsabilités accrues dans la vie associative;

7º Les actions de formation continue relative à la radioprotection des personnes prévues à l'article L. 1333-11 du Code de la santé publique;

8º Les actions de formation relatives à l'économie de l'entreprise. Elles ont notamment pour objet la compréhension par les salariés du fonctionnement et des enjeux de l'entreprise;

9º Les actions de formation relatives à l'intéressement, à la participation et aux dispositifs d'épargne salariale et d'actionnariat salarié.

Entrent également dans le champ d'application des dispositions relatives à la formation professionnelle continue les actions permettant de réaliser un bilan de compétences. Elles ont pour objet de permettre à des travailleurs d'analyser leurs compétences professionnelles et personnelles ainsi que leurs aptitudes et leurs motivations afin de définir un projet professionnel et, le cas échéant, un projet de formation.

Il en est de même des actions permettant aux travailleurs de faire valider les acquis de leur expérience en vue de l'acquisition d'un diplôme, d'un titre à finalité professionnelle ou d'un certificat de qualification figurant sur une liste établie par la commission paritaire nationale de l'emploi d'une branche professionnelle, enregistrés dans le répertoire national des certifications professionnelles visé à l'article L. 335-6 du Code de l'éducation.

Article L. 900-4-1

Loi nº 91-1405 du 31/12/1991 art. 16 II, *JO* du 4/01/1992

Loi nº 92-1446 du 31/12/1992 art. 25 III, *JO* du 1/01/1993

Loi nº 2004-391 du 4/05/2004 art. 1, *JO* du 5/05/2004

Le bilan de compétences ne peut être réalisé qu'avec le consentement du travailleur. Les informations demandées au bénéficiaire d'un bilan de compétences doivent présenter un lien direct et nécessaire avec l'objet du bilan tel qu'il est défini au deuxième alinéa de l'article L. 900-2. Le bénéficiaire est tenu d'y répondre de bonne foi. *La personne qui a bénéficié d'un bilan de compétences au sens de l'article L. 900-2 est seule destinataire des résultats détaillés et d'un document de synthèse. Ils ne peuvent être communiqués à un tiers qu'avec son accord. Le refus d'un salarié de consentir à un bilan de compétences ne constitue ni une faute ni un motif de licenciement.*

Les personnes chargées de réaliser et de détenir les bilans de compétences sont soumises aux dispositions de l'article 378 du Code pénal en ce qui concerne les informations qu'elles détiennent à ce titre.

Nota – Loi nº 92-1336 du 16/12/1992 art. 333: à partir du 1er septembre 1993, la référence à l'article 378 du Code pénal est remplacée par la référence aux articles 226-13 et 226-14 du Code pénal.

Article R. 900-3

Inséré par Décret nº 92-1075 du 2/10/1992 art. 1, *JO* du 6/10/1992

Un bilan de compétences ne peut être réalisé qu'après conclusion d'une convention tripartite entre le salarié bénéficiaire, l'organisme prestataire de bilans de compétences et soit l'organisme paritaire agréé au titre du congé individuel de formation mentionné à l'article L. 951-3 lorsque le bilan de compétences est effectué dans le cadre du congé de bilan de compétences, soit l'employeur lorsque le bilan de compétences est effectué au titre du plan de formation.

Ces conventions tripartites sont établies conformément à des conventions types définies par un arrêté du ministre chargé de la formation professionnelle et rappelant aux signataires les principales obligations qui leur incombent respectivement.

Article R. 900-1

Inséré par Décret nº 92-1075 du 2/10/1992 art. 1, *JO* du 6/10/1992

Un bilan de compétences au sens de l'article L. 900-2 doit comprendre, sous la conduite du prestataire, les trois phases suivantes:

a) Une phase préliminaire qui a pour objet:

- *de confirmer l'engagement du bénéficiaire dans sa démarche;*
- *de définir et d'analyser la nature de ses besoins;*
- *de l'informer des conditions de déroulement du bilan de compétences, ainsi que des méthodes et techniques mises en œuvre.*

b) Une phase d'investigation permettant au bénéficiaire:

- *d'analyser ses motivations et intérêts professionnels et personnels;*
- *d'identifier ses compétences et aptitudes professionnelles et personnelles et, le cas échéant, d'évaluer ses connaissances générales;*
- *de déterminer ses possibilités d'évolution professionnelle.*

c) Une phase de conclusions qui, par la voie d'entretiens personnalisés, permet au bénéficiaire:

- *de prendre connaissance des résultats détaillés de la phase d'investigation;*
- *de recenser les facteurs susceptibles de favoriser ou non la réalisation d'un projet professionnel et, le cas échéant, d'un projet de formation;*
- *de prévoir les principales étapes de la mise en œuvre de ce projet.*

Cette phase de conclusions se termine par la présentation au bénéficiaire du document de synthèse prévu par l'article L. 900-4-1.

Les actions que comportent les trois phases susmentionnées doivent être menées de façon individuelle. Toutefois, certaines actions conduites dans la phase d'investigation peuvent l'être de façon collective, à condition qu'il ne soit pas porté atteinte au respect de la vie privée des bénéficiaires.

Outre le document de synthèse, l'organisme prestataire est tenu de communiquer au bénéficiaire les conclusions détaillées du bilan de compétences au terme de ce dernier.

Article R. 900-2

Inséré par Décret n° 92-1075 du 2/10/1992 art. 1, *JO* du 6/10/1992

Le document de synthèse mentionné à l'article L. 900-4-1 est élaboré pendant la phase de conclusions du bilan de compétences. Il ne peut comporter d'autres indications que celles définies ci-dessous:

- *circonstances du bilan de compétences;*
- *compétences et aptitudes du bénéficiaire au regard des perspectives d'évolution envisagées;*
- *le cas échéant, éléments constitutifs du projet professionnel et éventuellement du projet de formation du bénéficiaire et principales étapes prévues pour la réalisation de ce projet.*

Ce document, établi par l'organisme prestataire et sous sa seule responsabilité, est soumis au bénéficiaire pour éventuelles observations.

Article L. 931-22

La durée du congé de bilan de compétences ne peut excéder par bilan vingt-quatre heures de temps de travail, consécutives ou non.

Le congé de bilan de compétences n'interrompt pas le délai prévu au 3° de l'article L. 931-12.

Article R. 931-23

Le salarié bénéficiaire d'un congé de bilan de compétences a droit, dès lors qu'il a obtenu d'un organisme paritaire la prise en charge des dépenses affé-

rentes à ce congé, à une rémunération égale à celle qu'il aurait reçue s'il était resté à son poste de travail, dans la limite de vingt-quatre heures par bilan de compétences.

Cette rémunération est versée, suivant les cas, dans les conditions définies à l'article L. 931-9 ou à l'article L. 931-18.

Article L. 931-25

Loi n° 91-1405 du 31/12/1991 art. 17, *JO* du 4/01/1992

Loi n° 2004-391 du 4/05/2004 art. 1, *JO* du 5/05/2004

Les salariés dont le bilan de compétences est pris en charge par l'un des organismes mentionnés à l'article L. 951-3 ont droit à une rémunération égale à la rémunération qu'ils auraient reçue s'ils étaient restés à leur poste de travail, dans la limite par bilan de compétences d'une durée fixée par décret en Conseil d'État.

La rémunération due aux bénéficiaires d'un congé de bilan de compétences est versée par l'employeur. Celui-ci est remboursé par l'organisme mentionné à l'article L. 951-3.

Les frais afférents au bilan de compétences sont également pris en charge par l'organisme paritaire conformément aux règles qui régissent les conditions de son intervention.

L'État et les régions peuvent concourir au financement des dépenses occasionnées par les bilans de compétences.

Article R. 931-28

Inséré par Décret n° 92-1075 du 2/10/1992 art. 3, *JO* du 6/10/1992

La demande d'autorisation d'absence au titre du congé de bilan de compétences institué par l'article L. 931-21 doit indiquer les dates et la durée du bilan de compétences, ainsi que la dénomination de l'organisme prestataire choisi par le salarié.

Cette demande doit parvenir à l'employeur au plus tard soixante jours avant le début du bilan de compétences.

Dans les trente jours suivant la réception de la demande, l'employeur doit faire connaître par écrit à l'intéressé son accord, ou les raisons de service motivant le report de l'autorisation d'absence. Ce report ne peut excéder six mois.

Article R. 931-30

Inséré par Décret n° 92-1075 du 2/10/1992 art. 3, *JO* du 6/10/1992

Lorsque la demande de prise en charge est rejetée par l'un des organismes mentionnés à l'article L. 951-3, le salarié intéressé est informé par cet organisme des raisons qui ont motivé le rejet et de la possibilité de déposer, dans un délai de deux mois après notification du refus, un recours gracieux auprès de cet organisme.

Le recours gracieux est examiné par l'instance paritaire de recours mentionnée aux articles R. 931-21-1 et R. 931-25-1. La décision prise sur le recours gracieux est notifiée au salarié en indiquant, le cas échéant, les raisons qui motivent son rejet.

III.FORMATION PROFESSIONNELLE

Dépêche n° 70380[1]
Paris, mercredi 25 octobre 2006, 12:57:30
Rubrique: Financement
Coaching et formation: la nouvelle circulaire sur l'action de formation précise la relation entre ces deux prestations au regard des règles d'imputabilité

En précisant la notion d'action de formation, la nouvelle circulaire de la DGEFP «relative à l'action de formation et aux prestations entrant dans le champ de la formation professionnelle continue» écarte le coaching du financement au titre de la formation professionnelle continue (L'AEF du 27/09/2006, 68995). Cette circulaire, qui devrait être publiée dans les prochains jours, définit les actions d'«accompagnement, de coaching et de tutorat» comme des «activités de conseil». En revanche, le coaching pourra être admis au regard des règles d'imputablité des dépenses de formation si ces «actions d'encadrement pédagogique, quels que soient leurs intitulés» sont «intégrées» à un programme de formation, «dans des conditions de déroulement compatibles avec les objectifs d'apprentissages considérés, notamment en matière de durée par rapport à l'ensemble du programme et de condition de suivi des apprentissages par un tuteur ou un accompagnateur».

«Cette circulaire a au moins un aspect positif», admet Dominique Jaillon, président de SF Coach (Société française de coaching), «elle reconnaît le coaching à condition qu'il soit compris dans un programme de formation». En revanche, il conteste la confusion qui est faite entre le coaching et le tutorat: ce dernier «sous-entend une évaluation de la progression en fonction d'objectifs». Le tuteur, «contrairement au coach», a un rôle d'évaluateur. Le coaching, lui, est basé sur une pédagogie expérientielle: «La personne coachée est son propre sujet de réflexion.» Le coaching ne peut pas non plus être assimilé à du conseil: «Le coach ne

1. Reproduction avec l'aimable autorisation de Pascal Bouchard, directeur de la rédaction.

sait pas à la place de son client. Il a pour mission, par ses questions et son écoute, de lui permettre de trouver et mettre en œuvre ses propres solutions», précise SF Coach dans sa définition du coaching.

Le nouveau regard des OPCA

Dominique Jaillon ne doute pas que les actions de coaching incluses dans un programme de formation seront regardées avec plus d'indulgence par les services régionaux du contrôle de la formation et par les OPCA. Jusqu'à présent, ces derniers refusaient en effet de prendre en charge ces actions. Désormais, «dès qu'une entreprise nous présentera un coaching intégré dans un cursus préalablement établi et communiqué au stagiaire bénéficiaire, nous pourrons le prendre en charge», indique Stéphanie Caron, directeur du service aux entreprises de l'OPCAREG Île-de-France. «Dans le cadre d'un parcours, le coaching "imputable" doit – qu'il soit réalisé en amont ou en aval – se rattacher à une action de formation et répondre à un objectif bien défini (renforcer le management auprès d'une équipe, accompagner une prise de fonction, etc.), pour que nous puissions le financer», précise-t-elle.

Il n'est donc pas question d'«habiller» une action de coaching en action de formation. L'objectif de l'administration est au contraire de s'assurer que ne sont pas transférées vers la formation «des actions qui n'en sont pas, d'où le choix d'une écriture restrictive de la circulaire», précisait Bernard Dréano lors de la présentation publique du texte, le 26 septembre 2006 (L'AEF du 3/10/2006, 69317). Et pourtant, habillage il y a eu pour essayer de faire passer sous l'appellation de coaching «ou pire, de formation, des contenus pédagogiques douteux, de la graphologie, des tests de toute sorte et même de la sophrologie, à des prix parfois exorbitants, jusqu'à 700 euros de l'heure», observe Stéphanie Caron. Pour Philippe Desgraupes, coach indépendant, le risque d'habillage existe bien: «Certains coaches ou certaines entreprises seront tentés, pour faire entrer une action de coaching dans le champ de la FPC (formation professionnelle continue), d'injecter une dose même minime de formation dans leur programme». Par ailleurs, il redoute une interprétation de la circulaire différente «d'un service régional du contrôle à un autre». Comment, par exemple, sera appréciée la notion de «durée [du coaching] par rapport à l'ensemble du programme»?

L'imputation: une question «accessoire»

Selon Philippe Desgraupes, cependant, la question de faire entrer ou non le coaching dans le champ de la FPC est accessoire. «Je n'ai jamais perdu une affaire parce qu'un client ne pouvait pas imputer une action de coaching sur son budget de formation», dit-il. Cette question se pose en effet

« rarement » lorsque l'entreprise dépasse le montant de son obligation légale (1,6 % de sa masse salariale brute), ce qui est souvent le cas de celles qui ont recours au coaching, souligne Vincent Bianco, directeur du Campus RH d'Entreprise & Personnel et ancien DRH de Kodak-Pathé. « Ce qui préoccupe une entreprise c'est de trouver la réponse appropriée à son besoin : la formation est la bonne réponse dans la plupart des cas, mais si elle souhaite pour les salariés concernés un accompagnement plus personnalisé, elle fera plutôt le choix du coaching. Cette question "imputable ou non" est typiquement franco-française ! »

Le fait de « reconnaître » le coaching s'il est intégré à un programme de formation s'inscrit dans l'évolution même de la formation : « L'avenir est aux parcours individualisés », observe Stéphanie Caron. La circulaire de la DGEFP consacre d'ailleurs cette notion de « parcours individuels personnalisés ». Pour Isabelle de Montety, présidente du SICFOR (Syndicat des indépendants consultants et formateurs), elle-même coach et formatrice, la formation s'inspire du coaching professionnel depuis de nombreuses années : « Le développement d'approches pédagogiques diversifiées favorise l'alternance de travaux de groupes et de séquences individuelles, que ce soit en e-learning ou en présentiel. » En termes de méthode aussi, « les formations mettent de plus en plus en évidence le fait que le formé doit trouver en lui-même les clés du changement ». La frontière est ténue entre le coaching et la formation dit-elle, indiquant que « la tendance est à une formation plus individuelle et à un développement du coaching collectif ». Lire aussi :

- Quelles conséquences pratiques des nouvelles règles de l'action de formation imputable pour les entreprises, les OPCA et les organismes ? (L'AEF du 3/10/2006, 69317).
- Actions de formation imputables : le projet de circulaire DGEFP introduit la notion de parcours et précise les « cas frontières » (L'AEF du 27/09/2006, 68995).
- Philippe Bernier (Caraxo-Conseils) : La notion d'imputabilité des dépenses, si elle n'est pas simple, est une garantie de qualité pour la formation (L'AEF du 19/10/2006, 70114).

IV. BIBLIOGRAPHIE

ADAM EDMOND, « Le coaching construire l'homme c'est réussir l'entreprise », *Personnel*, n° 389, mai 1998

ALBERT ÉRIC et JEAN-LUC ÉMERY, *Au lieu de motiver, mettez-vous donc à coacher*, Éditions d'Organisation, 1999

ALBERT ÉRIC et JEAN-LUC ÉMERY, *Le manager est un psy*, Éditions d'Organisation, 2000

ALTHUSER LOUIS, *Idéologie et appareils idéologiques d'État*, Éditions Sociales, Paris, 1976

AMADO GILLES, ANDRÉ GUITTET, *La dynamique des communications dans les groupes*, Armand Colin, collection U, 1975

AMADO GILLES, « Le coaching ou le retour de Narcisse ? », *Connexions* 81/2004-1

ARENDT HANNAH, *Condition de l'homme moderne*, Agora, 1988

ARISTOTE, *Éthique à Nicomaque*, Flammarion, 2004

ARISTOTE, *Métaphysique*, Vrin, 1991

ARNAUD G., *Psychanalyse des organisations*, Armand Colin, Paris, 2004

ARTEL FRANÇOIS, « Qui sont les coaches ? », *Actualité de la formation permanente*, Paris, mai 2002

AUBRET J., « Rédiger un portefeuille de compétences, se connaître pour se faire reconnaître », *L'orientation scolaire et professionnelle*, 1991, p. *20, 1, 89-97*

BARANSKI L., *Le manager éclairé : piloter le changement*, Éditions d'Organisation, 2000

BARBIER JEAN-MARIE, « La singularité des actions : quelques outils d'analyse », in *Analyse de la singularité de l'action*, PUF, 2000

BARJOU BRUNO, ANNICK COHEN, JACQUES ISORÉ, JEAN-PIERRE TESTA, *Réussir dans ses nouvelles responsabilités*, Paris, éditions ESF, 4e édition, 2006

BARUS-MICHEL J., F. GIUST-DESPRAIRIES, L. RIDEL, *Crises, Approches psychosociales*, Desclée de Brouwer, 1996

BERCOVITZ ALAIN, « Pour quoi ? Pour qui ? », *Éducation permanente*, n° 121, 1994

BERNE ÉRIC, *Des jeux et des hommes*, Stock, 1964

BERNOLE ANDRÉ, *Le coaching des vendeurs*, Éditions d'Organisation, 2000

BERTOUZOZ ROGER, Éthique, économie et développement. L'enseignement des évêques des cinq continents (1891-1991), éd. avec Roberto Papini, « Études d'éthique chrétienne » 62 éd. Universitaire-Cerf, Fribourg-Paris, 1995

BLANCHARD-LAVILLE CLAUDINE, DOMINIQUE FABLET (coord.), *Sources théoriques et techniques de l'analyse des pratiques professionnelles*, L'Harmattan, collection Savoir et formation, 2001

BOIZET FATIMA, « L'appui une forme d'accompagnement », *Éducation permanente/EDF-GDF-SEP*, 2002

Bourdieu Pierre, *La misère du monde*, Le Seuil, coll. Libre Examen, 1993

Bruner Roland, *Le psychanalyste et l'entreprise*, éditions Syros, 1995

Buchillet Catherine, *Prendre la parole: Guide pratique*, INSEP éditions, 1987

Butor Michel, *La Modification*, Folio, 1957

Castoriadis Cornélius, *Les carrefours du labyrinthe, tome 2: Domaine de l'homme*, Le Seuil, collection Point essais, 1977

Castro D. et M. Santiago, « Questions de pratiques », in *Pratiques déontologiques en psychologie*, Éditions hommes et perspectives, 2001

Chandezon Lancestre, *L'analyse transactionnelle*, Que sais-je ? n° 1936, 10e édition, 2005

Chavel Thierry, « Y croire ou s'y croire ? Être coaché dans sa prise de fonction », *Personnel*, n° 422, août/septembre, 2001

Chheng Nimith, Schreier Évelyne Sara, *Gérer les contrariétés de l'entreprise: Le coaching, révélateur de potentiel*, l'Harmattan, Dynamiques d'entreprises, 2005

Clot Y., *La fonction psychologique du travail*, PUF, Paris, 1999

Coody M., S. Bloch, *Codes of ethics and the professions*, Melbourne University Press, Melbourne, 1996

Costalat Anne-Marie, « La représentation professionnelle du formateur », *L'orientation scolaire et professionnelle*, Paris, 1995

Crepeau M.-T., *A Comparison of the Behavior Patterns and Meanings of Weeping Among Adult Men and Women*, Ph. D. thèse, University of Pittsburgh, 1980

Crozier Michel et M. Friedberg, *L'acteur et le système*, Le Seuil, collection Points, Paris, 1981

Crozier Michel, *La crise de l'intelligence*, InterÉditions, Paris, 1995

Cudicio Catherine, *Comprendre la PNL*, Éditions d'Organisation, 1986

Dalaï Lama, *Le sens de la vie*, édition Dangles, Saint Jean de Braye, J'ai lu, 1996

Damasio Antonio, Claire Larsonneur et Claudine Tiercelin, *Le Sentiment même de soi: Corps, émotions, conscience*, Poche, 2002

Damasio Antonio, *Spinoza avait raison*, Odile Jacob, Paris, 2003

Daniel Goleman, *L'intelligence émotionnelle, accepter ses émotions pour développer une intelligence nouvelle*, J'ai lu, 1998

Declecrck Patrick, *Les naufragés, avec les clochards de Paris*, Éditions Plon, Collection Terre humaine, 2001

Dejours Christophe, *Souffrance en France*, Le Seuil, Paris, 1998

DEJOURS CHRISTOPHE, *Travail, usure mentale*, Édition Bayard, 1995

DÉLIVRÉ FRANÇOIS, *Le métier de coach*, Éditions d'Organisation, 2e éd., 2004

DESBIENS DANIELLE, PIERRE COMTOIS, *Leadership et pouvoir, équipes et groupes*, Université du Québec à Montréal, Canada, Éditions continent, 1998

DINOUART ABBÉ, *L'art de se taire*, petite collection Atopia, Jérôme Million édition, 2006

DUBAR C., *Socialisation et identités professionnelles*, Éditions Armand Colin, 2000

EHRENBERG ALAIN, *Agir de soi-même*, L'Europe plurielle, coll. Esprit, 2005

EIGUER A., *La thérapie psychanalytique du couple*, Dunod, Collection inconscient et culture, 1991

ENGEBRETSON T.O. ET STONEY, C.M. ANGER, «Expression and lipid concentrations», *International Journal of Behavioral Medicine, 2, 4, 281-298*, 1995.

ENRIQUEZ EUGÈNE, *Les jeux du pouvoir et du désir dans l'entreprise*, Desclée de Brouwer, Paris, 1997

FÉDIDA P., *Dictionnaire abrégé, comparatif et critique des notions principales de la psychanalyse*, Larousse, 1974

FÉLICULIS-YVONNEAU STÉPHANIE, «Coaching individuel et formation au management: différences et complémentarités» in *Dossier «coaching» Actualité permanente*, n° 178, mai/juin 2000, centre info

FINKELSTEIN RÉMI, *La justice organisationnelle, Un antécédent de la confiance et de l'implication au travail*, Université de Paris 10, Laboratoire de psychologie sociale des comportements et des cognitions, 2006

FLAHERTY JAMES, *Coaching: Evoking Excellence in Éthers*, Butterworth, 1999

FOUCHARD RAYMOND, *La psychologie dans l'entreprise*, coll. Devenir en exercice. N° hors série, édition Le journal des psychologues, 1989

FOULARD ALIX, *L'interférence des difficultés psychologiques et sociales dans la conduite du bilan de compétences, Tome V*, Édition Continent, Canada, 1988

FOULARD ALIX, FERDINAND PROFETA, «Passer par l'autre pour se construire: une dépendance nécessaire», in *Neuvièmes journées d'études «psychanalyse et management» ENTP*, Vaux-en-Velin, 1998

FOULARD ALIX, «Coaching: questions et réponses», in *Le journal des psychologues*, n° 231, 2005

FOULARD ALIX, «La dimension formative du coaching», in *Le journal des psychologues*, n° 236, 2006

FOULARD ALIX, « De l'origine des projets dans le bilan de compétences », in *Vivre ses projets*, ouvrage collectif du CNAM, éditions ESF, 2002

FOULARD ALIX, « Pratiques de psychologue en centre de bilan de compétences », in *Pratiques déontologiques en psychologie*, sous la direction de Castro D. et Santiago, M, 2003

FOURES ELENA, *Petit traité des abus ordinaires*, Éditions d'Organisation, développement personnel, 2004

FREUD SIGMUD, *Malaise dans la culture*, PUF, 2004

FREUD SIGMUD, *Psychopathologie de la vie quotidienne*, Payot, 2004

GALAMBAUD B., E. LÉON, « L'entreprise désenchantée » in *Courrier cadres*, n° 1613, janvier 2006

GALLIÉRON EDMOND, *Les psychothérapies brèves*, PUF, Nodules, Paris, 1993

GANGLOFF B., « Le bilan de compétences : une utopie nécessaire à l'anesthésie sociale », *Psychologie et psychométrie*, 20, 4,67-85, 1999

GAULÉJAC (DE) VINCENT, *La lutte des places*, Desclée de Brouwer, Paris, 1994

GAUTIER BÉATRICE et MARIE-ODILE VERVISCH, *Le manager coach*, Dunod, Paris, 2000

GOLEMAN DANIEL, *L'intelligence émotionnelle. T. 2: Cultiver ses émotions pour s'épanouir dans son travail*, Robert Laffont, 1995

GRIMALDI N., *Le désir et le temps*, PUF, 1971

GRIVOIS H., *Naître à la folie*, Laboratoire Lagrange, collection les empêcheurs de tourner en rond, 1991

GUENAIRE M., *Déclin et renaissance du pouvoir*, coll. Le débat, Gallimard, 2002

HAAR MICHEL, *Introduction à la psychanalyse de Freud*, Hatier, Profil d'une œuvre, 1973

HACKMAN JR, *Groups that work (and those that don't)*, Josey Bass, San Francisco, 1990

HANNOUN HUBERT, *Comprendre l'éducation, introduction à la philosophie de l'éducation*, Nathan, 1990

HIGY-LANG CHANTAL ET CHARLES GELLMAN, *Le coaching*, Éditions d'Organisation, 2000

IRIGARAY L., *Parler n'est jamais neutre*, Éditions de Minuit, 1985

ISRAËL L., *Boîter n'est pas pécher*, Denoël, Paris, 1989

JARDA R., T. SEPULCHRE, « Coaching sur les sentiers de la gloire » in *Courrier cadres*, n° 1556, octobre 2004

JASPERS K., *Les grands philosophes*, 10/18, Paris, 1966

JORAS M., *Le bilan de compétences*, PUF, 3e édition, Paris, 2002

KAËS RENÉ, JOSÉ BLEGER, EUGÈNE ENRIQUEZ, FRANCO FORNARI, PAUL FUSTIER, RENÉ ROUSSILLON, JEAN-PIERRE VIDAL, *L'institution et les institutions*, Études psychanalytiques, Dunod, 2003

KAËS RENÉ., *Crise, rupture et dépassement*, Dunod, 1979

KETS DE VRIES MANFRED, *Leaders, fous et imposteurs*, édition ESKA, coll. Sciences de l'organisation, 2000

LACAN J., *Le séminaire, IV: Le désir et son interprétation*, sténotypies de l'école lacanienne, **http://www.ecole-lacanienne.net**

LAPLANCHE J. et J.-B. PONTALIS, *Vocabulaire de la psychanalyse*, PUF, 7e édition, Paris, 1981

LANDIER H., *Dessine-moi une vie active*, Village Mondial, 1995

LAURU DIDIER (coordonné par), *La formation des psychanalystes*, Point, hors ligne, 1995

LE BOTERF G., « L'ingénierie du développement des ressources humaines: de quoi s'agit-il? », *Éducation permanente* n° 81, p. 7-23, 1985

LECOMTE C., V. GUILLON, « *Counseling personnel, counseling de carrière et psychothérapie* », L'orientation scolaire et professionnelle, 2000, 29, n° 1, 117-140, 2000

LECOQ DOMINIQUE, *Formation et management, propos sur l'objet de la demande.* Actes du colloque international de psychodynamique et psychopathologie du travail, Paris, CNAM, 1997

LECOQ DOMINIQUE, « Formation et management: quelques éléments conceptuels pour une analyse de pratiques », *in* Blanchard-Laville Claudine, *Sources théoriques et techniques de l'analyse des pratiques professionnelles*, L'Harmattan, collection Savoir et Formation, Paris, 2001

LEENARTHT V., *Les responsables porteurs de sens, coaching et team building*, éditions Insep, 1992

LEGENDRE PIERRE, *Leçons VII, Le désir politique de Dieu, étude sur les montagnes de l'État et du droit*, Fayard, 1988

LEMOINE C., *Se former au bilan de compétences, le comprendre et pratiquer cette démarche*, Dunod, 2002

LEPLAT J., *Regard sur l'activité*, PUF, Paris, 1997

LESCARBEAU ROBERT, ROBERT PAYETTE, ST-ARNAUD, *Profession: consultant*, 3e édition, Les Presses universitaires de Montréal, 1996

LHOTELLIER ALEXANDRE, « L'acte de tenir conseil », *in* n° spécial *Le Conseil en orientation in l'orientation scolaire et professionnelle*, vol. 29 n°1, 03-000

LYOTARD J.-F., La condition postmoderne, Éditions de Minuit, collection critique, Paris, 1999

MAISONNEUVE JEAN, *Les sentiments*, PUF, Que sais-je n° 322, 1949

MAISONS CHRISTIAN, *Le coaching stratégique. Pilotage et transformation des entreprises et des organisations*, Éditions Maxima, coll. Institut EDF-GDF, 1999

MALAREWICZ JACQUES-ANTOINE, *Réussir un coaching grâce à l'approche systémique*, Village mondial, Pearson éducation France, 2003

MARC EDMOND, *Le guide des nouvelles thérapies*, Retz, Paris, 1981

MIGRAINE CHRISTIANE, « Le développement personnel n'est-il qu'un placebo ? », *Courrier cadres*, novembre 2006

MILLOT MICHELLE et JEAN-POL ROULLEAU, *Transformer l'organisation du travail*, Éditions d'Organisation, 1991

MINET FRANCIS, « Accompagnateur, un rôle d'interface au croisement de l'acteur et du sujet », *Actualité de la formation permanente*, n° 171, 2001

MONDZAIN, M.-J., *L'image peut-elle tuer?*, Bayard éditions, 2002

MONROY MICHEL, *La violence de l'excellence*, Éditions hommes et perspectives, 2000

MORIN EDGAR, *La Méthode, 5: L'humanité de l'humanité, l'identité humaine*, Point n° 508, essais, 2003

MORO M.-R., C. LACHAL, *Introduction aux psychothérapies*, Nathan Université, collection 128, 1997

PAUCHANT T., *Pour un management éthique et spirituel.* Fides, Presses HEC, 2000

PAVEL THOMAS, *Comment écouter la littérature*, Fayard « Leçons inaugurales », mai (n° 185), 2006

PEDINIELLI JEAN-LOUIS, *Psychosomatique et alexithymie*, PUF, Paris, 1992

PILARD PATRICIA, « Le coaching : une fonction d'accompagnement ni tout à fait la même ni tout à fait une autre », *Éducation permanente GDF-SFP*, Paris, 2002

PLATON, *La République*, Flammarion, Paris, 1958

PLATON, *Le banquet la République*, Flammarion, Paris, 1991

POMMIER GÉRARD, *Comment les neurosciences démontrent la psychanalyse*, Flammarion, 2004

RABOUIN DAVID, *Le désir*, Flammarion, coll. Corpus, 1997

RADON BERNARD, *Le coaching des managers*, Presses du management, 1999

RAJAUD VINCENT, *Bulletin social* Francis Lefèvre « *Point de vue sur le coaching* », 1995

REVUE QUÉBÉCOISE DE GESTALT, « *détresse et empathie* » les éditions l'AQG vol 6, 2003

REVUZ C., « Écouter la parole sur le travail ou écrire sur le travailleur ? Les impasses du bilan de compétences », *Éducation permanente*, 120, 21-37, 1994

RICHET ANNICK, *Le Coaching en interne*, Éditions Demos, Paris, 2005

RICŒUR PAUL, *Éthique et morale. Soi-même comme un autre*, Le Seuil, Paris, 1990

RIMÉ BERNARD, *Le partage social des émotions*, PUF, septembre 2005

ROUSSELET JEAN, *L'allergie au travail*, Le Seuil, 1974

ROUSTANG FRANÇOIS, *La fin de la plainte*, Éditions Odile Jacob, 2000

ROY MARIE-HÉLÈNE, *Le coaching en entreprise ou l'accompagnement personnalisé auprès des cadres*, Mémoire de fin d'études approfondi, Conservatoire des Arts et Métiers de Paris, 2002

SABOURIN M., BÉLANGER D., « Règles de déontologies en recherche », in M. Robert, *Fondements et étapes de la recherche scientifique en psychologie*, 3e édition, Sainte Hyacinthe, Québec, Edisem, 1988

SALA F., *Un psy chez les DRH*, Édition d'Organisation, Paris, 2004

SARTRE J.-P., *L'être et le néant*, Gallimard, Paris, 1990

SCHÖN DONALD A., Le *tournant réflexif*, Les éditions Logiques, Montréal, 1996

SOARES ANGELO, « *Tears at Work: Gender, Interaction and Emotional Labour in the Service Sector* », Washington, 95 th Annual Meeting of the American Sociological Association l, 2000

SPINOZA B., *Œuvres complètes, tome III : Éthique*, Flammarion, 1965

STACKE ÉDOUARD, *Coaching d'entreprise : performance et humanisme*, Village Mondial, 2000

STORA JEAN BENJAMIN, *Le stress*, PUF, Que sais-je ?, 2005

STORA JEAN BENJAMIN, *La neuro-psychanalyse*, PUF, Que sais-je ?, 2006

STORA JEAN BENJAMIN, *Quand le corps prend la relève, stress, traumatisme et maladies somatiques*, éd. Odile Jacob, 1999

TESSIER HÉLÈNE, *La psychanalyse américaine*, PUF, Que sais-je ?, 2005

VILLERS (DE) GUY, « Éthique des pratiques de formation », *Éducation permanente* n° 121/1994-4

ZARIFIAN E., *La force de guérir*, éd. Odile Jacob, 1999

ZAVALONNI MARISA et LOUIS GUÉRIN, *Identité sociale et conscience : Introduction à l'ego-écologie*, 1984

Index

Achevé d'imprimer par

CPI

Imprimerie France Quercy
46090 Mercuès

N° d'impression : 70688/
Dépôt légal : avril 2007

Imprimé en France